NOUS, BELLE VIE !

FRÈRE PAUL

NOUS, BELLE VIE !

Lettres de frère Paul à sa famille
De Tamié à Tibhirine
1984-1996

Textes recueillis et présentés par Marie-Dominique Minassian

Introduction, transcription et notes par Bernadette Chessel,
Colette Folliet et Monique Requet
Annick Chessel, Françoise Boëgeat, Odile Chessel,
Frédérique Lazzarotto et Marie-Dominique Minassian

Les Écrits de Tibhirine – Lettres 2

LES ÉDITIONS DU CERF
BELLEFONTAINE
BAYARD

Pour la présente édition
Le Cerf / Bellefontaine / Bayard, 2024

www.editionsducerf.fr
24, rue des Tanneries
75013 Paris

Bayard Éditions
18 rue Barbès
92128 Montrouge cedex

ISBN 978-2-204-16740-6

Tu aimes la terre ? Tu seras terre.
Tu aimes Dieu ? Que dirai-je ? Seras-tu Dieu ?
Je n'oserai le dire de moi-même.
Écoutons les Écritures :
J'ai dit, vous êtes des dieux.
Vous êtes tous les fils du Très-Haut.

Saint Augustin

Liminaires

Ce nouvel opus de la série des Lettres *nous ouvre la porte de frère Paul, haut savoyard au caractère bien trempé et pourtant tendre et discret à la fois.*

Il est le fruit d'une rencontre de témoins organisée à Bonnevaux, son village d'origine, le 1er octobre 2022, avec le concours de deux de ses nièces, et en présence de ses trois sœurs et de nombreux proches qui ont connu celui qui est devenu à leur grande surprise « frère Paul ».

Le peu d'écrits de sa part dont nous disposons dans les archives principales de la communauté de l'Atlas déposées à l'abbaye d'Aiguebelle nous a poussés à la recherche de cet homme qui a pleinement contribué à la vie de la communauté de Tibhirine en y investissant son cœur généreux et ses talents pratiques. C'est donc vers la famille que nous nous sommes tournés et nous avons découvert un corpus de plus de cent-soixante lettres que nous avons rassemblées. Elles étaient principalement adressées à sa mère, Denise, et à deux de ses sœurs, Monique et Bernadette dont les lettres ont été conservées. Puis, après son arrivée à Tibhirine, ses missives ont progressivement pris la forme de lettres circulaires pour l'ensemble des familles Chessel, Requet et Folliet.

Le premier mouvement n'était pas d'envisager une publication immédiate, mais bien d'en organiser la conservation, et de réaliser une édition avec le précieux concours de ses sœurs Colette, Bernadette et Monique, tant que cela était possible. L'une des nièces de frère Paul, Odile Chessel s'est donc lancée dans la transcription de ce corpus et dans le recueil des informations utiles pour sa bonne réception et compréhension : situer les personnes, les événements familiaux, les traductions des passages et expressions en patois…

Une rencontre familiale a ensuite permis d'échanger les souvenirs, de faire un pas de plus dans la découverte de cet homme attachant qui avait été au centre de la vie de village et a continué d'être au plus proche de sa famille même après son départ pour Tamié puis Tibhirine. C'est au cours de cette rencontre que l'évidence d'une publication immédiate s'est imposée. Pourquoi attendre ?

Devant le projet qui se précisait, un nouvel ensemble d'une quarantaine de lettres s'est ajouté grâce à une autre de ses sœurs, apportant une nouvelle dimension au frère Paul que nous avions pu découvrir dans le premier ensemble.

C'est bien dans le concert des regards et des relations que se donne à voir une personne. Et ici nous recevons à travers ces lettres ces facettes différentes qui se donnent au gré des correspondants et de leurs relations.

Nous ne disposons pas des lettres qui lui étaient adressées. Sans doute brûlées, comme beaucoup des correspondances personnelles des frères. C'est donc la seule voix de frère Paul que nous retrouverons.

Mieux faire connaître frère Paul, c'est offrir à sa région et à son diocèse d'origine l'occasion d'une rencontre avec un homme touchant, plein d'humour et profond à la fois. Un de ces hommes qu'il faisait bon rencontrer au détour d'un problème de plomberie à Bonnevaux, ou dans le jardin à Tibhirine.

Nous sommes heureux de pouvoir le faire, avec notre reconnaissance à sa famille qui nous donne ainsi l'opportunité de découvrir de l'intérieur, le frère, l'oncle, le parrain, le beau-frère, l'ami…

Ce recueil est introduit par une lettre touchante d'Odile Chessel adressée à son oncle à qui elle n'avait encore jamais écrit. Lettre posthume, reflet d'une rencontre intime et lumineuse, qu'elle nous partage et nous incite à oser. Suit une évocation biographique de Paul, élaborée par Françoise Boëgeat et Annick Chessel, en vue d'un témoignage dans le cadre d'un colloque pour le 20e anniversaire du martyre des moines de Tibhirine qui s'est tenu à l'Université de Fribourg en 2016[1]*. Le texte en a été revu pour la présente publication.*

Les lettres, accompagnées de notes contextuelles, sont ensuite présentées dans l'ordre chronologique, en deux volets : les lettres envoyées depuis l'abbaye de Tamié (1984-1989) et les lettres envoyées depuis Tibhirine (1989-1996). Y affleurent sa tendresse et son humour, sa grande proximité avec les siens. La situation en Algérie y est peu explicitée pour des raisons évidentes de prudence. Pour autant, transparaît l'homme et son regard tourné vers l'avenir, soutenu par une foi chevillée par l'espérance de la résurrection. Ce mot de la foi chrétienne qui parle de l'amour plus fort que la mort, Paul y ramène toujours ses correspondants, désignant par-là la fenêtre essentielle devant laquelle il se tient, quels que soient les paysages, ceux de la Savoie, ou, les derniers temps, ceux, ensanglantés, de l'Atlas algérien.

Certains passages concernant la famille ou des commandes de matériel divers ont été omis et signalés entre crochets […].

Ces lettres sont accompagnées d'un recueil de photos familiales et aussi d'œuvres picturales qui ont suivi le drame.

---

1. Thierry Collaud, Marie-Dominique Minassian (dir.), *Tibhirine, 20 ans après : actes du colloque international inaugural de la semaine interdisciplinaire de la Faculté de théologie de l'Université de Fribourg à l'occasion du XXe anniversaire de la mort des moines de Tibhirine (1996-2016) : 24-28 octobre 2016*, Paris, Parole et Silence, 2017.

Des témoignages de membres de la famille, de moines de Tamié et du comédien Jean-Marie Frin, qui a joué son rôle dans l'admirable film Des hommes et des dieux *(Xavier Beauvois, 2010), complètent ce portrait que nous sommes heureux d'offrir pour marquer le 40ᵉ anniversaire de son entrée dans la vie monastique à l'abbaye de Tamié pour l'itinéraire que nous connaissons mieux désormais*[1].

Le titre de ce recueil, « Nous, belle vie ! », formule si caractéristique de Paul et de son regard sur la vie, nous fait signe, et la lecture de ces lettres familiales peut ouvrir un chemin à toute personne cherchant le secret de la vie heureuse et à grandir dans le service d'autrui, quelles que soient ses convictions.

Marie-Dominique Minassian

1. Voir les pages consacrées à l'itinéraire vocationnel de Paul : Moines de Tibhirine, *Heureux ceux qui espèrent : autobiographies spirituelles*, Les écrits de Tibhirine n° 1, Marie-Dominique Minassian (dir.), Les Écrits de Tibhirine 1, éditions du Cerf, Bayard, Abbaye de Bellefontaine, Paris 2018, p. 49-82.

Préface

Y a-t-il un mystère Paul ?

Comment expliquer, en tout cas, l'étonnant rayonnement de cet homme si attachant mais à l'allure plus ordinaire au premier regard ? Car c'est un ordinaire qui n'a, précisément, rien de terne ou de banal.

Certes, dans ses lettres, il parle souvent de choses bien simples : le travail, le soin du jardin, les légumes qui poussent, les travaux dans la maison. Or, Dieu sait s'il s'est donné dans toutes ces tâches, et entièrement. Dieu n'était d'ailleurs pas le seul à le savoir : autour de lui, et donc dans les communautés où il a vécu, on pouvait lui faire totalement confiance. Cela ne faisait jamais l'ombre d'un doute. L'auteur de ces lignes osera confier qu'œuvrer sous sa direction (il était responsable du travail à Tamié) était à la fois confortable (il ne vous demandait rien d'impossible) et stimulant : l'envie de tirer au flanc ne venait pas à l'esprit, même quand la nature vous a malencontreusement équipé de deux mains gauches.

En ce sens, il était un vrai fils de S. Benoît, : chaque tâche concrète était pour chez lui une façon de prendre soin de ceux qui lui demandaient quelque chose. Ce souci du travail bien fait était une expression d'une qualité dominante chez Paul : la fidélité. La même fidélité affleure sans cesse au détour de ces lettres à sa famille. On y perçoit non seulement l'affection et l'intérêt qu'il y porte à sa mère, ses sœurs, neveux, nièces et beaux-frères mais aussi le soin qu'il a de garder à l'esprit ce qu'on lui dit de l'évolution de chacun. Par nécessité, il les voyait peu mais il les conservait tous dans sa mémoire, dans son cœur et, on le comprend à demi-mot, dans sa prière.

C'est la moindre des choses de la part d'un moine pourrait-on dire mais on perçoit combien la prière était, chez lui, imprégnée d'un authentique souci des personnes. C'est ce qui lui donnait de rester proche de ceux qu'il ne pouvait pas voir aussi souvent qu'il l'aurait peut-être voulu.

On découvre alors lettre après lettre une constellation de liens avec bien des parents, des amis avec lesquels il avait peu de contacts directs (concitoyens de Bonnevaux, anciens collègues, clients ou fournisseurs etc.) mais qu'il n'a jamais oublié. Certaines allusions laissent percevoir aussi des liens maintenus avec certains.

Séparé de tous, il était uni à tous – selon le mot d'un auteur monastique ancien – inscrit naturellement dans une fraternité universelle qui débordait donc sur un intérêt très large pour le monde. Son regard se portait donc bien au-delà de la clôture de son monastère.

Frère Paul était moine, vivant bien comme un moine, c'est-à-dire relativement séparé de la société. Tout au moins n'était-il pas engagé dans la vie de la cité.

Rien de tout cela, pourtant, ne le laissait indifférent. Il suffit pour s'en convaincre de lire sa lettre 86 où il explique sa perception des relations internationales au moment de la guerre du Golfe. Peu importe au fond, que l'on partage sa vision des choses, que l'on juge ses remarques pertinentes ou non[1]*. Ce qui frappe surtout, c'est l'intérêt qu'il portait à tous ces événements,*

1. Elles sont cependant assez justes.

le souci qu'il avait d'avoir un jugement personnel étayé sur des lectures, le soin avec lequel il évaluait chaque information et choisissait ses sources. En l'occurrence le fait d'être en Algérie colore fortement sa compréhension des enjeux internationaux dans ce conflit. Mais il ne s'aligne pas simplement sur des opinions toutes faites.

Avec modestie, il sait que sa responsabilité est engagée dans l'application qu'il porte à comprendre ce qui se joue dans l'époque où il vit. Car, même s'il n'a aucun pouvoir direct sur le déroulement des événements, on comprend sa conviction : le jeu des relations au sein duquel il est engagé participe à la construction d'un monde commun par la délibération. Il ne manie pas des considérations éthérées : de sa place, excentrée, il s'inscrit dans le débat collectif.

On ferait les mêmes observations à propos de sa lecture du climat social si lourd de l'automne 1995 en France. Il aurait même pu s'en désintéresser tant l'actualité autour de lui était dure.

Et comme les autres frères de Tibhirine, Paul était pourtant soucieux, d'abord, des voisins immédiats du monastère. Intéressé par la vie des Algériens, et, bien sûr, des croyants de l'Islam en général souhaitant vivre un dialogue fraternel, c'est-à-dire respectueux et vrai à la fois.

Dans ce domaine, il n'est d'ailleurs ni naïf ni angélique. Évoquant les maquisards qui auront raison de sa vie terrestre, il modifie un peu le titre que leur applique son prieur. Il parle des « frères terroristes de la montagne » pour qualifier crûment leur façon d'imposer leur volonté. Le pouvoir militaire n'est pas oublié non plus dans sa critique.

Or, cette critique n'est pas le simple épanchement de fiel d'un homme impuissant. Paul indique pourquoi il s'est opposé directement et fermement à la demande d'utiliser le téléphone de la maison. Il souligne à juste titre la facilité lâche qu'il y a à imposer son point de vue quand on est équipé d'armes à feu et de couteaux mais il ne dit rien du courage qu'il lui a fallu, à lui, pour faire face. Courage réel d'un homme qui n'avait rien d'un suiveur. Tout en regrettant d'avoir connu l'Algérie dans les affreuses conditions de la guerre d'indépendance, plus de trente-cinq ans plus tôt, il est resté l'officier résolu qui a servi avec les combattants les plus souvent mis en danger.

Ce sont donc tous ces éléments qui font que les évocations du mystère du Christ qui surgissent régulièrement sous sa plume sonnent juste. Ce ne sont pas des « pieusetés » convenues mais l'expression d'une véritable spiritualité nourrie de la méditation de l'Écriture, et tout particulièrement de l'apôtre dont il a reçu le nom. Il épousera ce mystère dans sa propre mort et le ton grave de ses dernières lettres montre que le don de soi ne sera pas venu comme un accident.

Le contraste entre l'ordinaire apparent du contenu des lettres de Paul et l'extraordinaire de son itinéraire témoignent de ce qu'il a su vivre au plus profond de lui-même un paradoxe qui habite la vie monastique : le silence et le retrait du monde étaient pour lui la marque d'un amour brûlant pour Dieu et pour les hommes. Ce paradoxe, peu le vivent aussi intensément.

Le dernier trait, particulièrement discret de cet amour était son humour. Fin, délicat, jamais ironique, on le voit régulièrement apparaître ici.

En un mot, il faut le dire, Paul a été un exemple exceptionnel de vie monastique.

L'auteur de ces lignes ose encore prendre la parole en première personne pour dire simplement ce qu'il lui doit malgré un partage assez bref de la vie commune à Tamié – dix-huit mois – mais en peu de mots et peu de gestes, l'essentiel était dit.

Paul n'était pas de ces gens qu'on croise et qu'on oublie. Précisément parce qu'il était humble.

Et, en définitive, le mystère de Paul, c'est le mystère du Christ qu'il laissait transparaître en toute discrétion.

Frère Bruno Demoures,
N.-D. de Tamié, octobre 2023.

Introduction

LETTRE À PAUL

Cher Paul,

Voici plus de six mois maintenant que je relis tes lettres, celles que tu as envoyées de Tamié depuis 1984 et celles que tu as expédiées de Tibhirine après 1989. Un premier lot de ta correspondance contenait des lettres adressées à ta maman et à ta sœur aînée, Bernadette, qui l'hébergeait dans les dernières années de sa vie. Un second lot de courrier incluait celles que tu écrivais à ta plus jeune sœur, Monique et à son époux Maurice dont tu semblais très proche.

Plus de cent cinquante lettres à transcrire – ce qui fût assez aisé car ton écriture était belle- et à classer-, ce qui fût facile pour la plupart qui étaient datées ou repliées dans leur enveloppe précisant le jour de l'envoi. Ce fût plus compliqué pour d'autres qui, en l'absence de date et d'enveloppe, ne pouvaient être replacées chronologiquement que grâce à des indices minutieux auxquels j'ai dû prêter attention. Pour cette raison, il était judicieux que cette tâche de transcription de tes lettres soit réalisée par un membre de la famille. Je remercie Marie Dominique Minassian de m'avoir confié cette mission. Je remercie aussi tes trois sœurs, Bernadette, Monique et Colette qui ont fait œuvre de mémoire, à leurs âges avancés, pour permettre d'annoter certains détails et d'améliorer ainsi la compréhension de tes propos.

Les lettres comportant des démarches administratives à effectuer ou des listes de matériaux que tu souhaitais obtenir par le biais des uns ou des autres étaient plus fastidieuses à transcrire. Certains passages de cet ordre ont d'ailleurs été « allégés » afin de rendre la lecture de tes missives moins contraignante.

Tes lettres m'ont replongée dans le contexte familial de ces années 1984-1996 et ont fait ressurgir en moi des souvenirs familiaux, certains joyeux, d'autres moins gais de mon adolescence et de ma vie de jeune adulte. Cette réminiscence m'a parfois reconnectée à des émotions enfouies.

Toutes m'ont permis de réentendre ta voix – son intonation – et de redécouvrir ton visage – ses traits et ses mimiques – que je connaissais bien puisque tu étais si proche de nous tous avant d'entrer au monastère. Lors de la transcription de tes lettres, tu étais donc comme « vivant » à mes côtés : les archives, en faisant mémoire, font ressusciter les hommes à leur manière. Pour ceux et celles qui n'entrevoient pas une résurrection – qui n'y croient pas où en doutent fortement – les traces et particulièrement les écrits sont déjà un gage d'une autre forme d'éternité tout comme ton œuvre, le don que tu as fait de ta vie avec tes six autres frères.

Transcrire tes lettres m'a aussi rendu plus vivants tes compagnons de vie au monastère de Tibhirine, puisqu'ils apparaissent de temps à autre dans ton courrier : frères Christian, Luc, Christophe, Bruno, Célestin, Michel ainsi que frères Amédée et Jean Pierre.

J'ai fait le choix de transcrire tes lettres de manière chronologique. Tu y racontes les débuts de ta vie monastique à l'abbaye Notre Dame de Tamié à partir de 1984. Puis quelques années plus tard, ton désir de la poursuivre au monastère de l'Atlas, à Tibhirine près de Médéa en Algérie. Pourquoi ce choix de la vie monastique ? Ta lettre aux habitants de la vallée d'Abondance y répond assez précisément[1]. Pourquoi le choix de l'Algérie ? Pas vraiment de réponse dans tes lettres : le fait que le monastère de l'Atlas soit dans une zone de montagne a peut-être pesé dans ta décision, toi qui aimais tant la montagne, ou le fait que ce monastère soit situé en Algérie, un pays dans lequel tu avais dû te rendre pour des obligations d'un tout autre ordre, militaires celles-là, durant la guerre d'Algérie. Ce n'est qu'au jour de ta profession solennelle, le 20 août 1991 que tu partageras à tes frères et à tes proches : « J'ai connu et aimé ce pays, dans lequel vit la communauté de Notre-Dame de l'Atlas, dans les circonstances douloureuses de la guerre d'indépendance et j'ai désiré y revenir[2] ».

Fidèle au « Témoigner. Ne pas convertir » de Charles de Foucauld, ta vie avec tes frères de l'Ordre Cistercien et avec tes frères Algériens musulmans fût don et partage : un don de ta présence quotidienne, de l'entraide dans le travail notamment agricole, un don de tes compétences techniques d'artisan-plombier et d'irrigateur… Tu parlais peu mais tu faisais beaucoup. La morale est paraît-il dans l'action. La morale est aussi ici dans le « vivre-ensemble » possible quelles que soient les différences. Cette façon d'appréhender la vie te faisait répéter fréquemment ce « Nous, belle vie » !

En lisant les lettres de Tibhirine, j'ai clairement perçu une certaine montée en pression vers les années noires de l'Algérie. Une montée en tension à la hauteur de la descente aux enfers que le peuple algérien a connu pendant les années 90. Bien qu'assez discret sur le sujet car tu crains une censure des lettres que tu envoies, tu y décris bien (surtout

1. Voir texte joint à la lettre n° 3.

2. Voir Moines de Tibhirine, *Heureux ceux qui espèrent. Autobiographies spirituelles,* Écrits de Tibhirine t.1, Éd. du Cerf, Bayard, Abbaye de Bellefontaine, Paris 2018, p. 70.

dans les lettres confiées aux hôtes du monastère à leur retour en France), la montée du FIS en 1991-1992 puis du GIA à laquelle a répondu la répression de l'armée algérienne, et le désemparement des populations que tu côtoyais qui étaient prises en otage entre les deux, comme vous le fûtes aussi à votre niveau. Puis au fur et à mesure de tes courriers et de tes quelques visites en Haute-Savoie, nous sentons les violences s'installer dans ce pays. Une brutalité non seulement contre les religieux chrétiens dont tu fais partie avec tes six frères de Tibhirine et les douze autres religieux-religieuses récemment béatifiés mais également contre les centaines de milliers d'Algériens qui furent tout autant victimes de ces évènements dramatiques. Revivre cette tension fut de nouveau éprouvant pour moi d'autant que j'en connaissais l'innommable aboutissement : ton enlèvement et ton assassinat avec tes six compagnons dans des circonstances encore non clairement élucidées à ce jour… puisque de cette prise d'otage, de ces deux mois d'enlèvement, des circonstances de votre assassinat, nous ne savons pas grand-chose pour ainsi dire presque rien.

Ta dernière lettre reçue par les tiens date du 2 mars 1996. Nous avions eu alors la chance de te revoir en Haute-Savoie pour trois semaines. Tu logeais chez Bernadette, ta sœur aînée. Tu es reparti le 26 mars 1996 au matin. Comme pressé de rejoindre tes frères et ce malgré les risques, tu n'as pas souhaité dormir à l'Évêché d'Alger comme d'habitude et comme le Père Teissier t'y avait invité. Tu as préféré rejoindre au plus vite le monastère de l'Atlas. Dans la nuit du mardi 26 au 27 mars 1996, tu as été enlevé avec six de tes frères présents au monastère. À défaut d'informations précises, on ne peut qu'imaginer la suite…

Mais loin de faire taire votre voix, cette issue fatale vous aura, bien au contraire, donné une incroyable « aura » à toi qui voulais être si humble. En étant « au plus bas », c'est-à-dire au plus proche des autres et de leurs soucis quotidiens, tu as sans doute rejoint ce Très-Haut vers lequel ta vie fut tournée.

Pardon de n'avoir pas pu te demander si tu étais d'accord pour que cet ensemble épistolaire soit publié. Connaissant ton extrême discrétion et ta timidité, je ne suis pas certaine que tu l'aurais souhaité, j'en suis même à peu près sûre. Mais, vois-tu, il est des obligations qui nous dépassent, des décisions à prendre sur des vies – dont la tienne – qui ne nous appartiennent plus. Ta vie a été donnée. Ou plutôt, on te la prise… mais tu t'y attendais plus ou moins vu les circonstances : là donc se trouve le don. J'ai pensé que comme tu avais accepté de probablement faire don de ta vie, tu aurais sans doute accepté de faire don de tes lettres, car vois-tu, on ne peut pas garder dans l'obscurité ce qui fait clarté. Le monde d'aujourd'hui a tant besoin d'exemples de vies lumineuses et de messages d'espoir pour un lendemain limpide. Le monde d'aujourd'hui a tant besoin que la Lumière gagne et que l'obscurantisme recule. Tes lettres s'ajouteront sans doute à la longue liste des « Épîtres » qui ont jadis et de tout temps, rendu vivante la Parole du Christ que tu as cherchée à vivre à en mourir. En publiant tes lettres, traces de ton vécu, nous avons souhaité que jamais ne soit trahie l'essence de ton message et de celui plus global des « moines de Tibhirine » car ce serait les assassiner une seconde fois, un meurtre plus cruel encore puisqu'après avoir tué le corps constitué (la communauté de Tibhirine), il consisterait à en tuer l'esprit (l'esprit de Tibhirine[1]).

1. Sur l'esprit de Tibhirine, se référer à l'ouvrage du même titre écrit conjointement par Jean-Pierre Schumacher, l'un des deux rescapés – aujourd'hui décédé – et le journaliste Nicolas Ballet : *L'esprit de Tibhirine*, Paris, Seuil, 2012.

Sache qu'à ce jour, cet Esprit de Tibhirine est loin d'être anéanti. Au contraire il souffle et peut demeurer en quiconque s'y intéresse, esprit Universel, esprit Essentiel du « Royaume » à édifier ici et maintenant. Il surprendra quiconque se rendra à Tibhirine et je peux t'affirmer qu'ils sont nombreux aujourd'hui de toute la communauté humaine se reconnaissant en quête de fraternité à s'y rendre pour une visite de merci.

Elle est pour toi cette lettre, frère Paul, « tonton Paul ». À toi, à qui j'avais pu dire un au-revoir ce matin du 26 mars sans envisager que ce serait un adieu…

Ta nièce

Odile Chessel

Itinéraire d'un homme devenu frère en humanité

Depuis 1996, nous – Annick et Françoise – avons participé à de nombreux échanges après la mort des frères de Tibhirine (en France et en Algérie) et rencontré des personnes aux profils très variés s'intéressant à leur histoire. Ceci nous a permis de découvrir d'autres facettes de la vie de notre oncle et ses frères et de mieux cerner l'extraordinaire de leur ordinaire.

Nourries de ces échanges, nous reprenons les grandes lignes de ce qui avait fait l'objet d'une communication lors du tout premier colloque interdisciplinaire sur les moines de Tibhirine en 2016 à Fribourg (Suisse) en 2016[1]. À cette occasion, des familles des frères avaient partagé les parcours personnels de membres de cette communauté monastique

1. Voir « Évocation de frère Paul » *Tibhirine, 20 ans après*, *op. cit.*, p. 35-41.

au destin singulier. Pour nous, l'évocation avait porté sur des éléments saillants de la trajectoire sociale, professionnelle et spirituelle de notre oncle que nous avons régulièrement côtoyé durant notre enfance et jeunesse. Immanquablement, ce parcours était réducteur. Il n'était pas l'œuvre d'un travail de recherche ou le fruit d'un mémoire préparé avec l'intéressé lui-même. Notre oncle était un homme discret qui se mettait peu en avant. Ce qu'il a nous transmis de la vie et de sa foi est à rechercher dans ses actions elles-mêmes. Paul était un artisan pour qui la tâche était l'objectif.

C'est donc « l'essentiel » de cet héritage, toujours vivant, donné au monde dans des circonstances bien douloureuses que nous aimerions transmettre.

Une enfance modeste dans un petit village Haut-Savoyard

Paul Favre-Miville est né le 17 avril 1939. Il est le troisième enfant et seul fils d'une fratrie de quatre.

La famille vit au centre du petit village de Bonnevaux dans la maison sans confort de la grand-tante. Située en moyenne montagne, la commune compte alors environ deux-cents habitants. Les principales activités à cette période sont l'agriculture familiale, l'artisanat (maçonnerie, menuiserie) ou le petit commerce. La solidarité élargie est de mise, d'autant plus dans la période difficile qui suit la 2e Guerre mondiale au moment où naît Paul.

Son père, Louis, exerce le métier de maréchal-ferrant et forgeron. Sa mère, quant à elle, tient le petit commerce dans l'habitation familiale : café-débit de tabac et de timbres-poste et cantine ouvrière à certaines périodes. Ainsi, la maison est un lieu de passage et de rencontres où circulaient les nouvelles.

Paul grandit entre des parents aux caractères opposés. Son père, plutôt autoritaire, l'élève dans l'obéissance, le respect, l'honnêteté et la nécessité du travail bien fait. Il lui transmet probablement le goût de la connaissance (Louis est le 1er à disposer d'une radio au village ; il reçoit les abonnements du journal *La Croix* et l'hebdomadaire *Le Pèlerin).* Sa mère Denise, plus jeune que son mari, a le caractère plus doux et souple. Elle lui est attentive. Il a reçu d'elle la gentillesse, la tendresse, le dévouement. Entre elle et lui, beaucoup d'humour pour rendre plus facile un quotidien parfois rude.

Frères et sœurs sont élevés dans l'esprit d'entraide et le partage. Les relations seront toujours bonnes entre eux.

La jeunesse : période des premiers départs

Paul était un bon élève. Au début des années 50, peu d'enfants poursuivent leur scolarité après le primaire. Il était nécessaire de « descendre » à Thonon-les-Bains et d'être interne ou accueilli chez un tiers. Paul obtiendra son Brevet au Collège Jean-Jacques Rousseau. Il aurait aimé poursuivre des études mais son père lui impose de rester auprès de lui pour travailler à la forge. Ce n'est qu'après son service militaire qu'il suivra une formation de « plombier-chauffagiste » et qu'il s'installera à son compte en tant qu'artisan jusqu'à son départ pour l'Abbaye de Tamié, en 1984, trois ans après le décès de son père.

En 1959, Paul est appelé au Service Militaire. Il part le 1er mai dans le sud-ouest (Pau) car il a choisi de faire ses classes au sein des parachutistes. C'était son souhait, peut-être déjà du fait d'un certain goût du risque.

Comme de nombreux jeunes de sa génération, il est appelé à participer à la guerre d'Algérie. Entre 1959 et 1961, il y sera envoyé à plusieurs reprises (école militaire de Cherchell, Régiment du 8e Régiment de Parachutistes d'Infanterie de Marine). L'Algérie, sera son premier grand voyage à l'étranger. Il y découvrira sa première expérience de la violence. Il a vingt ans. Le choix de son départ pour le Monastère de Tibhirine ne sera sans doute pas un hasard.

Une vie au service des autres

Paul a toujours été un homme engagé que ce soit dans son village natal ou plus tard en communauté monastique.

Dans sa vie civile, il exerce son métier avec sérieux et est très sollicité dans la vallée d'Abondance. Il s'investit aussi dans des missions d'intérêt collectif.

Durant vingt ans, il sera pompier volontaire. Il donnera de son temps et compétences comme conseiller municipal et adjoint au Maire de Bonnevaux durant dix-neuf ans. S'il s'impose quelques semaines « de vacances » en tant qu'artisan, c'est pour se rendre à la Cité Saint Pierre de Lourdes comme bénévole auprès des malades.

Très certainement, la consigne familiale est d'être utile aux autres.

Son parcours spirituel : une foi ancrée dans la réalité du quotidien

Paul a commencé son entrée en religion par le parcours classique d'un enfant né dans les années 40 dans un petit village de montagne.

Il fût baptisé dix jours après sa naissance, présenté à huit ans à sa première communion et confirmé à dix.

Il participera à la chorale paroissiale de la petite église de Bonnevaux : « Je me souviens encore du cérémonial du dimanche matin, jour de messe, lorsque j'étais en vacances chez mes grands-parents. Il régnait une agitation dans la cuisine dès le début du matin. Avec ma grand-mère, nous nous activions pour les préparatifs d'usage pour recevoir les villageois qui viendraient partager un café ou un verre après l'office. Puis, chacun accédait dans un ordre bien établi au seul lavabo disposant d'un robinet d'eau (froide) dans la maison pour une petite toilette ou le rasage. Paul était toujours le dernier à se préparer car toujours occupé jusqu'au dernier moment. À la hâte, il s'apprêtait en quelques minutes. Il était souvent le dernier à monter l'escalier au fond de l'Église pour rejoindre la chorale installée au balcon ». (Françoise)

Jeune homme, Paul a participé à des rencontres de la JAC (Jeunesse Agricole Chrétienne).

Certains signes montraient déjà une plus grande assiduité de sa part et recherche de sens aux questions religieuses.

Adulte, il suivait régulièrement les « Conférences de Carême » sur la Radio France Culture. C'était son moment et il fallait éviter de le déranger. Il s'installait dans le fauteuil relax du salon, seul, pour écouter tranquillement l'émission.

Il lui arrivait d'assister à conférences pour approfondir sa foi et la relier à l'actualité. Ainsi, il s'est rendu à celles du Père Delorme ou de François Varillon (Père Jésuite Lyonnais) qui abordait la foi sous l'angle de « la joie de croire, l'humilité »... ce qui nous rapproche de l'esprit de Tibhirine.

Notre oncle effectuera plusieurs pèlerinages dans la région (La Bénite Fontaine, Notre-Dame de la Salette) ou plus loin

(Lourdes, Rome, Jérusalem et Tamanrasset en Algérie où il se met alors dans les pas de Charles de Foucauld).

Notre mère, sa sœur Bernadette, nous a confié que la vie religieuse de son frère était plutôt discrète. Il ne cherchait pas à imposer sa foi. Plutôt timide, il n'était pas un orateur.

C'est après la mort de son père, en 1981, qu'il commence à visiter des congrégations pour choisir celle qui lui conviendrait le mieux. Il ne s'imagine pas être prêtre. Il débute son noviciat à l'Abbaye Cistercienne de Tamié en Savoie le 24 décembre 1984. Probablement qu'une vie religieuse alliant la prière, le travail, l'accueil lui convient.

À Geneviève, sa cousine[1], il dira que sa vocation s'est imposée à lui alors qu'il était à la Cité Saint Pierre de Lourdes en tant que bénévole : « J'étais sur un toit quand tout à coup cette idée m'a effleuré l'esprit : et si je devenais moine ? Je m'étais à peine redresser de mon travail que c'était déjà devenu une certitude ».

À sa communauté paroissiale, il précisera au moment de son départ dans une lettre publiée dans le bulletin : « J'ai sans doute mis longtemps pour comprendre l'infini tendresse de Dieu pour nous, que tout est grâce ; l'amour de Dieu dépasse tout ce que l'on peut imaginer. [...]. C'est pour essayer de répondre à ce don parfait qu'à mon tour j'offre ma vie et la mets à la disposition du Seigneur ».

L'Abbaye cistercienne de Tamié est située en Savoie dans un cadre géographique proche de ce que Paul vivait en Vallée d'Abondance. À moins de deux heures de route de sa famille, ce lieu a facilité le maintien des liens réguliers avec ses proches, ce à quoi il tenait. Il n'a pas eu de mal à s'adapter à la rudesse de la vie monastique, à la froideur des lieux et aux autres contraintes qu'il connaissait dans sa jeunesse. Seul

1. Geneviève RÔTH. Voir son témoignage personnel, p. 292.

lui manqueront parfois les « petits péchés mignons » (pâtisseries de ses sœurs) pour combler ses repas.

Notre Dame de l'Atlas : sa dame de cœur !

En 1989, Paul annonce son départ pour Tibhirine en Algérie. L'année précédente, il a rencontré à Tamié Christian de Chergé, Prieur de la communauté Notre-Dame de l'Atlas. Ce dernier souhaite alors stabiliser la communauté et cherche des « nouvelles recrues ». Paul réfléchit car il ne s'engage jamais à la légère mais son désir d'y aller chemine dans son esprit.

Au moment où il quitte Tamié pour rejoindre Tibhirine – où il arrive le 29 décembre 1989 – il exprimera « souhaiter rejoindre les gens qui bataillent pour leur quotidien ».

Très certainement, cette décision n'est pas étrangère à ce qu'il a pu vivre ou ressentir lors de son service militaire en Algérie trente ans plus tôt.

Lors de ses vœux de stabilité en la Chapelle de Tibhirine, le 20 août 1991, Christian de Chergé le questionne sur son choix pour Notre-Dame de l'Atlas : « Mais pourquoi dans cette communauté ? ». Paul répondra alors : « J'ai connu et j'ai aimé ce pays dans laquelle vit la communauté de Notre Dame de l'Atlas, dans les circonstances douloureuses de la guerre d'Indépendance et j'ai désiré y revenir. Dès le début de mon nouveau séjour ici, je me suis réjoui en voyant la petite communauté chrétienne d'Algérie, vivre chaleureusement sa foi au milieu d'autres croyants ; leur étant solidaires, reconnaissant en eux, des enfants d'un même père. »

La petite communauté de Tibhirine lui offre un cadre de vie plus familial et en proximité avec la population du village qu'il côtoie. Majoritairement, les voisins sont des paysans, petits éleveurs ou artisans qui travaillent pour leur subsistance. Ce sont ces gens « qui bataillent » qu'il a souhaité rejoindre et qui ne sont non sans rappeler les villageois de son village d'enfance. Il y trouvera là une vie simple, utile, solidaire et dans l'ouverture spirituelle.

Au sein du monastère, Paul est le bricoleur de la communauté et responsable de l'atelier. Il s'occupe du chauffage qui n'est pas simple à gérer dans cette vieille et grande bâtisse. Il mettra en place tout un système d'adduction d'eau pour améliorer l'irrigation des plantations du monastère. Il aide aussi frère Christophe aux travaux du potager en lien avec les associés. Ces activités lui permettent d'être en relation avec le village ou plus largement.

Régulièrement, il profite des voyages de tiers en Algérie pour faire apporter du matériel manquant sur place. Il envoie en amont des missives pour ses commandes. Ses quelques venues en France sont l'occasion de rapporter lui-même ce qui manque. En mars 1996, lors de son dernier séjour dans sa famille, il achètera des pelles. Avec un humour grinçant, il dira alors que « c'est pour creuser nos tombes ». Il lui arrivait de répondre à ceux qui lui demandaient si sa vie allait en Algérie : « Tant qu'on a la tête sur les épaules ! ». Une manière de nommer le risque sans trop s'étendre sur le sujet. Il ramènera de France à son dernier retour quelques pousses de hêtres. Il avait toujours des projets en tête.

Au monastère, il a également le rôle d'hôtelier, en second avec Christian. Lui s'occupe de l'entretien et du service des tables et Christian assumait l'accueil et l'accompagnement spirituel.

Qui mieux que son frère en communauté, Jean-Pierre Schumacher, pour souligner son attachement à son travail et à la liturgie : « Toujours pris entre graisses, huiles, moteurs et câbles, il [Paul] ne manquait jamais la liturgie "et toujours", il s'y présentait paisible et bien propre. On percevait-là qui avait la première place dans sa vie : *Ne rien préférer à l'œuvre de Dieu* ».

De caractère enjoué et joyeux, très affable et serviable, Paul était aimé de tous les frères ainsi que des voisins. [...]. À l'atelier se déployait à l'envie son charisme professionnel de plombier qualifié. Ce métier, joint à ses aptitudes pour le travail artisanal, lui permettait d'exceller en tous les genres de services que sollicite une grande maison comme celle de Tibhirine : eau, électricité, ferronnerie, peinture, etc. Il va sans dire qu'on ne manquait pas de recourir à ses soins.

Son travail était précis, rapide, efficace, méthodique. Il le faisait avec un dévouement total ; jamais il ne se refusait à un service demandé.

Les voisins eux-mêmes recouraient à lui ; parfois des artisans de la ville de Médéa, qui avaient perçu ses capacités et ses connaissances, venaient à lui demander des conseils, tel cet ingénieur en électronique qui souhaitait de lui un plan pour l'installation du chauffage central dans sa nouvelle maison.

Soudure à l'arc ou à l'étain, brasure, rien de lui n'était inconnu.

À grands frais, il modifia entièrement le système d'irrigation du jardin, de façon à profiter au maximum des réserves d'eau disponibles pour le monastère, les gens du voisinage et le jardin, exploité par les quatre pères de familles, nos associés.

En été, c'était juste ; il fallait alors intervenir avec tact pour que justice soit faite et que personne ne soit lésé. Il arrivait en effet que le bassin dans lequel se déversait l'unique source disponible pour l'eau portable soit à sec. Alors la grogne n'était pas loin du côté des villageois ; il était opportun de se montrer bon technicien et aussi, juste et ferme à la fois : là se mettait en œuvre l'expérience acquise au cours de sa formation comme officier.

Il parvint par de savants calculs à résorber les mystérieuses fuites dans les installations électriques qui, à l'occasion d'orages, provoquaient la destruction d'appareils électriques comme le circulateur de chauffage central, l'interrupteur automatique de la grosse machine à laver et même le moteur du réfrigérateur de la cuisine : il découvrit ainsi que la cause en était la mauvaise conductivité des sols. De ce fait la prise de terre de la ligne de haute tension qui alimentait le monastère en électricité ne jouait plus son rôle de décharge vers la terre. Il parvint à y remédier par d'importants travaux pour augmenter les surfaces de contact des prises de terre avec le sol.

Cette vie de prière, de labeur et de rencontre évoluera dans le contexte de la « décennie noire » qui traversera l'Algérie dans les années 1990.

Il n'est pas improbable que Paul soit venu chercher en Algérie un apaisement et une autre forme de partage avec les Algériens. Il se trouvera une nouvelle fois confronté à la violence aveugle, dans un autre contexte.

Tout comme ses frères en communauté, il a affronté des périodes de doutes et de multiples questionnements dont « jusqu'où aller ? ».

Rien n'altéra l'engagement et l'espérance de la petite communauté de Tibhirine.

Dans une lettre à sa famille, notre oncle dira : « Après l'attentat de Tizi Ouzou, il n'y a plus d'illusion à se faire, pour les terroristes les « croisés » doivent disparaître du pays. Chacun de nous est libre de rester ou de partir. Je crois cependant que l'Esprit travaille en profondeur, que toutes ces violences nous posent des questions et qu'un grand nombre aspire à autre chose. Que chacun de nous œuvre là où il est à la réconciliation des cœurs, des hommes dans le respect des différences. À vous tous, paix et joie[1] ».

Son choix de rester jusqu'à risquer sa vie a probablement été guidé par trois éléments majeurs : sa foi vivifiée au sein de

1. Lettre n° 148 du 12 janvier 1995, p. 269.

sa communauté monastique et de l'Église fraternelle d'Algérie en relation avec d'autres priants ; ses relations avec les voisins algériens avec qui il partageait le travail, l'amitié, les joies et les craintes de la vie ; son engagement personnel et communautaire à l'image de tous ceux qu'il a pris dans sa vie.

Au travers de son parcours personnel et spirituel, Paul vient nous dire l'importance d'une foi ancrée dans l'expérience du quotidien. Ses lettres montrent très souvent ses préoccupations sur la pauvreté, les violences, les injustices dans le monde et tout autant son souci quant à la vie ou la santé de ses proches.

Sa vie monastique perdue dans un petit village d'Algérie, aurait pu être le signe d'un certain retrait. Finalement, elle ne l'a aucunement détaché du concret et des liens avec les autres. Où mieux partager l'amitié et l'amour que dans la vie de chaque jour ? C'est le message de Jésus parmi les hommes. Également, Paul nous montre la force du choix et de l'engagement, non pas comme des nécessités aliénantes, mais comme un sens à la vie, un dépassement, un aboutissement.

Françoise Boëgeat et Annick Chessel

LETTRES DE TAMIÉ

(1984-1989)

Ce premier ensemble de soixante-treize lettres nous transporte en août 1984, quelques jours après l'entrée quelque peu précipitée de Paul à l'abbaye de Tamié, et nous fera entrer progressivement dans sa nouvelle vie, avec son lot d'étonnements, son rythme, ses exigences… mais aussi tout ce que ce départ a engagé pour lui, avec notamment sa cessation d'activité professionnelle dont il est obligé de suivre et de déléguer les suites administratives et financières à ses proches. Il confiera notamment cet aspect plus spécifique à sa sœur Monique et à son beau-frère Maurice. Entrer au monastère n'est pas une mince affaire…

Dans les lettres adressées à sa mère, à un rythme mensuel, Paul se veut rassurant. Et c'est résolument par l'humour qu'il l'aide à accepter son choix de vie monastique au fil des étapes qui vont l'incorporer à la communauté de Tamié.

Et puis, nous pressentirons, peu à peu, un nouvel appel émerger et le tourner vers l'Algérie qu'il rejoindra à la fin de l'année 1989. Nouvelle étape aussi pour sa mère et toute sa famille…

LETTRE 1

À Denise, sa mère.
Tamié, dimanche 26 août [1984].

Maman,

Deux mots pour te dire que tout va bien ici. Je suis entré dans la communauté lundi matin. J'ai déjà ramassé pas mal de fraises et de haricots blancs ou verts. Mon adaptation me semble plus facile que l'année dernière, il faut quelques jours pour prendre le rythme des journées qui commencent de bonne heure le matin et pour s'adapter au silence. Je suis en train de m'organiser pour les kilos de graines dont m'a parlé le médecin, un par mois, si tu ne viens pas avant le printemps tu pourras voir la différence. On travaille quatre heures par jour environ, du travail qui pour le moment me dépense assez peu ; à ramasser des fraises on se fait des courbatures mais on ne transpire guère si bien que je dois faire attention à la nourriture si je ne veux pas ressembler au modèle qu'on voit habituellement sur les couvercles de certaines boîtes[1]. Tout cela est détail bien sûr l'important est ailleurs. Je me sens absolument heureux ici pour le moment.

Bien sûr qu'il est resté pas mal de désordre au moment de ce départ précipité ; pouvait-il en être autrement ; il y avait d'ailleurs longtemps que tu l'avais prévu de cette façon. Je regrette bien sûr que ce soit sur toi et sur les autres que tous ces petits problèmes en suspens ont retombé ou retomberont. Je voudrais te remercier chaleureusement aussi pour

1. Image d'Épinal du moine bien en chair que l'on trouvait à l'époque sur le couvercle d'un produit fromager.

tout ce que tu as fait et préparé pour que ce départ soit possible. Remercie aussi tous ceux qui y ont participé.

Je m'imagine qu'il y a dû avoir beaucoup d'animation dans ton nouvel établissement, que le commerce a dû ronfler fort cette semaine ; j'espère cependant qu'aucune traine n'est venue se mettre en travers du chemin de Dallas[1].

En conclusion comme dirait ton ouvrier :

« Nous belle vie[2] »

Je vous embrasse tous.

Paul

LETTRE 2

À Monique, sa sœur, Maurice et Vincent.
Tamié [mi-septembre 1984].

Monique, Maurice, Vincent,

Avant de commencer à vous enquiquiner, je souhaite une bonne fête à Maurice, j'espère que je pourrai expédier la lettre assez tôt. Si elle arrive trop tard pour la Saint Maurice, elle arrivera assez tôt pour la Saint Vincent. Vincent doit se souvenir de la porte où l'on pouvait lire l'inscription « PRIVÉ »[3] ; lorsqu'on passe de l'autre côté de cette porte c'est qu'on a choisi de donner sa vie à Jésus alors donner c'est donner, on ne reprend pas ce que l'on donne. Si on aura moins l'occasion de se chamailler les deux, on se reverra peut-être de temps en temps.

1. Allusion probable au feuilleton américain très connu de l'époque que sa mère devait avoir l'habitude de regarder.

2. Petite phrase récurrente chez Paul signifiant : « Ne nous plaignons pas ! »

3. Allusion sans doute aux portes indiquant aux hôtes la clôture à l'abbaye de Tamié.

Je ne sais pas ce qu'il reste sur le compte bancaire, je ne m'en soucie pas non plus, mais si vous avez besoin où quelqu'un d'autre vous ne vous gênerez pas pour vous en servir, il ne doit pas y avoir de règlements importants à effectuer concernant mes affaires. [...]

Je n'ai plus de place pour signer dessous[1]. Je suis confus de vous donner tant de complications. J'espère que mes lettres pourront prendre une autre tournure à l'avenir. Merci pour tout. Je vous embrasse.

Paul

LETTRE 3

À sa mère. Tamié [27 septembre 1984],
« le jour de la fête des prunes[2] ».

Adan té[3],

Tu nous en fais trop voir quand même depuis le temps que je te le dis. Il aura suffi que je rentre dans une Trappe pour que tu te précipites dans une autre[4]. Je t'ai demandé beaucoup jusqu'à présent mais quand même, à moins que tu retombes en enfance, d'où ta position élevée dans ton palace, et que tu suives la méthode de ton petit fils pour rejoindre la cave. Heureusement que tu n'as rien de cassé,

1. Paul, à peine rentré à l'abbaye de Tamié, dans la suite de la lettre, fait une liste de recommandations concernant la banque, pour les règlements de ses factures à venir, ses assurances, et tout ce qui semble concerner la clôture de son activité professionnelle de plombier. Il confie à sa sœur Monique et son mari cet aspect plus administratif. On y trouve aussi quelques conseils techniques concernant des travaux et bricolages.

2. La fête des prunes est généralement autour du 25 septembre.

3. En patois savoyard : « Eh ben toi alors ! ».

4. Sa mère était tombée dans une trappe menant à la cave restée malencontreusement ouverte.

mais côté couleurs et douleurs tu dois être gâtée et tu en auras sûrement pour un bon moment avant que tout soit effacé. J'espère que ton séjour ne sera quand même pas trop long à l'hôpital, peut-être es-tu encore à Thonon chez Bernadette ? Avec tout ça tu n'as pas encore eu bien le temps de t'installer en solitude dans ton château[1] et d'en prendre vraiment possession pour t'y installer à ta guise. [...]

Je viens d'envoyer à M. le Curé le billet pour l'Écho du Val d'Abondance[2]. Je l'ai fait sans doute trop long pour qu'il puisse être publié en entier dans le petit journal, j'ai encore le brouillon, si tu veux je pourrai te le recopier.

Ne t'inquiète pas trop pour ma graisse le soleil étant moins fort elle ne fond pas si vite que tu le crains. Je me sens tout à fait heureux ici j'espère que cela durera. Ce qui ne veut pas dire que je ne pense pas à vous ; bien au contraire. Je vous embrasse tous. Nous belle vie.

Paul

Texte supplémentaire rajouté dans un coin de la lettre par manque de place :

Cette semaine nous suivons une session avec un psychologue[3]. C'est très intéressant, il nous a parlé de la crise de l'adolescence notamment, on comprend mieux certains comportements, il y aurait surement quelque chose à voir de ce côté-là pour ceux qui s'y trouvent confrontés, il peut s'y trouver une aide certaine.

---

1. Trait d'humour de Paul qui fait référence au lieu d'habitation de sa maman qu'il avait pris soin de restaurer avant de partir afin qu'elle vive avec davantage de commodités.

2. Ce témoignage, écrit à la demande de son curé, sera un premier manquement à l'obéissance monastique qui aurait voulu qu'il soumette cette démarche à son Père abbé. Il s'en excusera auprès de lui.

3. Il s'agit d'une session avec François Marchand qui s'est déroulée du 17 au 21 septembre.

Paul va envoyer plus tard à sa maman une copie manuscrite de son témoignage transmis au curé pour publication dans le bulletin paroissial[1] *:*

Chers amis,

Il y a bientôt un mois que j'ai quitté Bonnevaux et la vallée. Ce départ reporté plusieurs fois à cause des nombreux détails à régler avant s'est fait pour finir un peu dans la précipitation. Il n'était évidemment pas possible de vous saluer tous avant mon départ ; je le fais aujourd'hui par ce mot à vous tous amis très nombreux dans cette vallée. Cette séparation sera bien sûr une épreuve, mais le souvenir de tout ce que nous avons vécu et échangé sera toujours pour moi une source de joie. J'en rendrai grâce au Seigneur en lui rappelant vos peines, vos joies et vos désirs. Dans le partage de son pain qui nous fait membres d'un même corps et par l'Espérance enracinée dans sa promesse, le Seigneur tisse entre nous des liens plus forts que les seuls liens affectifs ou d'amitié.

L'entrée dans la vie religieuse ne peut se faire sans une rupture avec le monde parce qu'elle est désir de conversion, c'est-à-dire retournement vers Dieu, désir profond de vivre conformément à l'Évangile. Comme pour tout chrétien cette conversion doit se vivre chaque jour. On n'est pas saint parce qu'on rentre dans un monastère, mais pécheur rejoignant une communauté de pécheurs qui sont confiants en la miséricorde Divine, qui s'efforcent de reconnaître leur faiblesse devant leurs frères et s'entraident en portant leurs fardeaux les uns des autres. Je voudrais essayer d'apporter une réponse à ceux qui parmi vous se sont demandés les raisons qui m'ont conduit à ce choix. J'ai sans doute mis le temps pour comprendre et percevoir l'infini tendresse

1. Le texte a été publié dans *Heureux ceux qui espèrent. Autobiographies spirituelles*, Les écrits de Tibhirine 1, Éd. du Cerf, Bayard, Abbaye de Bellefontaine, Paris 2018, p. 52-54.

de Dieu pour nous, que tout est grâce, l'amour de Dieu dépasse tout ce que l'on peut imaginer. Il nous a aimés le premier nous avons tout reçu gratuitement de Lui : la vie ; la nôtre avec tout ce qu'elle contient, la sienne par la croix, don suprême d'un amour sans limite (« Il n'est pas de plus grand amour que de donner sa vie pour ceux qu'on aime », Jn 15,13), par sa Parole et par son Pain véritable nourriture, par la promesse d'avoir part à la vie Divine de la Trinité dans son royaume, vie qu'il nous est proposé d'approcher dès maintenant.

C'est pour essayer de répondre à ce don parfait qu'à mon tour j'offre ma vie et la mets à la disposition du Seigneur. De Saint Paul (Rm 12,1) : « Je vous exhorte donc, frères, au nom de la miséricorde de Dieu, à vous offrir vous-mêmes en sacrifice vivant, saint et agréable à Dieu : ce sera là votre culte spirituel. » De même dans l'Évangile du dimanche 2 septembre : « Si quelqu'un veut venir à ma suite qu'il renonce à lui-même et prenne sa croix et qu'il me suive. Quiconque perd sa vie à cause de moi, l'assurera » (Mt 16,24-25).

Le moine s'engage à vivre ce renoncement.

Dans la pauvreté : spirituelle d'abord, il sait qu'il n'est rien qu'un pécheur, serviteur inutile et que sans le Seigneur il ne peut rien faire. Matérielle aussi, il ne possède rien en propre. « La multitude de ceux qui étaient devenus croyants n'avait qu'un cœur et qu'une âme et nul ne considérait comme sa propriété l'un quelconque de ses biens ; au contraire, ils mettaient tout en commun » (Ac 4,32).

Dans l'amour chaste : L'amour de Dieu doit passer avant toute autre attache ; le moine a renoncé au foyer qu'il aurait pu fonder, quitte sa famille et ses amis mais cet amour de Dieu pour être vrai (Celui qui dit « j'aime Dieu » et n'aime pas son frère est un menteur), doit se vivre avec tous les frères de la Communauté et d'une façon très universelle à travers chacun de nos frères humains par l'accueil, la prière et aussi le partage matériel.

Dans l'obéissance. En obéissant à ses frères et au premier d'entre eux, l'Abbé, le moine obéit à Dieu, imitant le Christ qui s'est fait obéissant jusqu'à la croix, qui est venu pour servir et non pour être servi (Mt 20, 28). Cette obéissance ne détruit pas toute initiative ni le sens des responsabilités mais demande de renoncer à toute volonté de puissance, toute ambition de pouvoir.

Le moine s'engage aussi à demeurer dans une Communauté qui vit dans un lieu précis et renonce par là même à toutes les facilités qu'on rencontre habituellement dans le monde.

La journée du moine se partage entre la prière, la lecture et le travail manuel ou autre (« Tu te nourris du labeur de tes mains, à toi le bonheur », Ps 128). Le travail est aussi un facteur d'équilibre et de santé. Dans la lecture de l'Écriture il est à l'écoute (« écoute mon fils » = premier mot de la règle de Saint Benoit) de la Parole de Dieu, l'Esprit-Saint lui fait découvrir le Verbe de Dieu ; la Parole de Dieu ruminée, méditée conduit à la prière. Par la prière véritable action d'amour, personnelle ou communautaire, il est sur la brèche, il veille dans l'attente de la venue du Seigneur (Mt 24, 42), il rappelle la présence de Dieu aux hommes et à Dieu tous les besoins des hommes. La prière nous fait participer au Corps du Christ, à la Communion des Saints. Le moine cherche à vivre une présence à Dieu permanente par la prière continue, d'où la nécessité du silence pour éviter tout divertissement.

L'engagement dans la vie religieuse est un choix parmi d'autres au service de l'Église. Le maître des novices me disait qu'il fallait dix ans pour devenir moine. L'engagement définitif ne peut intervenir avant une période de près de six ans ; ce délai est nécessaire pour vérifier l'authenticité de l'appel, pour la purification des motivations et pour subir l'épreuve de la durée. Le chemin qui me reste à faire est encore long, il n'est pas non plus possible d'atteindre son aboutissement dans cette vie présente. Plusieurs d'entre vous m'ont confié des intentions de prières (la communauté y participera aussi) ; j'ai moi aussi besoin des vôtres pour faire la volonté du Seigneur.

Sachant que le Christ est ressuscité c'est dans une grande joie que je débute cette nouvelle vie.

« Je vous verrai à nouveau, votre cœur alors se réjouira et cette joie, nul ne vous la ravira » (Jn 16,22).

Que cette joie qui est celle du Christ soit aussi la vôtre avec sa paix.

Frère Paul, Postulant à N. D de Tamié.

LETTRE 4

À sa mère. Tamié, 24 octobre [1984].

Chère maman,

Je n'enfreins pas la loi puisque voilà plus d'un mois que je ne t'ai pas envoyé de nouvelles. Pas de nouvelles ; bonnes nouvelles ! J'espère que tu vas mieux, que les séquelles de ta témérité commencent à s'évanouir et qu'elles ne t'empêcheront pas de danser le 31 décembre comme tu le fais d'habitude. Je pense que tu es enfin chez toi, que tes vacances en ville sont terminées. *Adan tè farai attintion à mon bouè ; s'y en reste adet*[1]. Tu voudras bien transmettre mes salutations à Lina et à son fils[2] qui doit avoir terminé ses noces, à Elisa-

1. Patois savoyard : « Ben tu feras attention à mon bois s'il en reste encore ».
2. Lina Pinaud sa tante (sœur de sa mère et sa marraine), et son fils Michel Pinaud.

beth, René et tous leurs enfants[1], à François, Thérèse, leurs enfants[2], la tante Léontine, Marie[3], les voisins tout autour, Constant[4] et puis tous ceux que tu voudras.

Pense à me donner la date anniversaire de Lina. À propos d'anniversaire ce sera celui du décès de papa bientôt[5] j'y penserai en même temps que vous. Quoi de neuf à Bonnevaux ? À part la venue de l'hiver qui doit un peu te faire peur, aussi n'hésite pas à descendre à Thonon dès que ça viendra difficile, là-bas t'attend un nid bien chaud.

Ici tout va bien j'ai tardé un peu pour vous écrire, trop sans doute au moment où j'aurais pu le faire le soleil m'a invité si fort à aller me promener dehors que je n'ai pas pu résister l'hiver sera sans doute long, mon activité physique se trouve très réduite. C'est pourquoi je profite des moindres miettes. Ne t'inquiète pas pour ma santé je ne me suis jamais tant soigné que maintenant. Côté sinusite ça va pour le moment je vaporise un peu de souffre de temps en temps et il me laisse tranquille. Côté circulation le traitement que le Docteur Blanc m'avait prescrit n'a donné apparemment aucun résultat, avec ses recommandations je me suis rendu chez un autre spécialiste à Albertville qui a pu confirmer l'origine de ces difficultés circulatoires : le moteur va très bien, les conduits aussi. Revisite à Albertville chez un rhumatologue cette fois-ci, qui avec radios à l'appui a constaté qu'il n'y avait rien au niveau des poignets mais un peu d'arthrose dans les vertèbres cervicales, je dois le revoir mercredi prochain. Le docteur Blanc pensait que cela pouvait venir soit de ceci soit d'une cause nerveuse. Me voilà rassuré, cela durera sûrement

1. Élisabeth Ainoux sa tante (sœur de sa mère) et René son époux.
2. François Cettour son oncle (frère de sa mère) et Thérèse son épouse.
3. Tantes Léontine et Marie (sœur et belle-sœur de son père).
4. Constant Cettour Meunier : il travaillait avec Paul à la forge.
5. Décès de son père Louis Favre Miville le 31 octobre 1981.

encore longtemps, mais ce n'est pas tellement grave, je n'en souffre pratiquement pas, simplement une gêne légère suivant ma position au lit, ou que je porte des vêtements qui me serrent trop. Je sens peut-être un peu vite le froid. Le dos va bien puisque je me repose ici depuis deux mois. Tout cela n'est que bobos.

Je travaille le matin à la cave la plupart du temps ou parfois à l'emballage le lundi ou le samedi (2 h les lundis et samedis, 1 h les autres jours). L'après-midi je fais souvent des bricoles à l'atelier si bien que je ne vais presque plus au jardin, c'est là que sans doute comme tout le monde j'avais le plus mal au dos. Il reste encore quelques dizaines de kilos de fraises à ramasser quelques-unes sont en fleurs comme disait Thérèse j'ai eu le temps de les manger à Bonnevaux avant de partir mais ici ça dure encore. Dimanche en attendant l'heure du repas, j'ai compté les rangées de poireaux qui restent à ramasser : 25 de 20 m de long soit l'équivalent d'une ligne de 500 m de quoi faire de la soupe cet hiver. Sous la serre qu'on a vu le 15 août depuis le bois qui domine le jardin il reste une énorme quantité de tomates. Je mange beaucoup plus de légumes qu'avant pour essayer de mieux digérer. Le changement de nourriture, de façon de vivre, le peu d'activité, de mouvement physique par rapport à avant et une inévitable tension pour commencer cette nouvelle vie ne sont pas sans influence sur le fonctionnement du tube digestif (constipation). Trois après-midis, la semaine dernière j'ai été ramasser des pommes près d'Albertville et chez la comtesse de Chevron, près de Faverges (cette famille a fait don au moment de la fondation du monastère au XIIe siècle). Aujourd'hui quelques-uns iront ramasser des noix. J'en ai ramassé quelques-unes aussi près du monastère ainsi que des champignons ! Il doit y avoir largement 4 tonnes de pommes à la chambre froide qui serviront à faire du jus de fruit pour l'année suivante. Comme tu vois, on ne risquera rien cet hiver. Le Père Abbé est à l'abbaye du Mont des Cats dans le nord pour la visite régulière chaque année les monastères reçoivent ainsi un visiteur qui rencontre chacun des frères et se rend compte de la marche du monastère de la façon dont on y vit, des problèmes qui s'y posent et essaye de donner ses conseils en proposant solutions ou encouragement. Il sera de retour pour la fin du mois, nous fêterons le jubilé du père Charles[1] qui reste en Italie. La Communauté sera au grand complet à cette occasion, sauf bien sur ceux qui sont au Zaïre[2].

« Puisqu'il en est ainsi » et que tu m'encourages à persévérer je pense demander au Père Abbé quand il sera de retour de prendre l'habit monastique. Si tout va bien ce pourrait être le jour de Noël je vous le confirmerai dès que je le saurai. Comme tu vois tout va très bien ici. Je me suis même reposé physiquement depuis deux mois. Bien sûr qu'il y a quelques petits inconvénients ; je pense quelquefois aux 25 à 30° sur la tribune de l'église à Bonnevaux, ici du chauffage dans l'église pas question jusqu'à présent, il faut enfiler des tricots pour résister quatre heures par jour plus de cinq heures le dimanche, ailleurs non plus pas de chauffage ; noviciat où l'on écrit, lit ou reçoit des cours ; réfectoire, oratoire, lavabos, je ne parle pas des couloirs du cloître. Cela se supporte avec un peu plus de mouvement ça irait mieux.

Dans sa lettre, Bernadette me demande si elle peut m'adresser directement du courrier ; oui bien sûr de toute façon directement ou indirectement c'est la même chose vis-à-vis du détachement qui nous est demandé, je vous en

1. Entré à Tamié le 24 août 1932, le père Charles Jegge était parti en Italie dans les années 70 fonder un petit ermitage. Il était revenu célébrer son jubilé avec ses frères.

2. À la communauté des Mokotos.

parlerai d'une façon plus développée une prochaine fois. Pour m'adresser le courrier il suffit de mettre frère Paul avec l'adresse. [...]

Si je n'écris pas trop souvent je pense souvent à vous en particulier quand j'essaye de me tenir devant le Seigneur.

Je t'embrasse.

Paul

LETTRE 5

À sa mère et tous.
Tamié, 11 novembre [1984].

Chère maman, chers tous,

Cette fois-ci je ne traîne guère pour te répondre (juste quinze jours). C'est bien vrai que la dernière fois en me laissant tenter par le soleil, comme aujourd'hui d'ailleurs, j'ai un peu négligé l'écriture. Mais j'ai été surpris pour commencer en voyant que tu n'avais pas reçu ma dernière lettre, et puis ensuite j'ai compris qu'avec tout ce que j'avais enfourné dedans que j'aurais dû porter la mention « LETTRE » sur l'enveloppe pour qu'elle ne soit pas acheminée comme un paquet ce qui est souvent beaucoup plus long. J'espère avoir le temps de vous renvoyer le mot dans les 15 jours qui viennent parce qu'après motus et bouche cousue. En effet nous serons en retraite la semaine suivant le 25 novembre, ensuite c'est l'Avent ; pendant ces périodes, pas de courrier, je vous demande d'éviter de m'en envoyer vous aussi (du 25 novembre 25 décembre). J'ai une bonne nouvelle à vous annoncer, enfin bonne à mon point de vue, j'espère que ce sera aussi le vôtre. Le Père Abbé est rentré du Mont des Cats (monastère de trappistes des environs de Lille où il a effectué la visite régulière). J'ai pu lui poser la question de confiance concernant la suite à donner aux événements c'est-à-dire la prise d'habit monastique marquant mon entrée officielle au noviciat. (Le postulat est en fin de compte un essai prolongé permettant de se mesurer un peu à la durée). Son avis est favorable de même que celui de frère Didier maître des novices ; l'abbé prendra l'avis de son conseil mais comme n'apparaissent pas de difficultés majeures son accord est pour ainsi dire acquis. La date prévue sera le jour de NOËL mais ce n'est pas encore sûr parce que ce jour-là est très chargé (trois messes). Je vous confirmerai la date dès que je le saurai, probablement avant le 25 novembre. Après la prise d'habits si le cœur vous en dit vous pourrez venir et me voir. Les plus téméraires, s'il y en a, pourront même venir un samedi après-midi par exemple avant vêpres et pourront suivre le déroulement liturgique d'une journée monastique (avec lever matinal et repas en silence). Il faudra bien sûr prévenir le frère hôtelier (Père Claude) pour la ou les chambres et pour les repas (de midi si vous venez pour une journée). Je pourrai m'en occuper si vous me le faites savoir assez tôt. Comprenez bien que je ne vous fais pas là une invitation pressante à venir me voir, malgré tout le plaisir et la joie que j'en garderai, car je sais combien vous avez tous assez d'occupations et de soucis. Mais le Seigneur nous permet de rester proches les uns des autres malgré l'absence d'une présence sensible.

Je suis content que tu sois remise à peu près de ta dégringolade et que tu aies retrouvé ta belle vie, vie pour ainsi dire sans soucis ! À part ceux que tu te fabriques, au lieu de lorgner vers la pile de bois du voisin, de temps en temps, lorgne un peu vers « *mon bouè*[1] » pour voir si le vent ne fait pas bouger les tôles afin qu'il se conserve longtemps. À ce sujet du bois qui brûle tu ne m'as pas dit comment marchait ton fourneau et s'il te donne satisfaction vu qu'on a monté la cheminée

1. Patois savoyard : « mon bois ».

sans tenir compte de tes recommandations et que pendant ce temps les cornes de la lune ont eu le temps de tourner dans tous les sens. Je voulais aussi enlever le robinet de la bouillote contre lequel tu risques de t'accrocher et de te refaire mal mais je n'ai pas eu le temps non plus, tu pourras en parler à qui tu voudras, probablement toujours au même. [...]

Je me rappelle très bien des couchers de soleil sur la Dent d'Oches et sur le Mont de Grange[1], tu voudrais peut-être que je vienne voir au cas où j'aurais oublié. Ici pas de Dent d'Oches, ni de belle étoile mais quand même avec ce beau temps, cet été de la Saint Martin, du soleil qui se couche ici aussi sur des monts enneigés en donnant une couleur rose à la neige.

Je suis en bonne santé malgré l'avalanche de feuilles de maladie que je brasse ; je n'ai jamais vu autant de vétérinaires que pendant ces trois derniers mois, c'est bientôt fini heureusement, j'ai actuellement une série de piqures pour ces rhumatismes, après une visite qui j'espère sera la dernière et ensuite je pense demeurer bien sagement dans mon enclos. [...]

Nous avons eu fêtes sur fêtes ces derniers temps : Toussaint, Jubilé du Père Charles et 40 ans du Père Abbé. Chants, danses, sketches, Saint Panfa[2], gâteaux, chocolats, biscuits etc., etc. Cela ouvre des parenthèses dans le grand Carême que nous avons commencé le 14 septembre.

Le jour de la Toussaint, le père du jeune du Biot qui a tiré sur Christian[3], il a demandé à me voir, mais il n'est pas permis aux postulants de recevoir des personnes de l'extérieur. Il a laissé un mot pour nous demander de prier pour

1. Le Mont de Grange et la Dent d'Oches sont les deux points culminants du Chablais.

2. Dicton populaire : « faire la Saint Panfa », c'est manger plus que de raison.

3. Christian Cettour Cavé, un ami de Bonnevaux, a été blessé lors d'un accident de chasse.

la guérison de Christian. J'espère que ce dernier va mieux et pourra s'en tirer sans trop de dommage. [...]

Sur mon calendrier, je vois Sainte Elisabeth au 17 novembre, transmets-leur mes vœux de bonne fête à toutes les deux[1].

Salue toute la famille, sœurs, neveux, nièces que j'embrasse tous avec toi.

Nous belle vie !

Paul

PS : Je pense renvoyer un mot la semaine prochaine avant d'entrer en quarantaine[2]. Vous pourrez quand même écrire s'il y a quelque chose de vraiment urgent, je pense aux papiers de la licence à signer par exemple. J'ai reçu un mot de Camille Berthoud, si tu le vois le dimanche remercie-le et félicite-le pour la naissance de son fils Benoît ; je leur enverrai un mot après Noël. Si tu ne les vois pas dis-le à Colette.

LETTRE 6

À Monique et sa famille.
Tamié, 21 novembre [1984].

Chers tous,

Quelques mots seulement pour te remercier pour ta lettre et pour tout ce que tu fais pour moi. J'espère que vous allez tous bien, que le congrès des anciens d'AFN[3] s'est bien passé ainsi que le 11 novembre. Merci aussi à Maurice pour tout ce qu'il a dû déménager et pour tout ce qu'il a fait et pour tout ce qui lui reste encore à faire. Ma demande d'entrée

1. Élisabeth Ainoux, sa tante, et Elisabeth Folliet, sa nièce.
2. Réduction des visites pendant le temps de l'Avent.
3. Les anciens combattants d'Afrique du Nord.

au noviciat est donc acceptée par la Communauté, mais la date n'en est pas encore arrêtée définitivement, ce ne sera probablement pas le jour de Noël mais un jour proche, c'est une cérémonie très simple qui se passe au chapitre (je parle de la prise d'habit). C'est-à-dire en clôture où seule assiste la Communauté. J'essaierai d'envoyer une lettre à la maman pour lui expliquer. Vous aurez bien l'occasion de la voir. [...]

La mémé a l'air de se plaire dans son château et ouvre toute grande les portes pour y faire entrer du « luxe » à ce qu'elle m'a dit. Il est bien évident qu'après avoir passé plus de 50 ans dans cette maison qu'elle s'y est attachée, avec ceux qui sont autour et tant qu'elle peut y rester elle y est bien. Elle a toujours des difficultés avec ses artisans. Ce sera une bonne chose de déplacer le congélateur pour qu'elle ait moins souvent à sauter dans la trappe[1], on aurait dû y penser avant. Dommage, c'est fait. [...]

Je vous embrasse tous. À bientôt puisque le temps passe si vite.

Paul

LETTRE 7

À sa mère. Tamié, 25 novembre [1984].

Chère maman,

Nous belle vie.

Adan tè, te te faut de la billa, avoué tôt ton luxe. T'as pas vergogne, ça pas te te pinse qu'y va dénor grantin[2].

Malgré toutes tes protestations, cet été je vois que tu prends goût au confort et que tu n'en as pas encore assez.

---

1. Voir explication dans la Lettre n° 3, p. 43.

2. Patois savoyard : « Et ben toi alors ! Tu te fais de la bile avec tout ton luxe. Tu n'as pas vergogne [honte]. Je sais pas si tu penses que cela va durer encore longtemps ? »

Le pépé doit lever les bras au ciel. Tu as bien raison, de t'installer confortablement et d'avoir quelques petites choses qui puissent te faire plaisir et t'aider à passer les longues veillées d'hiver. Si tu as un bon stock de tisane, tu pourras inviter l'une ou l'autre pour leur faire partager ta vie de château. Tu as beaucoup moins de risque de te faire cambrioler si tu dépenses tout au fur et à mesure. Ce n'est pas la peine d'accumuler trop d'argent à la maison. Ma santé va bien mais il faut absolument que je me sépare de tous ces médecins qui vont bien finir par me rendre malade. Je reconnais quand même qu'il y a une nette amélioration de ma circulation sanguine dans le bras gauche.

Alors toujours belle vie d'autant plus qu'aujourd'hui fête : Christ-Roi de l'univers, toutes les fêtes sont marquées d'une façon spéciale dans la célébration de la liturgie. Cet après-midi bien qu'il n'y ait pas de rapport, autre fête avec le groupe folklorique de la Giettaz (chants + danses). Demain grand changement : début de la retraite qui va durer toute la semaine, avec des modifications importantes dans le déroulement de la journée (conférence tôt le matin et après Vêpres le soir, travail manuel le matin seulement, l'après-midi étant réservée à l'étude, la réflexion et la méditation, dans la nature si l'on veut). Ensuite suivra le temps de l'Avent temps de préparation et de l'attente chargée d'espérance de la venue du Sauveur. Ce temps sera pour moi aussi le temps de la préparation à la prise d'habit. Cette cérémonie aura lieu le 24 décembre avant vêpres. C'est une cérémonie très simple. Elle n'a pas lieu dans l'église mais au chapitre, c'est-à-dire que seule la communauté y assiste.

Le proverbe dit que « l'habit ne fait pas le moine ». C'est bien vrai qu'il faut bien davantage qu'un habit pour être moine, pour être vraiment consacré à Dieu. L'habit monastique est signe de renoncement. Par sa simplicité il signifie la vie de pauvreté et de renoncement de celui qui le porte. Par le port de l'habit monastique est signifié la séparation du monde et du moine. Je rentrerai donc vraiment dans la communauté ce jour-là et sans perdre ma mère et mes sœurs j'entrerai dans une famille de quarante frères. Bien sûr ce premier jour je le passerai avec eux ainsi que le lendemain jour de Noël, fête marquée d'une façon spéciale dans la communauté. Je me devrais donc d'être avec eux ce jour-là. Même quand il n'y a pas de fête le frère qui reçoit la visite de sa famille continue à participer à la vie communautaire y compris le travail et surtout le repas. Aussi je pense qu'il est préférable comme je vous l'avais dit dans ma dernière lettre de venir après les fêtes, c'est de toute façon préférable aussi pour vous, quel que soit notre désir de nous revoir, parce que vous ne pourriez pas tous venir et les familles seraient partagées, il vaut mieux qu'elles passent Noël ensemble. Je ne veux pas non plus limiter votre venue mais si vous venez en car, je ne sais pas où et si on pourra vous faire à manger, le père hôtelier n'est pas encore de retour. Les familles qui passent un jour pour voir leur parent ne mangent pas avec les retraitants (ce que vous pourriez faire en venant ceux qui le peuvent, un samedi, passer la fin de la journée, la nuit et le dimanche, mais pas non plus pendant la période des fêtes, il y a moins de places disponibles et elles sont réservées pour les séjours plus longs de huit à dix jours ; on ne peut pas immobiliser toute la capacité d'accueil pendant les vacances pour que ce soit occupé pendant un week-end seulement). Les repas sont donc pris dans une des salles où nous les avons pris quand nous sommes venus, soit avec Colette, Monique Bernadette. Un séjour plus long vous permettrait non seulement de pouvoir mieux me rencontrer et aussi de voir le déroulement d'une journée monastique. Vous avez le temps de réfléchir d'ici là.

Je poserai ma plume donc tout à l'heure, mais un mois c'est finalement court, si vous ne savez que faire pensez donc à prier pour moi comme j'essaye de le faire pour vous, pendant ce temps de préparation et d'attente de la grande fête de Noël qui approche.

J'ai reçu une lettre de Bernadette, ainsi que de Monique qui me met au courant des problèmes auxquels elle doit faire face, enfin je pense que ça diminuera tout doucement. Je lui ai répondu et je lui ai parlé du radiateur de la salle d'eau où je lui dis de te rappeler qu'il ne faut absolument rien mettre dessus et qu'elle essaye de voir s'il y a moyen d'adapter une commande à distance. [...]

Je t'embrasse ainsi que sœurs, beaux-frères, neveux, nièces ; salue oncles, tantes, cousins, voisins. Prépare-toi à passer un bon Noël (ne bats pas ton record de banquets).

À bientôt.

Paul

LETTRE 8

À sa mère. Tamié, 21 décembre [1984].

Chère Maman,

Je vois que tu t'es quand même résignée au silence, que tu t'es remise sous le joug de la Loi.

Je croyais que tu voulais faire une révolution au monastère. Je pense que tu as dû recevoir quand même ma dernière lettre du mois de novembre te donnant quelques précisions. Il n'était évidemment pas question de vous empêcher de venir ici, mais il ne me sera pas possible de vous rencontrer ce jour-là puisque je suis postulant, tant que je n'ai pas l'habit de novice, la cérémonie aura donc lieu au chapitre et non pas à l'église juste avant vêpres. Après les vêpres, le temps sera très court et sans doute très pris par diverses choses, nous allons nous coucher tôt pour nous lever vers 21 h 45 pour l'office des vigiles précédent la messe de minuit.

Hier soir à l'oratoire nous avons prié pour ce jour et pour toi aussi.

J'espère que tu vas bien ainsi que tous les autres.

Tu les salueras tous, leur souhaitant de passer de joyeuses fêtes en accueillant Celui qui vient nous sauver.

Je n'ai plus que deux minutes j'abrège.

À tous paix et joie.

Bonne année. J'aurai peut-être le temps de réécrire d'ici le Nouvel an.

Je t'embrasse.

Paul

PS. Ne te fais pas malade avec les rissoles et chocolats.

Salue ton client du mardi[1].

LETTRE 9

À sa mère. Tamié, 26 décembre [1984].

Chère maman,

Me voici donc, comme la nature, tout revêtu de blanc depuis lundi soir. Ça fait bien un peu drôle surtout que tout est très long et que je mets les pieds dessus chaque fois que je

1. Il s'agit du fromager Robert Buttay qui passait avec sa fourgonnette dans les villages pour vendre du fromage et autres produits laitiers et qui mangeait le mardi midi chez la maman de Paul. Elle lui faisait toujours une tarte, et Paul sortait son mètre pour voir s'il n'en n'avait pas plus.

monte un escalier si je n'en relève pas un peu à la main. Ça y est donc et je suis heureux d'être un peu mieux ressemblant aux autres frères de la communauté. Je me sens comme enveloppé par un symbole, un signe qui me rappellera en permanence ma séparation d'avec le monde, mon nouvel état, ma nouvelle Vie. C'est un peu une nouvelle naissance et c'est sans doute une grande grâce que cela soit arrivé seulement quelques heures avant Noël. La fête de la naissance du Christ est une très grande fête ici, religieuse bien sûr puisque c'est la venue de notre Sauveur qui est fêtée. Les quatre semaines de l'Avent nous préparent à cet événement chaque jour nous sommes dans la joie de l'attente par les lectures de la liturgie et les chants. Le jour venu grande joie, avec l'échange des vœux de paix avec tous les frères. Le ventre n'est pas oublié non plus, s'il n'y a pas de saucisses il y a quand même du pâté de lièvre, bonbons, gâteaux, biscuits, chocolats, etc.

Une fois de plus je vais être obligé d'abréger si je veux que cette lettre parte aujourd'hui 27.

Si quelqu'un veut venir un dimanche par exemple, pour le repas il faut avertir je pense au plus tard le samedi avant midi. Demander si possible le Père Claude (Père Hôtelier) sinon on lui transmettra. Pour éviter de déranger pendant son service des hôtes et pendant les offices il faut appeler soit entre 8 h 30 et 9 h 30 ; entre 10 h et 12 h ; entre 14 h 30 et 16 h 30 ; entre 17 h 30 et 18 h 30. Il peut arriver cependant qu'il soit même pendant ces heures-là occupé en réunion de Communauté, voyez donc avec le frère qui se trouve à la permanence du central téléphonique, pour rappeler le Père Claude plus tard, pour ne pas le déranger inutilement.

Il y a maintenant toujours des hôtes à l'hôtellerie et pour ne pas trop les déranger, il faut quand même éviter les bruits trop forts et peut-être ne pas arriver plein un car. Encore une fois c'est avec une grande joie que je vous reverrai, grands et petits et surtout toi ma chère maman (La communauté sait comment tu vis seule et cependant entourée par tes enfants, petits-enfants, sœur, frère, etc. Elle prie pour toi).

La coutume de la maison est de recevoir sa famille en moyenne trois ou quatre jours par an. Certains frères beaucoup moins, soit que leur famille est peu nombreuse, soit qu'elle soit éloignée. Je ne veux pas demander un régime spécial pour moi. Cela fait partie du renoncement, que ce soit toujours le Seigneur qui soit le premier ; mais en lui par nos prières nous pouvons être plus proches encore les uns des autres. Cela ne vous empêchera pas bien sûr de venir participer aux offices de la communauté, ni que je vous salue brièvement à la fin de la messe du dimanche par exemple. Quand vous viendrez si possible prévenez moi, en évitant de téléphoner ; avec le téléphone on franchit pratiquement la clôture monastique. Soit vous m'envoyez un mot, soit vous me le faites savoir par le père hôtelier ou par le frère du central, soit par le père maître. Je vous rappelle l'horaire du dimanche :

Messe : 11 h

On peut se voir pendant un quart d'heure environ

Repas : 12 h 30

On peut voir à partir de 13 h 15 environ

Office de none : 14 h 15

On peut se voir pendant cet intervalle

Vêpres : 16 h

Vous pouvez si vous le désirez voir le montage audiovisuel. L'été les vêpres sont à 17 h et il est plus agréable de se promener autour du monastère.

Quelques remarques :

– pas de visite pendant l'Avent et le Carême

– pas de cadeaux personnels

– je prends toujours mes repas avec la communauté (donc pas avec la famille)

– tout ce qui arrive à donner au supérieur (parce que nous avons fait le choix de pauvreté)

Voilà. À bientôt peut-être

Je vous embrasse tous.

Paul

PS : J'ai reçu ta dernière lettre hier ainsi que celle de Thérèse, Elisabeth et Lina.

LETTRE 10

À Bernadette et famille Chessel.
Tamié, 1er-4 janvier [1985].

Chers tous,

Maintenant que la rigueur est abolie comme dit la mémé, je peux enfin vous envoyer un mot ; je n'ai pas pu le faire la semaine dernière faute de temps pour m'adresser à tout le monde à la fois. Pour l'année qui commence je souhaite que la joie et la paix et Celui qui est venu parmi nous, non seulement en Palestine il y a deux mille ans mais aussi dans le monde où nous vivons aujourd'hui, vous accompagne, vous aide à surmonter vos difficultés quotidiennes et vous gardent tous unis malgré la diversité qui fait la richesse de votre famille. Je vous souhaite une bonne santé, en particulier à ceux qui se plâtrent, s'arment comme du béton, ou se blindent, qui toussent qui boitent ; sans parler des courbatures dont la racine est au jardin, enfin bref que « frère âne », comme disait François d'Assise en parlant de son corps, ne vous cause pas trop de misère, que vous ne soyez pas obligés de lui donner du son, comme je le fais moi-même de temps en temps.

Dans sa dernière lettre, la maman me disait qu'elle vous attendait pour le soir de Noël, avec en tête bien sûr le souci de la route.

3 janvier

Je me demande si je vais pouvoir faire partir cette lettre demain. Aujourd'hui j'ai reçu la vôtre, je vous en remercie. J'ai en ce moment assez peu de temps pour écrire, hier pas du tout et comme il m'en faut beaucoup pour le faire, enfin j'espère que vous la recevrez avant de venir. Hier j'ai reçu une lettre de la maman de Monique, de Colette il y a quelques jours. Je suis heureux que vous ayez pu passer tous ensemble la soirée de Noël autour la maman, c'est mieux que d'être venu quelques-uns ici avec peu de chance que nous puissions nous rencontrer, vu l'heure de la petite cérémonie qui précédait les vêpres et l'heure du coucher avancé ce jour-là.

On a raccourci un peu mon habit, je marche moins mais encore dessus, quant à la couleur, vous ne la verrez peut-être jamais comme elle était au début ; le blanc c'est beau quand c'est bien propre, mais quand on doit faire la vaisselle avec, tourner les fromages etc.

Je vois que vous avez un programme toujours aussi chargé pour ces vacances, même si la préparation de ces fêtes est une charge supplémentaire, il y a aussi de la joie de pouvoir se retrouver tous ensemble. J'en ai personnellement toujours éprouvé beaucoup de joie chaque fois que nous nous sommes trouvés réunis. Bien sûr que mes pensées étaient aussi avec vous en ces jours-là, bien que ma nouvelle famille soit aussi nombreuse. Je vois que la maman ne se laisse pas démoraliser et a repris sa tournée de banquets comme avant, elle finira bien par avoir mal au foie. C'est finalement une bonne chose d'avoir réparé un peu pour qu'elle puisse mieux rester « chez elle ». Je pense qu'elle ne laissera pas tout geler là-haut pendant son absence. Ici aussi il fait plus froid surtout aujourd'hui avec un peu de bise il y a un peu plus de 10 cm de neige tombés dans la nuit d'avant-hier.

J'espère que vous allez tous bien, peut-être une grippe de temps en temps. Louis aura été content de revoir son frère Henri. Si ce dernier n'est pas encore parti donne lui le bonjour de ma part. Quant aux écoliers après cette période de vacances qui leur aura remis du sang neuf qu'ils se remettent au travail avec ardeur voilà mon souhait.

Vendredi 4 janvier

Le thermomètre est descendu à -8°, encore rien d'extraordinaire, il me semble qu'il recommence à neiger sur les sommets.

Je crois que je vais arrêter pour aujourd'hui, nous pourrons parler davantage lors de votre visite.

Je vous joins la circulaire de fin d'année de l'abbaye destinée aux familles et aux amis, ainsi que deux photos du noviciat prises le jour de Noël[1] ; Françoise en gardera une, vous remettrez l'autre à Lina, je ne les avais pas encore quand je lui ai envoyé mes vœux. Ça vous donnera une idée de ma nouvelle apparence. [...]

À mon petit plombier[2] :

Pour accueillir les groupes en week-end, il y a un local aménagé avec des dortoirs (pas de lits mais des matelas par terre). Pour les conditions de séjours il faut que la personne

1. Voir cahier photo, n° 7.

2. Une de ses nièces qui, petite, aimait feuilleter ses revues de plomberie. Il s'agit d'une réponse à une demande de renseignements qu'elle lui avait faite pour passer un week-end avec son groupe de jeunes de la paroisse de Thonon à Tamié.

responsable de ton groupe s'adresse au Père Claude responsable de l'hôtellerie. Merci pour tes vœux.

Je vous embrasse tous, à bientôt.

Paul

LETTRE 11

À Maurice, Monique et Vincent.
Tamié, 6 janvier [1985].

Chers Maurice, Monique, Vincent (Désiré),

Je pensais économiser un timbre pas moyen. C'est vraiment une honte d'arriver au 6 janvier pour vous souhaiter la bonne année, c'est la première fois que cela m'arrive depuis au moins vingt ans. Il faut reconnaître qu'il m'arrive des drôles de choses, quand j'avais 3 ou 4 ans, on avait essayé de m'enfiler une robe, cela n'avait pas été chose facile, je ne me souviens même pas si on y était vraiment arrivé. C'est vous que j'embête le plus souvent avec mes tracasseries administratives ou autres et c'est à vous que je m'adresse (presque) en dernier. Il m'en reste encore pas mal à faire et il m'a fallu trois jours pour arriver à finir celle de la famille Chessel.

Je reviens quand même à mes moutons en vous souhaitant une bonne année, malgré vos difficultés et l'épreuve. J'ose cependant vous souhaiter de conserver tout au long de l'année qui vient la paix et la joie que nous donne Celui dont nous avons fêté la venue. Mettez votre confiance en Lui et si ce n'est pas son rôle de faire le travail à votre place, soyez sûrs qu'il n'est pas indifférent à ce que vous vivez et qu'il peut vous aider à le porter car sa tendresse pour nous est sans limite ; je peux dire que j'en ai fait l'expérience. [...] Mais soyez sûrs que je penserai à vous devant le Seigneur pour qu'il vous ouvre toujours l'espérance dans la Foi.

Quant à moi tout va bien pour le moment, aujourd'hui je suis habillé au-dessus de la cheville, ce qui me permet de moins me mélanger les pinceaux, surtout en montant les escaliers. Je commence à retrouver mes anciennes habitudes ; réparation de robinets, de fuites, dégel de conduites, etc. La forge d'ici n'est pas plus chaude que celle de Bonnevaux, enfin je n'y suis pas trop souvent. L'hiver a l'air d'être là pour de bon cette fois-ci après le bel automne que nous avons eu ; hier matin et ce matin -13 à -14°, mais il n'y a guère de neige pour le moment, 10 à 15 cm (jusqu'à 1,5 m l'année dernière dans le jardin).

À propos de la prise d'habit, vous avez sans doute été déçus de voir que je vous déconseillais de venir ce jour-là. Vous l'auriez sans doute été encore davantage en venant et sans que l'on puisse pratiquement se rencontrer vu l'horaire, cela s'est passé juste avant vêpres qui ont eu lieu à 17 h en hiver (16 h le dimanche). Nous avons mangé rapidement ensuite avant d'aller nous coucher pour nous lever à 21 h 45, à 22 h : Vigiles jusqu'à 23 h 30 environ, ensuite retournement des fromages (la fromagerie tourne tous les jours) puis messe de minuit (retransmise par radio Faverges) et enfin réveillon gargantuesque. Pendant toute la semaine les fêtes se sont succédées, aujourd'hui encore fête. Je me demande si je n'ai pas mangé plus de chocolats que d'habitude, ce qui n'est pas peu dire.

Je pense que vous avez trouvé la meilleure solution en vous réunissant ce soir-là autour de la maman. C'est bien en une occasion comme celle-là qu'elle a le plus besoin d'être entourée. Elle a l'air de bien se cramponner dans son « château », avec bien sûr la parenthèse de la tournée des banquets. Elle est solide malgré tout, elle a même très rapidement franchi l'épreuve de la Trappe[1]. Elle participe aussi aux fêtes en l'absence du principal intéressé (le cochon).

Je vais essayer d'expédier cette lettre demain matin, j'abrège donc, nous pourrons discuter plus amplement si vous pensez venir par là. À la maman j'ai dit qu'il fallait avertir le samedi matin au plus tard pour les repas du dimanche, je pense que cela devrait être suffisant pour préciser le nombre de participants mais il vaudrait mieux téléphoner avant pour être sûr d'avoir une salle (79 32 42 01) puis demander en même temps si vous ne savez pas combien vous êtes, combien il peut recevoir et quand il faudra confirmer.

Saluez les familles Requet, Nadia, Antoine, Hubert Chevallay, Bouvet Yvan…

Je joins deux photos du noviciat du jour de Noël, une pour vous et une pour la maman.

Je vous embrasse tous.

Paul

Vincent,

Merci pour ton beau dessin où tu m'as mis au sommet de la montagne. Bonne année à toi aussi. Tu as vu sur la photo ce que Jésus m'a donné pour Noël ?

Je t'embrasse.

Tonton Paul

1. Trait d'humour à double sens évoquant le fait que sa maman ait surmonté la double épreuve de l'entrée de son fils à la Trappe et de sa propre chute dans une trappe. Voir Lettre n° 3.

LETTRE 12

À Monique et famille.
Tamié, 27 janvier [1985].

Chers tous,

Déjà deux semaines de passées depuis votre visite. Cela a été une grande joie pour moi, je l'espère aussi pour vous. Je suis loin de m'ennuyer ici, mais je pense quand même souvent aux miens et c'est avec plaisir que je les retrouve après une période de séparation. Bien sûr que le temps a passé très vite ensemble et je regrette que nous n'ayons pas pu parler davantage, les petits problèmes ont pris une large place au détriment du reste. Merci donc pour cette joie que vous m'avez apportée, pour les cadeaux et pour tous les services que vous ne cessez de me rendre.

Vous devez avoir pas mal à faire en ce moment, je pense souvent à vous et je rappelle vos difficultés au Seigneur. Ce ne sera sans doute pas simple pour toi Maurice de trouver l'emploi idéal en ce moment, mais ta qualification et ton aptitude peuvent te permettre de faire face dans l'immédiat en attendant une situation meilleure. La défection d'un de vos plus gros clients risque aussi de compromettre l'équilibre financier de votre entreprise. Tous ces soucis à la fois sont lourds à porter et s'ils ne rendent pas l'existence facile, ce n'est pas dans leur absence qu'on trouve la pleine satisfaction mais quand on est en paix avec soi-même et par là avec ceux qui nous entourent. [...]

Vous pouvez vous servir d'outils chaque fois que vous en avez besoin soit toi, soit Louis, soit Barnabé, mais je préfèrerai que cela n'aille pas plus loin sinon il vaudrait mieux tout bazarder le plus tôt possible parce que tout va s'évanouir petit à petit. J'en prendrai probablement une partie pour les besoins de la Communauté avant de tout régler définitivement. [...]

Je vous embrasse tous.

Paul

LETTRE 13

À sa mère. Tamié, 4 février [1985].

Maman,

Je me demandais si j'arriverais à écrire toutes mes lettres de bonne année avant le Carême, il me semble maintenant que ce sera impossible. Alors donc dans quinze jours nouvelle parenthèse de silence pendant quarante jours, j'espère que cette fois-ci tu n'oseras pas violer la loi, un bon mois c'est finalement vite passé.

Le pépé avait raison « *Y a pas moyen que te réstasse à la maéson* » « *Vos aé des sous à téri lé* » « *te va mém'ji o min doux mille* » « *Enfin y est bon ; y est tôt à téri lé, m'ji z'aé tôt*[1] ».

« *Nos on n'y a pas tôt m'jia*[2] ». Les rissoles sont tombées dans le congélateur, elles ressortiront pour la fête du Père Abbé, le 7 mars je pense, le jour anniversaire de son élection abbatiale. Je n'ai même pas eu le temps de vous remercier lors de votre visite, je ne sais pas qui les a faites peut-être toi en partie et sans doute Bernadette, je les reconnaitrai au passage, merci pour tout le reste aussi (sauf pour la casquette noire et rouge qu'une fois de plus tu as décidé de perdre). Tu m'en

1. Expressions en patois savoyard sans doute entendues de la part de son père : « Vous avez des sous à tirer loin [à jeter par la fenêtre] » ; « Enfin c'est bon, de toute façon c'est tout à dépenser, dépensez-y tout ! »

2. En patois savoyard : « Nous, on n'a pas tout mangé, dépensé ».

as apporté beaucoup plus que je ne t'en avais demandé, j'ai déjà remis l'anorak bleu au vestiaire commun. Enfin merci à tous et surtout pour votre visite qui m'a apporté beaucoup de joie. Avec un nombre aussi important de visiteurs on n'a pas le temps de tout dire à chacun comme on le voudrait et le temps passe vite. [...]

Je vois que tu continues à m'envoyer régulièrement des timbres, aussi je les remets régulièrement au frère portier qui timbre nos lettres nous n'avons donc pas besoin d'en avoir personnellement. [...]

Merci pour le compte rendu du conseil municipal paru dans le Messager, dommage que tu ne l'aies pas envoyé en entier. Il ne doit pas rester beaucoup de neige au Col[1] avec ce temps doux qu'il fait maintenant.

Ici tout va bien. Je suis pas mal occupé, j'ai un peu plus de petits services qu'avant, il y en a encore d'autres qui m'attendent et bien que les journées commencent de bonne heure on n'a guère le temps de s'ennuyer et de sombrer dans l'oisiveté.

Tu es sans doute encore à Thonon, salue toute la famille Chessel, j'espère qu'ils vont tous bien. Salue aussi Lina, Elisabeth, et François. [...]

Je pense souvent à vous près du Seigneur.

Je vous embrasse tous.

Paul

1. Col du Corbier qui domine le village de Bonnevaux.

LETTRE 14

À Monique et sa famille. Tamié, 14 février [1985].
Lettre écrite sur plusieurs jours.

Chers tous,

Merci pour votre lettre et pour les papiers qui y étaient joints. Ici tout va bien, le temps passe très vite puisque la semaine prochaine nous replongerons déjà dans le grand silence avec le Carême ; préparation à la grande fête de Pâques. Heureusement que tu n'as pas payé le premier tiers provisionnel parce que d'après le barème que j'ai pu voir sur les feuilles de déclaration de revenus de quelques frères, je ne serai pas imposé pour l'année 84. La pauvreté n'est pas sans avantage ! J'ai quand même envoyé un mot au percepteur pour le mettre au courant et lui donner ma nouvelle adresse. [...] Cette exonération d'impôts va me laisser riche comme Crésus, aussi vous pouvez disposer du compte bancaire suivant vos besoins et difficultés. [...]

Samedi 16 février [1985]

[...] Soyez certains que je pense souvent à vous et particulièrement l'autre dimanche avec la lecture du livre de Job à la messe ; c'est l'histoire du juste dont le Seigneur permet qu'il soit mis à l'épreuve et démontrer, en refusant de se révolter contre le signeur, sa fidélité envers lui. Finalement ses malheurs prennent fin et il se retrouve davantage comblé qu'auparavant. Par notre foi, nous savons que nous ne sommes que de passage (j'ai bientôt 46 ans et il y a bientôt 6 mois que je suis ici) et que notre véritable vie, celle pour laquelle nous sommes vraiment faits est devant nous, celle d'aujourd'hui n'a de sens que dans la préparation de celle de demain. Cette certitude nous aide à relativiser ce que nous vivons quotidiennement, nous permet de voir plus loin que nos difficultés et nos échecs, et nous remplit d'espérance.

Mardi après-midi [le mardi 19 février 1985]

Je vais peut-être y arriver quand même. (Il me restera une demi-douzaine de lettres de bonne année à faire après Pâques). Je n'aurai pas le temps de répondre à la dernière lettre de la maman ; elle avait prévu d'organiser son carême autour du gratin du Père Jean mais elle devra se serrer la ceinture. Louis avait raison à propos des rissoles de Bernadette, pas vu l'ombre d'une. Aujourd'hui Saint Panfa (beignets aux pommes +++...) ; demain ? Saint Créva[1] ?

Nous avons fini la préparation du carême qui lui-même est la préparation à la grande fête de Pâques ; ainsi nous allons de fêtes en fêtes. Petites ou grandes, elles sont nombreuses, si bien que cela met de la variété dans l'emploi du temps et la liturgie et empêche le déroulement des journées de devenir monotones. Les rissoles ressortiront bien du congélateur à l'une ou l'autre de ces fêtes.

Mardi soir, 20 h 15

Je prends un peu de temps sur mon sommeil, sinon je ne pourrai pas envoyer cette lettre demain.

Dans sa dernière lettre, la maman me disait qu'il neigeait, j'étais un peu surpris puisqu'ici il pleuvait encore jusqu'à vendredi soir, mais le frère qui nous a fait part de l'actualité dimanche soir a commencé par nous dire qu'il y avait un mètre de neige à Évian, du jamais vu, ça a dû venir de la bise[2], il vaudrait mieux qu'il y en ait moins en montagne sinon gare aux avalanches même à Bonnevaux. Ici, il y en a à peu près 20-30 cm. Le temps s'est refroidi -8°ce matin. Aujourd'hui j'ai

1. L'inverse de la Saint Panfa signifiant « crever de faim ».

2. Cela vient du vent du Nord.

reçu une lettre de Colette, le doigt de Barnabé[1] semble revenir à la normale. Tu parles du courage de la maman et de la grâce de Dieu pour porter sa nouvelle situation, je le crois aussi et il est probable que la prière de la communauté pour elle ne soit pas restée sans effets. Redonne-lui le bonjour ainsi qu'aux Requet du Cruet et à Nadia. [...]

Je vous embrasse tous.

Paul

LETTRE 15

À sa mère, Tamié, 11 avril [1985].
Lettre écrite sur une carte de l'abbaye de Tamié.

Chère maman,

Le Christ est ressuscité, Alléluia ! J'espère que vous avez passé une bonne semaine sainte et que vous avez bien fêté le jour de Pâques. Je pense que vous allez tous bien, vu que personne n'a tiré la sonnette d'alarme. C'est avec plaisir que je vous ai revu l'autre jour, c'était un peu bousculé bien sûr, il y avait beaucoup à préparer, mais enfin nous n'aurons sans

doute pas souvent l'occasion de prendre un repas ensemble, ici c'est impossible. Vendredi matin ; la lettre ne partira pas encore aujourd'hui ; j'ai dépallé un peu de neige et il ne me reste plus que cinq minutes avant le départ du courrier. Je

1. Une blessure infectée.

ne désespère pas de pouvoir vous rencontrer d'une façon plus paisible quand vous aurez l'occasion de venir parce que quand c'est moi qui me déplace j'ai trop de choses à faire, mais rien ne presse puisque nous nous sommes vus il y a trois semaines. Enfin je ne veux pas vous empêcher de venir prier ici si le cœur vous en dit.

Ici la semaine sainte a commencé le mardi avec la cérémonie pénitentielle, cérémonie émouvante où chacun demande pardon à ses frères en accusant ses faiblesses envers eux ; cela se termine par une embrassade générale. Mercredi, audition de la passion selon Saint Mathieu de Jean-Sébastien Bach, grand musicien allemand, musique religieuse essentiellement. Jeudi, vendredi, samedi, les offices propres à ces jours-là comme partout ailleurs avec cependant liturgie somptueuse et tous les offices marqués par la passion de notre Seigneur qui se livre à nous et pour nous totalement en nous donnant sa vie. Samedi soir office à 22 heures jusqu'à minuit puis réveillon !!! Le lendemain repas de grande fête ! J'ai dû abuser un peu et comme j'ai de petits problèmes de tube digestif, ma constipation a fait volte-face si bien que le lundi je n'étais pas très bien. Comme c'est ce jour-là que j'avais prévu de t'écrire tu comprendras mon retard et ces derniers jours je n'ai eu que très peu de temps. Il faudrait pourtant que j'arrive à envoyer mes dernières cartes de bonne année.

Samedi matin. J'ai trouvé ta lettre ce matin, elle a dû arriver hier mais elle n'a pas dû tomber dans le bon casier du premier coup. Beaucoup de nouvelles. Françoise[1] s'est quand même décidée à franchir le pas… 99 ans c'est déjà pas mal, (il ne te reste plus que 28 ans) cela fera un soulagement pour ses filles qui ne sont plus toutes jeunes. Il est certain qu'elle a dû passer pas mal de temps à prier pendant les dernières

1. Françoise Bel.

années de sa vie. Je tâcherai d'envoyer un mot à M. le Curé et à Marie. [...]

Je vois que le carême est fini aussi pour toi et que tu recommences à voguer de fêtes en fêtes. À l'occasion de cette fête des moins jeunes tu salueras de ma part les Paroisse[1] et Berthier[2] aussi si tu en as l'occasion. Tu diras aux voisins d'en haut qu'en leur souvenir je soulève ma casquette, je comprends bien que cela leur aurait fait plaisir que j'aille leur dire bonjour mail il n'était pas possible de voir tout le monde. Je tâcherai de mieux faire la prochaine fois. Ce sera peut-être le vendredi 3 mai. Comme c'est assez rapproché vous n'êtes pas obligés de venir me voir d'ici là d'autant plus que le temps n'est guère agréable en ce moment. Les sœurs, beaux-frères et neveux doivent commencer à se demander ce qu'il va rester. Cela m'ennuie un peu mais comme il n'y a pas l'air d'avoir beaucoup de plombiers qui s'annoncent [...] ça ne servirait pas à grand-chose de vendre ce matériel pour un prix dérisoire, c'est-à-dire en en retirant qu'une infime partie de sa valeur alors qu'il peut être utile ici. (Roland a-t-il rendu les deux clefs qu'il avait empruntées ?). La situation de Maurice ne s'est pas encore bien arrangée. Même si les conditions sont difficiles il vaut mieux en attendant continuer en Suisse, cela lui permet quand même d'avoir un salaire et surtout de ne pas rester désœuvré.

Je ne pourrai pas écrire à tout le monde à la fois, aussi je te charge de les saluer tous, mes sœurs, beaux-frères et neveux et aussi tes frères et sœurs, Lina en particulier, Geneviève[3] et sa famille par l'intermédiaire de ceux qui vont aller la voir. Je n'oublie personne, je pense souvent à vous tous.

---

1. Cousins qui habitaient du côté de Bellegarde.
2. L'instituteur de Bonnevaux de l'époque.
3. Geneviève Rôth, sa cousine.

Émouvante cérémonie aussi le jeudi Saint, que je n'ai pas mentionné plus haut. On comprend que Saint Pierre ait d'abord refusé de se laisser laver les pieds. Ici c'est le Père Abbé qui le fait et qui nous les embrasse ensuite. Quelle humilité pour s'abaisser à faire un tel geste et aussi quelle humilité est nécessaire pour l'accepter vraiment.

Je t'embrasse et je te charge d'embrasser tout le monde.

Paul

LETTRE 16

À Monique et sa famille. Tamié, 25 avril [1985].

Chers tous,

Je vous remercie pour vos bons vœux pour mon anniversaire, anniversaire qui me rapproche de la retraite. Mais ici pas de retraite, les vieux de septante quatre ans se lèvent encore à 3 ou 4 h le matin et ont toujours un travail à faire, travail en rapport avec leurs moyens. Donc pas de fauteuil de luxe ni de banquets comme la mémé. J'ai reçu une lettre d'elle hier, elle me dit avoir passé une bonne journée avec les jeunes à la colonie à Daniel, il lui reste encore un programme de festivité très chargé et puis quelques petits problèmes : clôture du jardin, bois à scier avec le tas de terre devant etc.

J'espère qu'avec le retour du printemps vous allez tous bien. Pour vous cet hiver aura été froid, rude avec son abondance de neige mais le plus dur aura été sans doute ce grand virage dans la situation professionnelle de Maurice et cette situation pénible explique probablement ta fatigue. Ce genre d'épreuve épuise bien davantage qu'un travail même très prenant. Avec un peu de distance la paix reviendra peu à peu. [...]

J'ai reçu une lettre de Bernadette, une de Colette et de Marie-Hélène qui m'annonce son grand bonheur qui se concrétisera au mois d'août[1]. [...]

La maman me demande de confirmer la date de mon prochain voyage à Bonnevaux ; je n'aurai peut-être pas le temps de lui répondre. Sauf changement imprévu ce sera le vendredi 3 mai, il y aura de nouveau le frère Pierre avec moi, nous pensons partir plus tôt. Cela n'a pas été les conditions idéales pour parler la dernière fois, j'avais trop de choses à faire, je ne me souviens pas vraiment mais j'ai dû laisser tout en désordre dans la chambre du fond. Ce ne sera guère mieux cette fois-ci. Enfin on arrivera bien à trouver un jour plus calme quand vous viendrez plus tard par là. Avec l'horaire d'été les vêpres sont à 17 h maintenant le dimanche ce qui laisse plus de temps l'après-midi. Si Maurice n'est pas pris en Suisse (il n'y aura probablement pas de pont pour le 1er mai cette année) et s'il le peut qu'il vienne faire un tour. S'il le peut qu'il passe voir chez Duborgel le poste à souder, je lui avais dit qu'un de mes beaux-frères en avait besoin, mais malgré l'enveloppe timbrée que je lui avais envoyée pour la réponse je n'ai rien reçu. Enfin ne vous croyez pas obligés de perdre votre journée pour venir assister la mémé, même si elle est dans tous ses états (elle doit ruminer un menu sans viande). Saluez les Requet et Nadia. Bien affectueusement.

Paul

Vincent,

J'espère que tu vas bien, que tu grandis à toute allure (tu dois dépasser largement les 20 cm maintenant, depuis le temps que je ne t'ai pas vu). Je pense que tu travailles dur à l'école et que tu fais de grands progrès.

1. Son mariage.

C'est dans le cloître que se trouve cette Vierge avec Jésus tout petit.

Tu embrasseras pour moi tes cousines et ton cousin.

Je t'embrasse (en musique).

TonTonTon Paul

LETTRE 17

À sa mère. Tamié, 13 mai [1985]
sur une carte de ND de Tamié.

Chère maman,

Je te souhaite de bien fêter Sainte Denise de même que l'Ascension jeudi, l'une ou l'autre t'aura bien invitée à moins que cela n'ait été ton tour. Ici tout va bien si ce n'est le brouillard la semaine dernière. Ma dernière journée à Bonnevaux s'est passée comme la première, dans la précipitation, j'ai juste eu le temps de semer un peu plus de désordre (à la forge surtout). Mais toi qui comptait sur les boulons ; je ne sais pas ce que tu vas devenir. J'ai été content de revoir sœurs et beaux-frères, marraine, oncle et tante et puis beaucoup d'autres qui ont dû être un peu déçus à cause du manque de temps à leur consacrer. [...]

J'espère que tu es en bonne santé et que tu ne mangeras pas le royaume avant d'y être entrée (avec ton nouveau râtelier)

Je t'embrasse

Bonjour à tous.

Paul

LETTRE 18

À Vincent Requet, son neveu.
Tamié, 23 mai [1985].

Cher Vincent,

Je suis content que tu reçoives dimanche le pain qui t'unira à Jésus et à tous ceux qui croient en Lui. C'est dans ton cœur qu'il va rester, prend bien soin de Lui en l'aimant et en aimant ceux que tu rencontres chaque jour, ton papa, ta maman, tes mémés, tes cousins, tes cousines et tous les autres. Je penserai beaucoup à toi ce jour-là.

Je t'embrasse ainsi que ton papa et ta maman.

TONTONTON Paul

LETTRE 19

À sa mère. Tamié, 28 mai [1985].

Chère maman,

Il est temps que je t'envoie un mot, le temps passe vite et je ne t'ai pas envoyé de nouvelle depuis mon dernier passage à Bonnevaux, mais enfin puisque l'on se voit presque tous les jours ! J'ai bien pensé à vous dimanche, tu étais probablement à La Forclaz[1], je pense que vous avez passé une belle fête ce jour-là et que Vincent profitera de cette nouvelle nourriture. Il est à peu près certain qu'il ne s'engagera pas dans une voie qui ne satisfasse son intelligence, mais je crois que c'est une bonne chose qu'il se pose des questions.

J'espère que tu vas bien ainsi que les filles, gendres et petits enfants. Tu seras désormais de plus en plus en fête, déjà cette

1. Chez sa sœur Monique.

année elles se poursuivent jusqu'au mois d'aout les baptêmes vont bientôt recommencer.

Ici tout va bien, un peu plus de chaleur ces jours derniers, nous avons fait une petite balade en montagne il y a quinze jours, je pense pouvoir en refaire une dans quelques temps. Nous travaillons un peu plus maintenant et encore davantage au moment des foins. Nous mangeons de la salade de la serre depuis plusieurs jours, c'est vraiment intéressant, le thermomètre dépasse souvent les 30° (ça irait pour le pépé) tu devrais t'en faire une. Les tomates sont plantées et vont bientôt fleurir, les fraises quant à elles ont déjà commencé à fleurir (elles sont à l'extérieur de la serre). Nous ne risquons donc rien pour le futur immédiat.

Notre Père Abbé vient de rentrer d'Espagne où il a suivi le chapitre général des moniales de l'ordre, jeudi ce sera sa fête, grande fête je crois (chômée-payée), (les rissoles devraient, parait-il sortir du congélateur ce jour-là, enfin on verra). C'est toujours une grande joie pour lui et pour la Communauté de le voir rentrer au bercail. Le 31 (Fête patronale de Bonnevaux, fête des cerises anciennement) prise d'habit par un postulant qui est là depuis début décembre. Ensuite beaucoup de fêtes dans le mois de juin ; profession temporaire d'un frère (il est prêtre, âgé de 60 ans, vient d'un autre monastère) ; profession solennelle d'un autre frère qui a deux ans de moins que moi. Et puis encore d'autres fêtes (Sacré Cœur, Saint Jean-Baptiste) jusqu'à la fin du mois.

Il y a eu beaucoup de monde pour le jour de la Pentecôte et ces jours l'hôtellerie doit être presque complète. Le maître des novices s'est rendu à une rencontre chrétiens-bouddhistes, ce sont pour la plupart des français d'origine catholique (il y a même un chanoine de Saint Maurice).

Je suis toujours étonné qu'on aille chercher ailleurs ce que nous avons chez nous en abondance. C'est vrai aussi qu'ils sont bien peu nombreux ceux qui essaient de nourrir leur foi malgré l'immense richesse des possibilités mises à notre disposition. Mais l'Esprit souffle où il veut et les voies du Seigneur nous échappent ; il prend les moyens qui lui conviennent pour sauver chacun de ses enfants.

Transmets le bonjour à tous, à Elisabeth, à Thérèse et François et tous les autres.

Je ne m'ennuie pas ici, mais je pense quand même à vous et à toi en particulier chaque jour.

Je t'embrasse.

Paul

LETTRE 20

À sa mère. Tamié, 19 juin [1985]
[avec un marque-page de la Sainte Vierge].

Chère maman,

Nous belle vie, toi en tout cas. Les banquets deviennent une banalité bientôt quotidienne, il était temps de renouveler ton râtelier pour ne pas avoir trop de problèmes avec ton tube digestif. Je vois que tu prends la vie du bon côté, la retraite est vraiment la vie sans soucis. Ici vie sans soucis aussi mais de retraite il n'y en a pas. De la java très peu à part le sanglier l'autre jour. Heureusement que ça pousse dans les jardins les fraises se fanent mais il y en aura bientôt à croquer ; les tomates vont bon train

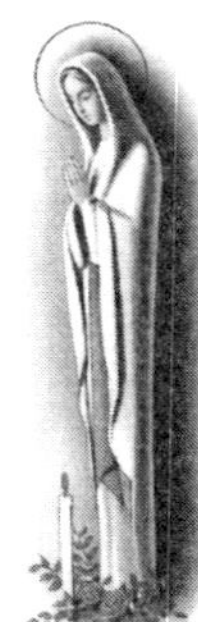
AVE, MARIA
GRATIA PLENA

sous la serre, quelques-unes sont déjà plus grosses que des noix, il est vrai que les conditions sont réunies pour que ça pousse : arrosage chaque jour et température (trente-sept et plus). Tout cela est heureux car je me demande si on n'arrive pas au fond du congélateur figure-toi qu'hier j'ai vu apparaître les rissoles à Bernadette, j'en ai mangé une, privilège que tous n'ont pas partagé. À part ça tout va bien, mercredi dernier j'ai pu passer la journée à me balader en montagne, je pense pouvoir y retourner dans l'été. Vendredi c'était la profession de frère Patrice. Sa grande famille ainsi que ses amis ont rempli une partie de l'église, ils étaient cent cinquante invités. Lundi 24 en la fête de la Saint Jean, frère Didier (Père maître du noviciat) et frère Raffaele seront ordonnés diacres. Samedi passage des petits chanteurs à la Croix de Bois. Ainsi de suite. Avec peut-être le passage des *Boennavos*[1] au mois de juillet. [...]

Je vois que tu n'es pas embarrassée au sujet de l'utilisation des 300 F de Jean, je ne lui avais jamais donné sa note parce qu'il était venu au-delà du nant[2] couper du fayard[3] sans se faire payer, enfin tu te débrouilleras avec lui.

Si tu vois Bochaton[4] salue-le de ma part, quant à Buttay dis-lui que s'il veut me voir et goûter du Tamié qu'il vienne ici avec son camion je l'aiderai à le charger.

Salue tout le monde, je n'aurai pas le temps d'écrire à chacune tout de suite.

Je t'embrasse.

Paul

1. Patois savoyard : les gens de Bonnevaux.
2. Petit ruisseau à Bonnevaux.
3. Bois de hêtre.
4. Un artisan de travaux publics.

LETTRE 21

À sa mère. Tamié, 3 juillet [1985].

Chère Maman,

Je viens de recevoir ta dernière lettre, le lendemain après reçu la tienne pour me souhaiter une bonne fête j'en ai reçu six d'un coup. Je n'aurai surement pas le temps de répondre à tous, mais si vous venez dimanche, j'économiserai quelques timbres. Je suis très heureux de vous rencontrer et de passer une partie de la journée avec vous. Je pense qu'en effet il sera préférable d'apporter votre pique-nique. L'hôtellerie est pleine en ce moment et ça évitera un surcroit de travail. Je vous souhaite de trouver un temps aussi beau qu'aujourd'hui, si toutefois le temps ne permettait pas de manger dehors je demanderai une des salles réservées aux familles, on verra. Pour le café je pense qu'il sera préférable de prendre des thermos à moins que le Père Abbé ne vous invite.

Je te mets le programme de la journée sur une feuille à part. J'ai mis aussi sur une feuille à part des bricoles qu'il faudrait me ramener en particulier les clefs que Roland a empruntées, si vous avez le temps de le préparer. Il vaudrait mieux ne pas être endimanché pour le faire. Si Maurice ne peut pas, peut-être que Paul[1] le pourrait, enfin tu verras. On m'a aussi demandé pour mettre dans l'album, une photo, vous en avez pris, je crois en janvier, alors si c'est possible d'en avoir une.

Colette m'avait demandé si on était intéressé par des fromages, en ce moment la cave est encombrée, aussi je lui ai proposé d'en échanger, si elle veut le faire elle vous les amènera. L'échange se fera probablement avec des gros (1 kg 500 environ).

---

1. Paul, son neveu et filleul, fils de sa sœur Colette.

Pour le reste on verra dimanche. Le départ de Jean-Charles[1] est vraiment inattendu, cela va être très dur pour Hélène et un souci supplémentaire pour ses frères et sœurs.

Je t'embrasse et à dimanche.

LETTRE 22

À sa mère. Tamié, 22 [juillet 1985].

Chère Maman,

Je te souhaite un bon anniversaire en espérant que ma lettre arrivera assez tôt. Je vois que tu as pris une décision regrettable pour ce jour-là en renonçant à faire la fête ce jour-là, je ne serai pas surpris, que, la nuit portant conseil tu renoues avec tes habitudes. Il faut bien te mettre dans la tête que tu n'as plus 150 anniversaires devant toi ! Alors ce n'est pas le moment d'en perdre. J'ai bien envoyé un mot pour celui de Lina.

Ne te fais pas trop de soucis pour l'eau qui me viendrait à la bouche à propos des fraises. Ici bien sûr pas de picorage au jardin, mais à table, pardon ! fraises au sucre, fraises à la crème fraiche, fraises au yaourt etc. Pas de folies non plus en montagne ne crains rien, de toute façon si tu veux voir où je passe viens y après avoir monté le Tigneret[2], alors tu pourras te rendre compte des risques. De toutes façons pas de difficultés exceptionnelles, je fais comme avant pour connaître une montagne, je monte dessus.

Tant mieux si vous avez passé un bon dimanche ici, j'en ai été moi-même très heureux, bien sûr qu'on peut regretter

1. Jean Charles était l'époux d'Hélène, sœur de Louis Chessel son beau-frère. Il a mis fin à ses jours.

2. Lieu de pâturage pour les bêtes au-dessus de Bonnevaux.

de ne pas pouvoir approfondir davantage certaines choses. Il est aussi difficile de ne pouvoir répondre à tous à la fois et peut-être que les plus jeunes se sont sentis un peu à l'écart. On essayera de faire mieux la prochaine fois.

Avec le soleil revenu nous continuons les foins, si le beau temps dure, ce sera sans doute terminé en fin de semaine.

J'ai commencé la lettre pour André Bel[1], je ne l'ai pas encore finie, je lui parle de deux livres qui doivent être dans la bibliothèque qui était dans ma chambre, tu verras bien s'il te les demande. Il m'a envoyé le livre sur les chapelles et oratoires.

Je te remercie pour les timbres, je le fais au nom de la Communauté à laquelle je vais les remettre pour son usage. Mes lettres ne seront pas forcément timbrées à 2,10 F ; ça dépend de l'urgence.

À part ça tout va bien. Salue de ma part tout le monde, en particulier François, Thérèse et Elisabeth à qui je n'ai pas encore répondu.

Nous belle vie.

Paul

LETTRE 23

À Monique, sa sœur. Tamié, 24 août [1985].

Chère Sœur et famille,

Pour ce 27 août je te souhaite une bonne fête en espérant que vous aurez passé une belle journée. [...] Merci pour votre carte de Vendée, les vacances sont bientôt finies

1. Cousin germain de Paul, menuisier à Bonnevaux.

pour tout le monde et Vincent doit être content de retrouver son cartable (et ses récréations). J'espère qu'elles auront été profitables pour tous en repos, détente et loisirs.

Je viens donc de finir ma première année ici, tout va bien, nous passons de fêtes en fêtes (15 août, Saint Bernard aujourd'hui, Saint Barthélémy etc). Dimanche j'ai eu la visite de la maman et de la famille Berthoud, jeudi celle de Christian Latu[1]. La maman a l'air d'aller pas trop mal. [...]

Affectueuses pensées. Je vous embrasse.

Paul

LETTRE 24

À sa mère. Tamié, 30 août [1985].

Ma don daine, ma don don,

Je vois qu'avec ton entrainement tu supportes très bien les festivités et que tu te rétablis très vite dans le droit chemin.

Enfin si tout s'est à peu près bien passé tant mieux, souhaitons que le bonheur des nouveaux époux dure longtemps[2].

Pour que tu ne perdes pas l'habitude je te propose une nouvelle petite festivité : Nous, novices de l'Abbaye de Tamié avec le Père Maître ainsi que le Père Sous-Maître avons décidé de passer dans ton château le lundi 9 septembre après-midi (vers 2 h ?) et d'y prendre le café (+ gentiane)[3]. Nous transiterons vers la Suisse par Morgins, jusqu'aux environs de Monthey pour deux jours.

---

1. La famille Berthoud est du village d'Abondance et Christian Latu est un ami de la famille Folliet.
2. Allusion au mariage de sa nièce Marie-Hélène Folliet (fille de Colette).
3. Voir cahier photo, n° 6.

Comme nous serons neuf en tout cela prendra pas mal de place dans ta cuisine il me semble qu'il faudra mettre le moins possible de monde au courant (ce n'est pas une visite à la famille, mais seulement un passage).

Enfin si tu as peur d'être débordée tu peux quand même prendre quelqu'un avec toi (une seule personne). Ne t'en fais pas une montagne il s'agit simplement de prendre le café ? Cela ne durera pas bien longtemps.

Salue les bemottes[1] du nord si tu reçois ma lettre avant leur passage.

Je t'embrasse à bientôt.

LETTRE 25

À Maurice, son beau-frère.
Tamié, 18 septembre [1985].

Cher beau-frère,

Il est grand temps de penser à la Saint Maurice parce qu'après la fête, adieu le Saint ! Je te souhaite une bonne fête, bien sûr et aussi, si besoin est, on ne sait jamais, je ne me suis jamais trouvé dans cette situation, de la patience car comble de chance il paraît que tu devras supporter ta belle-mère ce jour-là[2]. Elle vogue toujours de banquet en banquet. Mercredi dernier nous sommes passés à Saint Maurice où il est mort martyr avec ses compagnons ton centurion saint patron. Nous n'avons cependant pas pu nous y arrêter. Il paraît que nos voisins bénédictins d'Hautecombe sont restés plus longtemps que nous à l'église de Bonnevaux puisqu'ils y ont chanté les Vêpres.

1. Les gens d'Abondance.
2. Trait d'humour de Paul.

Merci à Monique d'avoir aidé la maman à nous servir tarte, café, gentiane et prune. Je pense que Vincent apprécie toujours les plus beaux jours de sa vie qu'il passe à l'école. Salut aux familles Requet et à Nadia. Je vous embrasse. Paul

LETTRE 26

À sa mère. Tamié, 13 octobre [1985].

Chère Maman,

Je viens enfin répondre à ta dernière lettre. Comme on se voit très souvent ce n'est pas la peine de gaspiller trop de timbres. Ici personne ne voit d'inconvénients à ce que vous veniez le 27 où au moment qui vous conviendra le mieux ? Vous pourrez manger dans une des salles de l'hôtellerie ; il faudra repréciser combien vous serez pour savoir laquelle vous conviendra. Je n'ai pas demandé et l'on ne m'a pas proposé que ce soit la Communauté qui vous prépare le repas, vous pique-niquerez donc à l'intérieur. De toute façon, maintenant que vous avez la recette du Père Jean pour le gratin vous ne devez pas en manquer, malheureusement les fraises vous passeront sous le nez. [...]

Ce mercredi matin, troisième matin avec le brouillard, j'espère qu'il se dissipera au milieu de la journée. Très longue période de très beau-temps. Les jours baissent cependant et la température aussi. Horaire d'hiver depuis le début du mois, c'est-à-dire pour le dimanche vêpres à 16 h (pour la messe rien de changé 11 h). Je constate que tu prends toujours en modèle les mémés terribles d'Alexandre et que rien ne te fait peur. J'ai dû vendre le fourgon que tu conduisais si mal mais la leçon ne t'a pas servi et la passion du volant t'a fait trouver autre chose, peut-être serait-il plus simple que tu te prépares à passer ton permis de conduire.

Pour les photos tu fais comme bon te semble. (Si besoin il y a encore les pellicules, ne pas mettre les doigts dessus). Je t'embrasse, à bientôt.

PS : J'avais demandé pour votre visite au mois de juillet de m'apporter la plane de Chanon (outil à bois fait d'un tranchant d'environ 30 cm de long avec à chaque extrémité une poignée ronde en bois), habituellement pendue à la fenêtre qui est vers l'étau de droite à la forge. Elle n'y est peut-être pas.

LETTRE 27

À sa sœur Bernadette,
pour ses 50 ans [postée le 22.11.1985].

À toi (bonne) vieille, Salut !

Avec un demi-siècle de marche, parfois à travers le désert, comme les hébreux pendant quarante ans ; te voilà environ à mi-chemin de la terre promise. Cependant en regardant bien ce qui t'a déjà été donné, tu sauras y reconnaître les prémices du Royaume qui vient, dons purs de la Grâce du Seigneur et de sa tendresse pour toi. Bon anniversaire.

Paul

LETTRE 28

À sa mère. Tamié le 21 novembre [1985].

Chère maman,

Tu dois commencer à trouver le temps long depuis plusieurs jours je remets cette lettre. Maintenant il faut que je me dépêche, il ne me reste plus que trois jours ; la semaine prochaine nous avons la retraite communautaire suivie aussitôt de l'Avent, deux périodes sans courrier. Le temps passe vite, voilà bientôt un mois que vous êtes venus ici. Toujours heureux de vous voir, bien sûr mais il est difficile de répondre à tous à la fois. Belle journée, beaucoup de cadeaux que je vois arriver à tour de rôle sur la table, le fromage viendra à son tour, probablement à Noël. Le responsable de la fabrication du fromage qui a fait visiter la cave et le reste à Barnabé et à Alain[1] était désolé de n'avoir pas donné de ses produits. Il n'y a pas pensé sur le moment, et puis il ne peut le faire seul, sans la permission du responsable de la fromagerie ou du Père Abbé. De même qu'on ne peut recevoir de cadeaux surtout personnels, sans avoir reçu la permission ; ce que j'ai dû demander pour la photo que tu m'as fait parvenir par Maurice. J'ai été content de les voir, eux aussi je pense. Il a toujours assez de soucis avec la commune, il y a toujours assez à faire. [...]

Le Père Claude les a invités à manger avec les hôtes, ils ont eu de la chance, c'était quand même mieux que de piqueniquer dans la voiture, avec la pluie abondante qui n'a pas arrêté pendant tout le jour. Il a neigé après et depuis brouillard, bien qu'il ne fasse pas trop froid, ce n'est pas très agréable comme temps. L'hiver s'installe petit à petit. Ce n'est pas avec joie que tu le vois arriver dis-tu, heureusement que tu as un voisin complaisant qui t'enlève un peu de neige, tu as intérêt à bien le soigner, tant qu'il dure avec tasses de café et tartes (je me demande le commerce que vous faites). [...]

Je pense au pauvre bus de la famille Chessel à force de le laisser conduire à tout le monde, enfants, parents et grands-parents, pas étonnant qu'il tombe en panne le jour où l'on en a besoin. Enfin, tous sont rentrés à bon port, c'est le principal, cela ne devait pas être trop grave.

1. Barnabé son beau-frère (époux de Colette, sa sœur) et Alain son neveu.

Quant au fourneau ne ferai-tu pas comme le pépé avec la brassière ? J'ai bien pensé aussi à lui (au papa et non au fourneau) en cette fin octobre et pour le jour des morts. Les années passent vite et ce sera bientôt notre tour.

Je vois qu'une fois de plus tu me fais part de tes bonnes résolutions avec ton intention de te terrer dans ton château jusqu'à Noël. Comme je te connais je serai bien surpris que tu traverses l'Avent sans escapade.

L'Avent est là dans une semaine, bientôt Noël, ce sera l'occasion de te renvoyer un mot. Occasion de fête pour tous peut-être qu'une année tu viendras le passer ici !

Paul

LETTRE 29

À sa mère. Tamié, 20 décembre [1985]
[jointe à la lettre circulaire de l'abbaye
de Tamié du 1er décembre 1985].

Chère maman, Chers tous,

« Voici comment s'est manifesté l'amour de Dieu au milieu de nous : Dieu a envoyé son Fils unique dans le monde, afin que nous vivions par lui » (1re lettre de Saint Jean 4,9).

« Le Christ Jésus qui était dans la condition de Dieu, n'a pas jugé bon de revendiquer son droit d'être traité à l'égal de Dieu ; mais au contraire, il se dépouilla lui-même en prenant la condition de serviteur. Devenu semblable aux hommes et reconnu comme un homme à son comportement, il s'est abaissé lui-même en devenant obéissant jusqu'à mourir, et à mourir sur une croix. C'est pourquoi Dieu l'a élevé au-dessus de tout ; il lui a conféré le Nom qui surpasse tous les noms, afin qu'au Nom de Jésus, aux cieux, sur terre et dans l'abîme, tout être vivant tombe à genoux, et que toute langue proclame : “Jésus Christ est le Seigneur” pour la gloire du Père » (Lettre de Saint Paul aux Philippiens 2,6-11).

Le temps de l’Avent qui se termine est un temps de joie à cause de la venue de notre sauveur. Que cette venue du sauveur emplisse ton cœur de paix et de joie.

Bon Noël à tous. Je vous embrasse.

Paul

LETTRE 30

À sa mère. Tamié, 26 décembre [1985].

Chère maman,

Merci pour ta carte de vœux pour Noël, avec beaucoup de neige. Ici très peu de neige sur les sommets. Il doit y avoir très peu de stations qui peuvent fonctionner normalement. Hier au soir, orage en deux fois, éclairs, tonnerres, un peu de pluie, pas de neige ici.

Grandes fêtes ici bien sûr pour Noël, commencement des Vigiles à 22 h le 24, suivies de la messe de minuit et réveillon. Puis le jour à 7 h Laudes, Tierce à 9 h, messe à 11 h puis repas de fête. J’espère que cela s’est bien passé pour toi à Thonon. Cela a dû faire beaucoup de travail pour Lina, il aura sans doute quelqu’un pour lui donner la main. Sa maison se sera trouvée pleine pour une fois.

Après la mort de Julien[1], Thérèse doit se trouver bien seule aussi à Cluses. Départ surprenant, la mort vient comme un voleur, au moment où on ne l’attend pas. Qui sait demain ou aujourd’hui ce sera peut-être notre tour. Hier le sauveur est venu parmi nous pour habiter parmi nous et nous révéler

1. Mari d’une cousine de Paul.

que son Père est aussi notre Père et que nous sommes faits pour habiter avec Lui, aussi Il reviendra pour nous chercher et nous conduire vers Lui.

Si Peter et Geneviève veulent venir, sans doute pas seuls je pourrai les voir bien sûr, mais si possible m'avertir à l'avance surtout si c'est un jour de semaine (à cause du travail, pour demander congé). Le dimanche ou le er janvier iraient mieux à cause de la messe de 11 h. S'ils veulent prendre le repas qu'ils avertissent le Père Claude la veille au minimum. (Tel : 79 32 42 01, éviter de téléphoner entre 9 h 40-10 h 5 ; 12 h-13 h 15 ; 14 h 10-14 h 35 ; 16 h 50-17 h 40 ; après 18 h 50 le soir, pendant la messe et le repas de midi le dimanche : 8 h 20-8 h 50 ; 10 h 45-13 h 15 ; 14 h 10-14 h 35 ; 13 h 50-16 h 40 et après 18 h). Je lui parlerai de leur arrivée éventuelle.

Si possible prendre à la grange deux réservoirs de w.-c., emballés dans des cartons (à dépoussiérer). Merci.

À bientôt, peut-être seras-tu du voyage.

Paul

LETTRE 31

À Monique et famille. Tamié, 29 décembre [1985]
[Lettre accompagnée d'une carte].

Chers tous,

Nous voilà une nouvelle fois comblés par la grâce de Noël. Ici la joie de cette fête commence beaucoup plus tôt avec l'espérance de l'attente de l'Avent.

Que cette joie de se savoir enfants de Dieu, en même temps que son Fils, son Unique, se fait enfant des hommes emplisse votre cœur tout au long de cette année qui vient. Que le partage de cette joie entre vous trois devienne un moyen de don, de tendresse entre vous et vous aide à surmonter avec sérénité les difficultés qui pourront surgir.

Bonne année, bonne santé et bonheur aux famille Requet, à Nadia, chez Hubert, à Antoine, à Yvan.

Peter et Geneviève[1] viendraient paraît-il faire un tour pendant les vacances, la maman sera peut-être avec eux.

Affectueuses pensées d'ici à votre prochaine visite. Je vous embrasse.

Paul

Vincent,

J'espère que tu as passé un bon Noël, que la joie que nous donne Jésus est toujours dans ton cœur.

Je pense souvent à toi et j'aurai sans doute plaisir de te revoir bientôt.

Que l'année nouvelle soit pour toi pleine de bonheur avec ton papa, ta maman, tes mémés, tous tes cousins et amis d'école où je crois que tu travailles toujours sérieusement.

Je t'embrasse.

Ton tonton Paul

1. Geneviève et Peter Rôth.

LETTRE 32

À sa mère et à sa sœur Colette.
Tamié, 11 février [1986]

Chères grand-mère et arrière-grand-mère,

Après les douleurs, voici arrivé le moment de la joie. Te voilà un peu libérée des soucis au sujet de l'apponse du monde ; elle est assurée. Alléluia ! Un de plus au paradis. J'espère que tout s'est bien passé, pour Marie-Hélène et pour François[1]. Elle m'a envoyé un mot il y a quelques temps, je n'ai pas encore pu lui répondre. Transmets-lui mon bonjour ainsi qu'à Maurice.

Je viens de recevoir une lettre de Monique et une de Bernadette qui me réexpédie une invitation pour aller écouter Raymond Barre à Annecy[2]. Je n'aurai pas le temps de leur répondre. Tu les salueras ainsi que Lina, Elisabeth et François et bien sûr tous les Folliet. Merci pour votre visite en janvier et pour tout ce que vous avez apporté. Je ne sais pas si les chaussettes à Esther[3] sont restées là. Remercie-la.

Je vous embrasse tous.

Paul

LETTRE 33

À sa mère. Tamié, 1er avril [1986].

Chère maman,

Merci pour ta lettre reçue samedi et pour les vœux qu'elle m'a apportés. À mon tour je te souhaite que ces fêtes pascales

1. Marie-Hélène, sa nièce et son premier fils, François.
2. Homme politique.
3. Dame qui habitait en dessous de la maison des parents.

soient l'occasion de raffermir ta foi en notre résurrection à tous puisque Lui, Il est ressuscité pour nous préparer une place dans son royaume. À Pâques nous savons que la mort n'a pas le dernier mot, qu'elle est vaincue ; elle est pour nous le passage qui nous conduit à la vie nouvelle, à celle pour laquelle Dieu nous a créés, la sienne, la vie d'amour dans la Trinité.

J'ai aussi reçu une lettre de Colette en même temps que la tienne et m'a bien sûr parlé du grave accident [...]. J'enverrai un mot à Robert dès que possible, je ne sais pas combien il a d'enfants. Cela doit être un coup dur pour lui et sa famille. Quant à Michel, j'espère qu'il pourra se débarrasser des séquelles de ce rude choc. Il aurait pu y rester lui aussi ou bien être comme Bruno ce qui serait encore pire.

Je viens aussi de recevoir aujourd'hui (jeudi) une lettre d'Elisabeth. Bonnes nouvelles, elle me dit que je n'aurai pas besoin de lui répondre. C'est vrai que j'ai toujours autant d'avance pour faire mon courrier. Le chargement de la chaudière à bois me grignote lui aussi du peu de loisir que j'ai.

Depuis quelques temps je fais le ramassage du lait le matin, un dimanche sur deux, un peu plus ces jours parce que notre ouvrier qui le fait habituellement est en arrêt de travail cette semaine. Il faut à peu près deux heures pour faire le tour, on arrive avec près de deux mille kilos de lait (de quoi faire des petits et des gros).

Le Père Chatenoux est là aujourd'hui. Je lui ai dit bonjour après la messe ce matin.

Il fait assez doux ces jours, l'hiver semble vouloir abandonner, la neige est bientôt toute fondue, il peut encore en revenir d'ici le mois de juin.

Nous avons donc recommencé à fêter dès le dimanche de Pâques, le 6 avril nous aurons la profession solennelle de frère Fernand, le 17 la fête du Père Abbé (je me trouve très honoré du choix du jour[1]), le 20 l'ordination de frère Raffaele, celle de frère Didier le 31 mai sans compter les cinq professions simples prévues jusqu'à la fin de l'année. Nous aurons dans quelques temps une prise d'habit est l'entrée d'un nouveau postulant, je crois que le Seigneur continue à répandre ses grâces sur la communauté.

Il me semble que tu n'es pas encore vraiment prête pour les noces éternelles, en tout cas tu n'as pas l'air pressée de t'y rendre vu que tu comptes passer encore l'hiver prochain dans ton château. S'il ne tombe pas avec le vent, cela pourrait bien arriver avec le feu, avec tous les combustibles que tu as l'intention de mettre en œuvre. Enfin si un jour tu meurs, que cela ne soit pas de froid. À part ça j'espère que tu vas bien et que tu profites de tous tes moments de loisirs en rencontrant les unes et les autres. Je suis obligé d'arrêter sinon la lettre ne partira pas cette semaine. Salue tout le monde.

Je vous embrasse.

Paul

LETTRE 34

À tous. Tamié, 13 avril [1986].

Chers tous,

Alléluia ! C'est le temps des alléluias du matin au soir. C'est le temps de la joie et de louer Dieu pour la Résurrection de son Fils. Cette résurrection est la pierre angulaire sur laquelle est bâtie notre foi. Elle est le signe annoncé par avance par le Christ qui témoigne de la réalité de sa nature divine. Et ce témoignage nous a été transmis par ceux qui ont vécu avec lui avant et après cette Pâque décisive, et ensuite de générations en générations jusqu'à aujourd'hui. Ce xxe siècle n'est sûrement pas

1. Jour de l'anniversaire de naissance de frère Paul.

celui qui aura eu le moins de témoins au contraire, c'est probablement dans les jours que nous vivons que se lèvent en foule, des hommes, des femmes, de tous les coins du monde (Amérique latine, Afrique, Asie, Liban, Pays de l'Est : c'est étonnant qu'en URSS par exemple où le régime affirme volontiers que la religion n'est qu'une forme de l'ignorance, que souvent les convertis viennent des milieux intellectuels à niveau plutôt élevé alors qu'ils ont passé toute leur jeunesse dans l'athéisme ; l'Esprit souffle où il veut). Souvent ces témoins d'aujourd'hui vont jusqu'à donner leur vie, après avoir subi toutes sortes de tracasseries et aussi la torture pour confesser leur foi en Jésus-Christ ressuscité et vivant aujourd'hui et en la toute-puissance de l'Amour qu'il nous a révélé. Dans les pays occidentaux s'il ne nous est pas demandé de nous tenir devant nos gouvernants, comme devant les empereurs romains des premiers siècles qui étaient considérés comme des Dieux, les faux dieux ne manquent cependant pas et il est bien difficile de ne pas se laisser enchaîner.

Je vous parlerai de l'eau du Jourdain. Ce n'est évidemment pas de l'eau magique mais il n'est pas indifférent de l'utiliser pour un baptême, encore qu'elle ne soit pas plus efficace qu'une autre. Si cela peut nous aider à saisir toute la richesse du symbole qu'elle représente et la signification du baptême, passage de l'esclavage du péché à la liberté de la vie de la grâce par l'Esprit.

Je reviens à la résurrection du Christ et plus précisément à ces manifestations à ses disciples après ce premier dimanche de Pâques. Je n'avais jamais regardé de si près jusqu'à cette année, ces manifestations (« Jésus se manifeste » : c'est le mot employé deux fois dans l'Évangile d'aujourd'hui). La première manifestation, le matin de Pâques est pour Marie-Madeleine, la pécheresse pardonnée, elle croit avoir à faire au jardinier quand il l'appelle par son nom elle le reconnaît, ensuite aux deux disciples sur le chemin d'Emmaüs, ils marchent et parlent longuement avec lui, ils le reconnaissent seulement au moment où ils partagent le pain. De même aujourd'hui l'Évangile de Saint Jean nous fait le récit de la présence du Christ au bord du lac de Tibériade et de la pêche miraculeuse, il est dit : « Aucun des disciples n'osaient lui poser la question – *Qui es-tu ?* – : ils savaient bien que c'était le Seigneur » [Jn 21,12]. Ainsi ils savaient bien que c'était Lui mais ils n'osaient pas lui poser la question qui les brûlaient. Ils étaient près de Lui, le voyaient mais ce n'est pas avec leurs yeux qu'ils le reconnaissent vraiment, c'est dans la foi qu'ils reconnaissent sa présence. Thomas lui a vu, peut-être touché mais il lui est dit bienheureux ceux qui ont cru sans avoir vu. C'est dans la foi, qu'il nous est possible à nous aussi d'être en relation avec lui. Il nous a promis d'être avec nous jusqu'à la fin des temps et nous donne suffisamment de signes pour pouvoir le reconnaître.

Que ce temps pascal vous apporte la grâce de savoir le reconnaître vivant parmi vous.

J'espère que vous allez tous bien malgré le retour du froid et ce printemps qui tarde à venir. [...]

Tout va bien ici. Fêtes qui se succèdent tout ce printemps.

Je vous embrasse tous.

LETTRE 35

À sa mère. Tamié [postée le 13 mai 1986]
[Lettre accompagnée
d'une carte de fabrication artisanale].

Chère maman,

Nous voilà déjà à la mi-mai et je viens te souhaiter une bonne fête. Beaucoup de joie, de bonheur avec tous ceux qui sont avec toi. J'ai voulu en savoir un peu plus sur ta sainte patronne. Il s'agit d'une jeune martyre de 16 ans au IIIe siècle. Si je te souhaite de la prendre comme modèle à cause de sa foi, je ne te souhaite évidemment pas d'avoir à en témoigner comme elle.

J'ai reçu un mot de Bernadette pour me dire que vous viendrez dimanche. Je vous attends donc de pied ferme en espérant que vous n'aurez pas d'empêchement d'ici là et que le soleil qui nous chauffe un peu ces jours sera lui aussi de la partie.

Je t'embrasse.

Paul

Recommandations

– Ne pas oublier d'apporter ce que Maurice doit prendre chez Vanier

– Si possible (de le retrouver et si je ne l'ai donné à personne) prendre le plan-guide d'Annecy qui doit se trouver dans le placard de la chambre du fond parmi d'autres cartes. Merci.

Je pense que vous prévoyez le pique-nique, en cas de mauvais temps je demanderai à Père Claude s'il lui reste un local.

LETTRE 36

À sa mère. Tamié [postée le 27 mai 1986].

Chère maman,

Juste deux mots pour te dire que l'ordination de frère Didier aura lieu à 15 h 15. Le matin passera le « Critérium du Dauphiné ». Je ne sais pas dans quel sens il roule, si tu penses venir demande à ton chauffeur (ou à toi-même si c'est toi qui conduis !) de se renseigner pour ne pas vous trouver bloqués quelque part.

Je te dois aussi des excuses pour la fête des Mères à cause de notre calendrier un peu spécial, c'est seulement dimanche que je m'en suis aperçu. Merci en cette occasion pour tout ce que je te dois.

J'ai oublié lors de votre visite de te présenter mes condoléances pour le décès de ton copain Gastonnet. Le pauvre. Si tu te trouves assise à côté de lui au banquet, essaie de te tenir comme il faut et ne lui fais surtout pas du genou.

Ce matin mardi, un postulant vient d'entrer en communauté, frère Silouane. Le local du noviciat est de nouveau plein.

Donc après demain, journée à la Salette. J'espère que le temps s'améliorera un peu.

Tout compte fait, nous belle vie !

Merci pour tout lors de votre visite.

Salue Buttay.

Je t'embrasse.

Paul

LETTRE 37

À Maurice et sa famille.

Tamié, 22 juin [1986]

[Lettre accompagnée d'une carte pour Vincent].

Cher Maurice, chers tous,

Voilà déjà trois semaines écoulées depuis votre dernier passage, cela fait longtemps que j'ai envie de t'envoyer un mot, mais décidemment nos journées sont bien remplies. Il fallait peut-être aussi tout ce temps là pour finir de digérer les gros « Tamié »[1] qui ont dû te peser pas mal sur l'estomac, vu le prix que je te les ai fait payer. J'avais vraiment la tête en l'air ce samedi ; j'ai retrouvé dans ma poche Dimanche matin les 311 francs préparés pour te régler la facture Vanier. Mes chers fromages ! J'essaierai de faire un peu mieux quand vous reviendrez cet été. Si tu en as la possibilité, sans que cela te dérange trop, c'est sans doute un peu tard, essaie de récupérer l'original de la fiche de caisse qui est peut-être plus lisible que le double que tu m'as donné, mais si c'est trop compliqué, laisse tomber. J'espère que le retour s'est bien passé et que vous n'êtes pas déçus d'avoir participé à cette cérémonie d'ordination. Vous avez pu voir comment on fête avec les familles et amis du frère à l'honneur ce jour-là. Cela nous donne aussi l'occasion d'une récréation. Il n'y en a pas qu'à l'école, mais ici, c'est moins souvent. [...]

Souvent je m'adresse à Lui en pensant à vous.

Ton frère Paul

PS : Je viens de recevoir aujourd'hui une lettre de la maman qui me dit que Monique a été opérée. Je ne pense pas que cela soit trop grave vu la brièveté du séjour à l'hôpital. Bons baisers. Paul.

La carte est pour Vincent.

Voici la Table
où l'Église commence
Le Seigneur aujourd'hui nous partage
Le pain de l'Alliance
Il met dans nos mains le signe de Pâques

LETTRE 38

À sa mère. Tamié, 7 septembre [1986].

Chère maman,

Nous voilà déjà à la veille de la nativité de la vierge fêtée ici bien sûr car on n'en loupe pas une. C'est notre salut qui

1. Allusion au fromage produit par l'abbaye.

commençait ce jour-là. Mais enfin comme tu dis que ce sera toujours assez tôt plus tard…

Vraiment belle journée pour votre visite, j'ai été heureux de vous revoir et aussi Alain et sa famille, Murielle avait l'air heureuse aussi. Je ne me souviens pas de quels gâteaux vous m'aviez parlés mais quelques jours après votre passage nous avons mangé d'excellents cakes. […]

J'ai téléphoné au notaire pour avoir plus de détail sur la proposition qu'il t'avait faite au sujet de la forge et du terrain. Finalement il n'avait pas encore réfléchi à tous les aspects de la question et sa proposition n'était pas non plus sans inconvénients. Il faudrait cependant prendre rendez-vous avec lui tous ensemble pour lui dire ce que l'on veut faire, tu as sans doute réfléchi de ton côté pour la part qui te concerne. Il m'a dit que tu voulais que cela soit tout en ordre pour la fin de l'année, cela lui paraissait difficile. Pour moi-même si ce n'est pas réglé pour ma profession simple tant pis. Je peux rester propriétaire, encore après mais je dois renoncer à la gestion. Mais j'aimerais quand même que cela se fasse parce qu'il ne doit plus rester grand-chose sur mon compte bancaire pour continuer à payer électricité et assurance incendie, autres impôts… Si vous prenez rendez-vous, je tâcherai bien de m'y rendre pour la première fois, mais le jour de la visite du Pape dans les dix jours suivants, je serai absent d'ici avec une partie du noviciat pour suivre une session dans une autre abbaye avec les novices de la région.

La date de ma profession simple n'est finalement pas fixée mais elle ne pourra avoir lieu comme je vous l'avais dit à la veille de Noël. Ce sera peut-être un peu avant, probablement au moment de l'office de Laudes un dimanche matin. Le mieux pour ceux qui voudront venir, ce sera d'arriver ici la veille et de loger ici. Dès que la date sera fixée je vous le ferai savoir. Ici tout va bien à part le lot de misères qui vient chaque jour se réfugier ici, aujourd'hui ce sont celles de la famille, demain ce seront des autres, mais il ne faut pas croire que nous sommes tristes pour cela car il y a aussi de bonnes nouvelles qui nous arrivent de partout et par-dessus tout il y a la foi en ce que nous dit l'évangile d'aujourd'hui : « Dieu en effet, a tant aimé le monde qu'il a donné son Fils, son unique, pour que tout homme qui croit en lui ne périsse pas mais ait la vie éternelle. Car Dieu n'a pas envoyé son Fils dans le monde pour juger le monde mais pour que le monde soit sauvé par Lui. » [Jn 3, 16-17].

Mercredi j'ai vu notre curé qui est passé par ici en revenant d'Ars. Toujours le même, presque aussi pressé, il est quand même resté 20 minutes avec moi, on ne sait pas trop ce qui l'intéresse. Il m'a parlé d'Eugénie et de ses problèmes avec son orgue. C'est ennuyeux cette histoire de vandalisme anonyme, de quoi décourager les gens. Il m'a aussi dit que ce sera le curé d'Abondance qui prêchera au Plan de la Joux[1] dimanche prochain. J'espère qu'il fera beau et que tu trouveras un chauffeur pour y monter toutes tes peines à la mère des Douleurs. J'avais dit à Bernadette qu'elle pouvait prendre le meuble resté à la salle, qui me servait à ranger des papiers, je ne sais pas si elle l'a pris, il faudrait lui demander si elle en a besoin. S'il n'y est plus, inutile de lui en parler. Je voulais lui en parler la dernière fois, pour finir j'ai oublié.

Voilà pour aujourd'hui, j'essaierai d'écrire à Colette au plus tôt. Soigne-toi bien, voilà l'époque des banquets qui va venir (à vrai dire elle ne cesse pas pour toi), ne tombe pas toujours dans la trappe et ferme bien le gaz sans oublier de faire ramoner cheminée et fourneaux.

Je t'embrasse.

Paul

Je ne pourrai pas bien m'absenter du 21 à la fin de ce mois.

---

1. Localité près du col du Corbier, au-dessus du village de Bonnevaux, avec sa chapelle.

LETTRE 39

À sa mère. Tamié, 4 novembre [1986].

Chère maman,

Merci pour ta lettre de la semaine dernière. Je vois que tu te prépares à l'hiver.

Ici première apparition de la neige le dimanche 26 octobre. Il y en a encore sur les sommets le temps est plus froid avec du brouillard surtout le matin. Temps de saison quoi ! Il me reste encore assez de tricots, merci, bien que nous ayons dû vendre les moutons. Tu n'as pas de soucis à te faire de ce côté-là, je n'ai même pas encore eu le temps d'en finir un et puis comme disait le pépé quand il y en a plus, il y en a encore. Voilà déjà cinq ans qu'il est parti. J'ai bien pensé à lui et à vous pendant ces fêtes de la Toussaint.

Oui le temps passe vite, j'arrive bientôt à la fin de mes deux années de noviciat. J'ai transmis ta demande, au sujet des rissoles et des bricelets, au Père Abbé, il en a conclu qu'il fallait qu'on s'inquiète de ma profession. Toujours pas de date, cela viendra en son temps. Avant je dois me présenter à la communauté qui doit ensuite se prononcer par un vote sur mon acceptation ou non à la profession temporaire. Je ne pense pas qu'il y ait de gros problèmes. La date sera sans doute fixée après, en tout cas pas annoncée avant.

Alors nous avons vu le Pape[1], je trouve cependant curieux que tu ne me parles plus de Nostradamus[2], il te semblait par un temps inutile de te rendre à Annecy pour le voir, puisqu'il devait terminer son voyage entre les deux fleuves à Lyon.

1. Visite du pape Jean-Paul II du 4 octobre 1986 à Lyon.
2. Allusion aux prédictions de Nostradamus qui ont réapparu et qui ont entouré cette visite !

C'est sûrement le Pape qu'il fallait pour notre temps. Il ne manque pas de courage pour affirmer sa foi et connait bien les problèmes du monde actuel. J'ai rencontré quelques connaissances : Sœur Germaine (Agnès) de la Visitation de Thonon[1], le Père Mercier[2] de La Forclaz, Socquet[3], Clovis[4], Baud le curé d'Abondance qui m'avait annoncé l'accident de Pascal ; heureusement que cela n'a pas été si grave qu'il me l'avait laissé entendre. Après avoir loué une télé nous avons pu voir une partie du restant du voyage du Pape à Lyon, Ars, Taizé et Paray grâce à des cassettes vidéo.

J'ai reçu aujourd'hui (mercredi) ta lettre de mardi. Je tâcherai d'envoyer un mot à la tante Léontine pas trop tard. Je ne me souviens plus l'année de sa naissance (1911 peut-être ?). Avec sa tension et le reste elle pourrait bien se faire embarquer (pour le paradis). [...]

Je te laisse pour ce soir. Je pense que tu vas bien, ce n'est pas le moment de flancher maintenant que tu as bientôt tout rangé tes affaires, tu n'as plus qu'à fermer tes valises et partir en voyage (le grand !)

Je t'embrasse.

Paul

PS : Si tu vas jusqu'au Chargneux en passant par les Routes[5], bien que la saison soit avancée, prends quand même un panier, on ne sait jamais tu peux rencontrer des champignons !

---

1. Cousine du côté maternel.
2. Curé.
3. Curé.
4. Curé de la paroisse, Clovis Tavernier.
5. Lieu-dit où il y avait des forêts appartenant au père inaccessible en voiture.

LETTRE 40

À sa mère. Tamié, dimanche 16 novembre [1986].

Chère maman,

Je t'envoie ce petit mot pour te dire que je me présenterai à la communauté le lundi 1er décembre et si elle accepte, je ferai ma profession temporaire le dimanche 21 décembre pendant l'office des Laudes, c'est-à-dire à 6 h 45. Cela peut te sembler de bonne heure, mais puisque nous serons levés depuis 3 h… Ceux qui voudront venir et qui désireront participer aux vigiles devront bien sûr se lever un peu plus tôt ! Mais pas beaucoup puisque sera mise à votre disposition la maison Sainte-Marie (un peu avant le parking) (où logeait Geneviève au mois d'août). Maison mise à votre disposition samedi, à moins que vous vouliez faire la route de nuit, avec des raquettes. Je ne pense pas qu'il y ait de changement pour cette date du 21 décembre, enfin on verra. Ce n'est pas une profession solennelle, c'est pourquoi il n'est pas nécessaire que tout le monde vienne. Ce ne sera d'ailleurs pas possible, ni pour vous, ni pour nous pour vous accueillir. Je pense qu'on plus de toi, de mes sœurs et de leurs conjoints pourraient venir Lina, Élisabeth et René, François et Thérèse. Ça fait déjà 12. Il faudra le faire savoir avant de venir, pour le logement et les repas. Je demanderai à père Claude (quand il sera revenu de sa retraite annuelle) s'il vous faut prendre des draps. Ça ne presse pas à la minute de répondre, il vous faut le temps de vous organiser. Comme chaque année il y aura peu de courrier pendant ce mois de décembre. Je n'ai pas mentionné la tante Léontine, je ne pense pas qu'elle puisse facilement se déplacer après son hospitalisation. Je lui ai envoyé un mot, mais je n'en sais pas plus sur son état de santé. Je n'ai pas mentionné non plus la tante Marie du sommet, je ne sais pas si elle se déplace facilement vu son âge. Vous verrez vous-même avec elle. Bonne fête aux Élisabeth. Je t'embrasse.

Paul

LETTRE 41

À sa mère. Tamié, samedi 29 novembre [1986].

Chère maman,

Un dernier petit mot avant Noël, à moins qu'on ne veuille pas de moi ; mais rassures-toi, je n'aurai pas besoin de violer la loi comme tu n'hésiterais pas à le faire, car alors tu me verrais arriver un beau matin avec un bâton et un petit baluchon. Tu en ferais une drôle de tête, surtout que les antiques chaussettes commencent à percer. Mais je ne pense pas qu'il y ait de grands risques que cela arrive ; heureusement parce que maintenant que tu as pris l'habitude d'occuper tout le château, il n'y a plus de la place pour deux. Je n'ai pas eu le temps d'écrire à beaucoup de monde cet automne, transmets donc mes salutations à tous. [...]

Je termine pour aujourd'hui et je me recommande à tes prières.

Je t'embrasse.

Paul

LETTRE 42

À sa mère. Tamié, 7 décembre [1986].

Chère maman,

Par dérogation exceptionnelle et par obéissance je t'envoie ce mot pour t'annoncer que tu ne me verras encore pas pour cette fois-ci arriver avec mon petit baluchon puisque je suis admis à la profession temporaire. Alléluia ! (*non pas dis sha*[1] *?).* Cela se passera donc le 21 au matin comme je te l'avais indiqué. Si vous voulez venir pour les Vêpres du samedi soir, elles sont à 17 heures. Avertissez quand même le père Claude un peu à l'avance. Nous sommes actuellement en retraite communautaire ; je commence demain la retraite personnelle pour la préparation à la profession. J'espère que le temps ne sera pas trop mauvais pour ce jour-là. Je t'embrasse.

Paul

LETTRE 43

À sa mère. Tamié, 25 janvier – 1er février [1987].
[Sur une carte du CCFD]

Chère maman,

Ce serait quand même bien le moment que je t'envoie un petit mot. Je n'ai jamais eu autant de retard dans mon courrier, cela va peut-être encore empirer. Merci pour tes vœux de nouvelle année. Il faut que je t'envoie aussi les miens par la poste parce que si tu m'appelles précipitamment pour venir à ton enterrement, alors fini la bonne année mais commencement de la Super belle Vie. Toi, bien sûr tu voudrais comme Saint-Paul (c'est aujourd'hui la fête de la conversion) une apparition sur le chemin de Damas. Les signes ne manquent pas même aujourd'hui mais souvent nous sommes comme il est dit dans le psaume : « Ils ont des yeux et ne voient pas, ils ont des oreilles et n'entendent pas. » [Ps 115,5-6]

Deux jeunes postulants sont entrés dans la semaine écoulée, il en rentre un autre ce soir, une demi-douzaine

1. Patois savoyard : « Qui aurait dit ça ? »

est encore attendue pour le restant de l'année, voilà, parmi d'autres, le signe que le Royaume est arrivé. Pourquoi vouloir voir ce qui se passe de l'autre côté. Souvent dans l'Écriture, en particulier dans l'Ancien Testament il est dit que : « L'homme ne pourrait voir Dieu sans cesser de vivre[1] ». Dans le Nouveau Testament aussi mais il y a déjà comme une anticipation : « Mes bien-aimés, dès à présent nous sommes enfants de Dieu, mais ce que nous serons n'a pas encore été manifesté. Nous savons que, lorsqu'il paraîtra, nous lui serons semblables, puisque nous le verrons tel qu'il est ». Et finalement le chemin pour passer de « l'autre côté, c'est de donner sa vie, c'est de l'offrir au Seigneur, chaque jour, chaque instant et totalement à l'instant ultime au-delà duquel nous le verrons face à face : *Père entre tes mains je remets mon Esprit* » [Lc 23,46]. On trouve encore dans Saint Jean : « Celui qui aime sa vie la perd, et celui qui cesse de s'y attacher en ce monde la gardera pour la vie éternelle » [Jn 12,25].

Je pense que tu as assez de loisirs pour ruminer toutes ces choses. Certains disent que le temps qui nous est donné en ce monde est offert pour que nous ayons le temps de nous convertir. Dieu est patient, puisqu'il a préparé tout pour nous avant la création de toute chose.

Je pense que tu te tiens toujours au chaud à Thonon. Je tâcherai de leur envoyer un mot bientôt.

Ici tout va bien, le soleil est revenu, il y a moins de neige que l'année passée. Il en reste 40 cm, il en reviendra peut-être. Je m'arrête pour ne pas troubler ta méditation.

Je t'embrasse.

Paul

1. Voir Ex 33, 20.

PS : Ton Copin Noël[1] nous a écrit pour nous remercier de notre participation à la préparation de l'émission télévisée sur le journal « La Croix » diffusée le 9 février, je crois (qu'on se le dise).

LETTRE 44

À Monique et sa famille. Tamié, 29 janvier 1987.

Chers tous,

Merci pour votre carte de nouvelle année. Les miens sont plutôt longs à venir. Je vous souhaite beaucoup de bonheur et moins de tracas que l'année dernière. Il y en aura quand même, sans doute différents, votre luron qui grandit toujours fera que vous n'aurez pas toujours le loisir de vous ennuyer. La vie est ainsi faite qu'il faut bien qu'il ait quelqu'un pour se mesurer et se construire.

Une des conséquences de ma profession temporaire est que je dois maintenant fermer mon compte bancaire. Il faudrait me dire où en est exactement la situation actuelle ; notamment en ce qui concerne le placement, s'il s'agit de titre au porteur ou si c'est nominatif. Je ne pense pas que ce soit trop compliqué pour m'en débarrasser.

Après une quinzaine un peu froide, nous avons eu un peu de pluie ces jours, du brouillard épais aujourd'hui. Il reste environ 40 cm de neige, moins que l'année dernière à cette époque. Deux nouveaux postulants cette semaine, dont un médecin ; un autre postulant lundi. La maison se remplit à nouveau. J'ai reçu une carte d'Alain et une de maman Requet. La maman est peut-être chez Bernadette à Thonon. Elle change souvent de château, il a sans doute

1. Il s'agit de Noël Copin, un éditorialiste du quotidien *La Croix* dont sa mère était une abonnée.

fait plus froid à Bonnevaux qu'ici. Je pense lui envoyer un mot bientôt.

Saluez et remerciez vos parents pour moi. Merci.

Je vous embrasse tous.

Paul

LETTRE 45

À sa mère. Tamié, 28 février 1987.

Chère maman,

Je vois que tu fais désormais attention aux fêtes. Mais peut-être que tu crois au Père Noël si tu penses que la très Sainte Vierge va nous donner son fils le 25 novembre ; les autres années l'Annonciation se fête le 25 *mars*. Mais c'est peut-être toi qui as raison parce que jusqu'à présent on ne connaît pas exactement la date de la naissance du Christ et le 25 décembre a été choisi principalement comme fête de cette naissance pour supplanter une fête païenne de l'époque.

Mais par contre moi je me rappelai plus la date du carême et je vois qu'il est bientôt là, sans que j'aie eu le temps de répondre à toutes les cartes de bonne année. On y mettra les vœux de pâques avec et peut-être ceux de la Trinité. [...]

J'ai demandé des nouvelles de mon compte bancaire à Monique, elle m'a répondu qu'elle t'avait proposé de prendre ce qu'elle avait placé et que tu lui as dit de le garder. Comme j'avais justement l'intention de te le faire remettre pour que tu en disposes à ta guise, voilà qui est fait parfaitement. Le peu qui reste sur le compte, que je dois fermer puisque je ne suis plus novice, je pense le lui laisser pour qu'elle puisse encore régler quelques bricoles et pour la dédommager un peu pour les dérangements que je lui ai occasionnés.

Je vois que tu penses à ma santé et tu te sens rassurée par la présence de médecin et infirmier pour me soigner. Je peux donc tomber malade. Il y a mieux même : une quinzaine de prêtres pour ma sépulture ; je peux casser ma pipe en paix.

Nous avons vu l'émission TV du journal *La Croix*, enregistré sur une vidéocassette, la séquence sur Tamié n'était pas très longue, difficile de tout montrer en si peu de temps. Nous ne sommes pas vedettes de télévision et n'avons rien changé à nos façons de faire habituelles, ni rien préparé, ni répété à l'avance. Dans la séquence concernant les immigrés j'ai admiré la mémé de Roubaix qui n'avait pas peur de les recevoir chez elle. Comme j'ai encore d'autres lettres à faire, je te laisse jusqu'à Pâques. Je t'embrasse.

Paul

LETTRE 46

À sa mère. Tamié, 14 mai [1987].

Chère Maman,

Les saints de glace et de neige s'en vont et laissent la place libre à… Ste Denise. Bonne fête douce. Sans te souhaiter le martyr de ta sainte patronne, je te souhaite de conserver la même fermeté qu'elle dans la foi. J'espère que tu vas bien et que la grippe est oubliée. C'est pas le moment de flancher maintenant que les fêtes battent leur plein. Si tu n'y vois pas d'inconvénient, nous en rajouterons une jeudi prochain 21 mai. Je dois conduire ce jour-là notre Père Prieur jusqu'à Thonon pour récupérer un lit de malade donné par une personne amie de la communauté. Moyennant un prix raisonnable nous pourrions prendre le repas chez Mme Favre à Bonnevaux[1]. Le

1. Il annonce qu'il vient manger chez sa mère !

père Prieur ne mange ni fromage ni produits laitiers, ne pas en mettre dans les plats. Bonjour à tous. À bientôt.

Paul

LETTRE 47

À sa mère. Tamié, 13 juillet [1987].

Chère maman,

Merci pour ta carte de rhododendrons pour ma fête, tout s'est bien passé. Beaucoup de plaisir grâce à vos nombreuses cartes et aussi aux témoignages d'affection des frères de la communauté. Comme tu dis tout est beau en ce moment sur cette terre que tu n'as nullement envie de quitter. Si tu savais que c'est mille fois plus beau ailleurs, tu serais sûrement pressée d'y aller. Je te vois très bien, nageant dans le bonheur en prenant un bain de soleil, confortablement installée sur un nuage blanc (nuage cependant pourvu d'un petit trou pour te permettre de temps en temps, de lorgner avec attendrissement sur les ébats de toute ta progéniture). Et puis à trop attendre sauras-tu encore ce que tu fais à ce moment-là ? S'il y a une chose à ne pas louper dans la vie c'est bien celle-là, pas moyen de recommencer ni de la remplacer par autre chose. Un matafan[1] qui charbonne peut toujours être remplacé par pain et tome. Mais pour entrer dans la salle des noces, pas d'autre moyen que de passer par la porte. Dans les psaumes que nous psalmodions régulièrement, il en est un qui dit « Le nombre de nos années, soixante-dix, quatre-vingt pour les plus vigoureux. Leur plus grand nombre n'est que peine et misère ».

Voilà pour te rassurer. Ce qui ne veut pas dire qu'en attendant il faille être triste ; je crois qu'en ce moment pour

1. Un « mate la faim », crêpe très épaisse.

toi, comme pour nous tous le royaume est déjà commencé ; grâce soit rendue au Roi.

Tu as aussi lieu de te réjouir *(de l'orgnouè*[1]*)* des succès de tes petits enfants. Ils auront quand même de la chance, sans être dans l'opulence, pourquoi faire d'ailleurs, de ne pas se trouver dans une misère qui les condamne à emprunter des voies difficiles.

Ce dimanche passage, avec sa paroisse de Sœur Joseph, qui était à l'école ménagère d'Abondance. Passage aussi le 1er juin de Félix Tagand[2]. Nous faisons peu de foins cette année, c'est bientôt fini. Alors nous, belle vie. Je t'embrasse.

Paul

LETTRE 48

À sa mère.

Tamié, [25 octobre 1987] [sur une carte].

Chère maman,

Je t'envoie juste un petit mot pour te dire que je suis toujours en vie et pour te demander pardon d'avoir tant tardé à répondre à tes dernières lettres. Pas de nouvelles, bonnes nouvelles, sans doute mais je comprends quand même que ce soit un souci pour toi. Rassure-toi, je vais bien, s'il est vrai que je suis pas mal occupé en ce moment, mon sommeil n'est pas troublé, c'est le signe que mon système nerveux n'est pas trop perturbé. Sois tranquille à ce sujet, je veux bien donner le maximum ici, mais je ne crois pas que le seigneur me demande d'y abimer ma santé.

---

1. Patois savoyard : de la chance.
2. Un ami de Paul.

La racine de notre exister en Dieu c'est la foi,
le VIVANT que nous constituons va donc porter très profondément la marque de la foi
cela signifie que comme ABRAM
appelé à quitter son pays où il était bien "chez lui"
nous allons nous laisser mener par Dieu, par l'Esprit qui prend le gouvernail
la foi est d'abord un dépaysement
et c'est dans ce dépaysement que l'amour va naître,
l'amour qui est l'Esprit de Dieu
et qui va animer d'une manière absolument autre et nouvelle
le VIVANT qui est notre communauté
nous sommes dans le régime du service absolu à la suite du Christ crucifié :
comme nous pourrons méditer cela à travers l'Evangile
en regardant la VIERGE
en qui le dessein de Dieu n'a jamais rencontré d'obstacle tant sa foi fut totale !
Qui donc l'a justement appelé "la garante de notre oui"
(la répondante, la responsable de l'humanité entière) ?
notre vocation engage ce VIVANT que nous formons
dans cette responsabilité de foi au service du peuple de Dieu.

(Mère Christiane 1975)

Jésus Christ pierre angulaire,
nous chantons notre bonheur
d'être en toi pierres vivantes
édifiées dans ta maison :
mystérieuse communion
que l'amour fonde et cimente.
(Laborgie)

Depuis le 15 octobre et jusqu'à Noël, l'hôtellerie est fermée à cause des travaux que nous y faisons. Il vaut mieux éviter de venir durant cette période.

J'écris peu mais je pense à vous tous les jours et je rappelle vos noms et vos peines devant le Seigneur. Croyez qu'il vous aime et qu'il ne veut que votre bonheur, bonheur qui dépasse de beaucoup nos attentes. Je vous embrasse tous.

Paul

LETTRE 49

À sa mère. Tamié, 3 janvier [1988]
[Sur une carte de l'abbaye de Tamié].

Chère maman,

C'est une fois de plus avec beaucoup de retard que je viens te souhaiter un bon Noël et une bonne année, une santé qui ne te rende pas la vie trop difficile. Que ces fêtes qui se suivent année après année t'apportent la grâce du renouvellement de ta foi. Que le don que Dieu nous fait de son Fils ravive en toi un émerveillement devant ce petit enfant qui est Dieu. Émerveillement qui est celui des mages que nous fêtons aujourd'hui. Que cette manifestation de la tendresse de Dieu pour nous te comble de joie et de paix.

J'ai reçu une lettre de Monique qui me parle aussi de tes genoux. Soigne-les au mieux pour qu'ils continuent à te porter sans trop de peine.

Ici ça va, l'hôtellerie a été réouverte le 15 décembre, le carrelage est fini, il reste les peintures à faire. Cela a demandé pas mal de travail avec le déplacement de beaucoup de poussière. Il reste aussi d'autres travaux à finir. Cela se fera petit à petit.

Ici pas davantage de neige qu'à Bonnevaux. Il semble que le temps veuille changer. Température entièrement douce pour la saison pendant la semaine de Noël. Situation sans doute catastrophique pour les stations de montagne et déception pour les vacanciers.

Mon courrier est rare, trop rare. Je dois faire un effort pour rester proche de tous les miens qui sont cependant tous bien présents dans mon cœur. Je t'embrasse.

Paul

LETTRE 50

À Monique et sa famille.
Tamié, 29 janvier [1988].

Chers tous,

Il est bien sûr trop tard pour vous souhaiter un bon Noël, mais cependant c'est toujours le moment de souhaiter à ceux qu'on aime la paix, la joie qui nous sont données par la venue de Dieu parmi nous, présent à chaque instant de notre vie et qui nous tend les bras pour nous recevoir et nous donner son amour.

Noël et le moment fort de la liturgie de l'Église qui vient raviser en nous l'espérance de cette vie que Dieu nous donne. Je vous souhaite 11 mois de bonheur, de bonne santé, malgré la cinquantaine qui approche !!! et pour Maurice une situation plus stable, non sujette à toutes sortes d'aléas, pour pouvoir aussi s'épanouir dans le travail.

Transmettez mon bonjour à Angélique, à Alain (qui m'a envoyé une carte, j'essaierai de lui répondre), à Nadia et chez Hubert[1].

Ici tout va bien, la neige a disparu aussi vite qu'elle était venue, pour nous ce n'est pas désagréable mais c'est sans doute catastrophique pour beaucoup de monde. L'hôtellerie est réouverte depuis le 15 décembre, les travaux continuent doucement, peinture en ce moment, c'est bientôt terminé. Nous avons fait appel à des entreprises bien sûr, pour la maçonnerie, l'électricité, le carrelage, un peintre termine ce que nous avons pu faire. Énormément de poussière qui s'est répandue dans toute la maison, quelques m^3 de bois et de gravas à évacuer.

Ce lundi 25, premier rendez-vous avec le chirurgien de la Clinique Générale d'Annecy, il m'a inventé une seconde hernie et m'a proposé de tout recoudre le 1er mars. Examens pour l'anesthésiste le 15 février.

J'ai expédié au notaire la procuration qu'il m'avait demandée pour pouvoir régler la vente du terrain de devant-le Dime. Il me demande de me rendre à Abondance, à moins que vous ne puissiez tous venir (Lui y compris) pour la signature de la donation-partage. Le Père Abbé ne voit pas d'inconvénients à l'une ou l'autre solution. À vous de voir. Ce sera peut-être

1. Angélique, maman de Maurice ; Alain le frère de Maurice ; Nadia est une amie proche de Monique de la Forclaz ; Hubert était un ami voisin de Maurice.

difficile avant le Carême, difficile aussi pendant la période d'hospitalisation ni le 15 février évidemment.

Faites au mieux. De toute façon à bientôt.

Paul

Vincent [Sur une carte du Mouvement A.T.D. Quart-Monde]

J'ai bien pensé à toi à Noël, à Jésus qui t'aime beaucoup.

Il y a eu aussi vendredi dernier Saint Vincent, diacre qui a donné sa vie pour Jésus. Et il y aura bien sûr ton anniversaire ce dimanche. Te voilà bientôt un jeune homme.

Que notre Seigneur te bénisse, qu'il t'accompagne chaque jour et fasse grandir la Foi en ton cœur. Je t'embrasse.

Paul

LETTRE 51

À sa mère. Tamié, 12 septembre [1988].

Chère maman,

Merci pour ta dernière lettre. Je te mets une petite image de Saint Pierre de Tarentaise, fondateur de notre abbaye en 1132 et ensuite évêque de Moutiers. C'est donc aujourd'hui une fête solennelle avec en plus la profession (solennelle elle aussi) de notre frère Robert. Pas mal d'évènements cet été : jubilé sacerdotal de Père Thibaud (celui qui était amputé d'une jambe) le 29 juin ? Ça a été une belle fête pour lui ; le 25 août après quelques jours de souffrances par des maux de tête, il a rejoint le Père. Le 25 juillet, nouveau jubilé sacerdotal (50 ans de prêtrise) de Père Roger. Le 6 août ordination de frère Antoine, l'actuel Père maître des novices. Le 13 août profession solennelle de frère Jean-Bénilde, le 15 fête de l'Assomption, profession temporaire de frère Silouane (Néo-zélandais) pendant ces dernières semaines, entrée de deux postulats dont un d'Évian.

Cette semaine passage du Père Abbé de Latroun[1], monastère cistercien en terre sainte, passage du Père Prieur de Notre-Dame de l'Atlas[2], monastère de notre ordre en Algérie. Tous deux viennent demander de l'aide à notre communauté. Le Père Aelred (qui était passé à Bonnevaux avec moi l'année dernière) se rendra fin octobre à la communauté de Terre Sainte. C'est prévu depuis plusieurs mois, il semble qu'il faille encore du renfort. Il y a quelques temps j'ai rappelé à P. Abbé mon souhait de rejoindre la communauté de l'Atlas. Cette communauté est très petite ; une dizaine de membres dont trois sont partis fonder une nouvelle communauté au Maroc à Fès. Un frère de Tamié est déjà là-bas depuis un an. Cette communauté recherche de l'aide depuis longtemps, en terre d'islam il n'y a pratiquement aucune possibilité de recrutement sur place. Je pense qu'une présence chrétienne, discrète peut être très importante. Que résultera-t-il du passage parmi nous du supérieur de cette communauté ? Dieu le sait. Sans doute une demande pressante face à laquelle notre communauté devra prendre position. Qu'en sera-t-il en ce qui me concerne ? Je n'en sais rien, dans la paix je fais confiance au Seigneur. Ne t'inquiète pas inutilement. Je te tiendrai au courant. Garde confiance en Dieu « le Père de Notre Seigneur Jésus-Christ.

1. Il s'agit de Dom Paul Saouma, abbé depuis 1985 de la communauté de Latroun se situant à une quinzaine de kilomètres à l'ouest de Jérusalem à la frontière entre la Cisjordanie et Israël. Il était venu demander du renfort.

2. Frère Christian de Chergé, élu prieur par ses frères en 1984, avait exposé la fondation récente à Fès au Maroc et venait lui aussi demander de l'aide.

Dans les cieux, il nous a comblés de sa bénédiction spirituelle en Jésus-Christ. En lui, il nous a choisis avant la création du monde, pour que nous soyons, dans l'amour, saints et irréprochables sous son regard. Il nous a d'avance destinés à devenir pour lui des Fils par Jésus-Christ. Voilà ce qu'il a voulu dans sa bienveillance à la louange de sa gloire, de cette grâce dont il nous a comblés en son Fils bien-aimé, qui nous obtient par son sang la rédemption, le pardon de nos fautes. Elle est inépuisable la grâce par laquelle Dieu nous a remplis de sagesse et d'intelligence en nous dévoilant le mystère de sa volonté, de ce qu'il prévoyait dans le Christ pour le moment où les temps seraient accomplis : dans sa bienveillance, il projetait de saisir l'univers entier, ce qui est au ciel et ce qui est sur la terre, en réunissant tout sous un seul chef, le Christ. En lui, Dieu nous a d'avance destinés à devenir son peuple ; car lui, qui réalise tout ce qu'il a décidé, il a voulu que nous soyons ceux qui d'avance avaient espéré dans le Christ à la louange de sa gloire. » [Ep 1,7-14].

Ce texte de Saint Paul dans la lettre aux Éphésiens nous éclaire sur le pourquoi de notre vie. C'est Dieu qui donne sens à notre vie. On entend souvent parler du plan de Dieu, le voici exposé par l'Apôtre. Dieu a choisi de partager sa vie, de donner sa vie aux hommes avant même de les avoir créés. Vivre de la vie divine, tel est notre avenir. Tout le reste est secondaire, ou doit être vécu en fonction de cette finalité. Ceci ne nous conduit pas au mépris des autres, encore moins de nos proches, bien au contraire, c'est toute l'humanité qui est invitée au banquet des noces et même tout l'univers.

Je me réjouis que tu aies pu participer aux noces d'Alain et d'Isabelle[1]. […] Alain m'avait envoyé un mot, je ne lui ai pas encore répondu, je le ferai bientôt. Je pense qu'ils sont à Thônes en ce moment.

1. Alain et Isabelle Folliet, neveu et nièce de frère Paul.

Rentrée des classes avec les soucis des parents et aussi des enfants.

Je porte dans mon cœur chacun de vous. Que le Seigneur vous bénisse et vous garde dans sa paix. Je t'embrasse.

Paul

LETTRE 52

À Maurice et famille. Tamié, 22 septembre [1988]
[Accompagnée d'une carte de l'Arche (Trosly-Breuil)].

Cher Maurice, chers tous,

Il est grand temps que je bouge un peu pour la Saint Maurice, bonne fête donc, j'ai pensé à toi particulièrement ce matin lors de l'Eucharistie au cours de laquelle nous avons fait mémoire de ton saint patron valaisan (était-il vraiment valaisan ce soldat romain ?).

La maman m'a dit que tu avais toi-même cessé de l'être (valaisan et non pas saint) pour travailler à la Versoie. Cela te fera un peu plus près, avec plus de facilités pour les déplacements et plus de loisirs à la maison ; avec cependant l'inconvénient du travail de nuit. Nouveau rythme auquel il faudra s'adapter. Elle m'a dit aussi que Monique avait dû être de nouveau hospitalisée. La persistance de ce mal est ennuyeuse et sans doute source de nombreux tracas pour vous. Souhaitons que l'on trouve bientôt la cause de tous ces malaises pour pouvoir enfin y apporter un remède.

J'ai de nouveau des ennuis circulatoires dans la jambe gauche cette fois-ci ; ce n'est peut-être plus lié à l'arthrose, les examens nous le diront. Tout cela n'est que problème de jeunesse.

Vanité des vanités, dit Qohelet,
Vanité des vanités, tout est vanité.
Quel profit l'homme retire-t-il de toute la peine
Qu'il se donne sous le soleil ?
Une génération s'en va, une génération arrive,
Et la terre subsiste toujours.
Le soleil se lève, le soleil se couche ;
il se hâte de retourner à sa place,
Et de nouveau se lèvera (Ecclésiaste 1, 2-5)

On peut parfois se demander si nous avons travaillé en vain. Parfois le sentiment d'avoir perdu sa peine et son temps nous domine. Notre avenir se rétrécit et à vue humaine c'est l'échec. Cela nous questionne sur le véritable sens de notre vie. C'est une source de grande paix que la découverte que notre finalité est autre que celle qui nous apparaît d'abord. L'instant présent est seulement le lieu et le temps de l'ouverture à l'Infini qui seul peut combler nos désirs, le reste est illusion ou vanité. Dans la succession des générations, j'espère qu'en ce qui vous concerne cela va bien et que désormais il y a quelque chose de meilleur et de plus important que les récréations à l'école ! Bonne fête, bonne santé, bonnes études !

Je vous embrasse tous.

Paul

LETTRE 53

À sa mère. Tamié, 5 octobre [1988].

Chère maman,

J'ai téléphoné à Monique, mais quand je l'ai appelée à La Tronche[1], elle n'y était plus. C'est bien ennuyeux tous ces malaises. Espérons qu'ils pourront bientôt identifier l'origine du mal et pouvoir la soigner correctement. Ils ont bien leur part de peines, mais rien ne pourra séparer de l'amour de Dieu ceux qui l'aiment.

Ici rien de neuf. Le Père prieur de Notre-Dame de l'Atlas et le Père Abbé de Latroun sont passés quinze jours plus tard que je te l'avais annoncé. Par contre j'avais oublié de te parler du passage d'un évêque du Brésil qui cherche des moines pour faire une fondation dans son diocèse. Ce ne sont pas les demandes qui manquent. Deux autres évêques sont passés après lui. L'un de Centre-Afrique (le pays de l'empereur Bokassa) et un italien de la région de Milan qui a été pendant quelques années président de *Pax Christi*. Il est toujours intéressant d'avoir des nouvelles des autres Églises. Ceux-là n'ont rien demandé. Les supérieurs de l'Atlas et de Latroun ont présenté leurs besoins et la nécessité pour eux de pouvoir continuer la présence monastique au Maghreb et en Israël. La communauté s'est réunie pour en parler entre profès solennels. Il n'y a probablement encore aucune décision de prise pour savoir si la communauté aidera ou non une ou les deux communautés en difficulté. Quant à la fondation, je ne pense pas que ce soit envisageable actuellement. Donc rien de nouveau pour le moment. Cela viendra en son temps. Pour ce qui est de l'eau, il ne faut pas trop t'inquiéter, la communauté de l'Atlas vit principalement de

1. Lieu-dit Le Tronchet où vit sa sœur Colette à Abondance.

la vente des produits de son jardin. Pour faire deux récoltes de pommes de terre par an, il faudra bien qu'il y ait un peu d'eau. Quant aux douches ce n'est peut-être pas aussi dramatique que tu le penses. Les premiers moines vivaient au désert et priaient souvent en tressant des paniers. L'un d'eux partit à la ville pour vendre ses paniers en profita pour prendre un bain dans le Nil. Sur le chemin du retour il s'inquiéta au sujet de sa chemise et aussitôt arrivé, il avoua à son abbé qu'il l'avait oubliée au bord du fleuve. Un an après, il partit de nouveau pour vendre ses paniers et prit encore un bain ; puis il rentra en courant, plein de joie jusqu'au monastère pour annoncer à son abbé qu'il avait retrouvé sa chemise : il l'avait gardée sur lui sans s'en rendre compte depuis un an.

Il n'y a pas non plus tellement longtemps que tu as une douche à ta disposition dans ton château.

Je suis surpris de voir ton étonnement devant le comportement de la progéniture des « Janettes[1] » qui se disperse aux quatre coins du monde. Aurais-tu déjà oublié qu'un de leur ancêtre encore proche était lui-même parti comme un immigré vers les Amériques et sans une multitude d'insectes ailés y serait resté[2]. Alors finalement rien de nouveau sous le soleil.

Je t'embrasse.

Paul

1. Les « Janettes » : les Cettour-Janet (nom de jeune fille de sa mère).

2. Référence au grand-père de sa mère, parti en Argentine au XIXe siècle avec sa femme et ses deux enfants (les jumeaux François et Joseph Cettour Janet), ainsi que sa sœur et ses deux enfants. Ils ont dû revenir à cause des invasions de sauterelles. Seule la sœur est restée là-bas avec ses enfants.

LETTRE 54

À sa mère. Tamié, 14 novembre [1988].

Chère Maman,

Merci pour ta dernière lettre. J'ai aussi reçu un mot de Monique qui n'est pas encore guérie de ses troubles. Elle m'a dit qu'elle allait consulter un homéopathe sur l'indication de Geneviève. Cette manière de soigner n'est pas toujours bien vue par la médecine traditionnelle mais elle donne cependant des résultats. Quant à moi, je n'ai finalement pas de problème de circulation. Mardi dernier j'ai été voir un docteur à Chambéry, spécialiste des artères et des veines, on n'a rien trouvé de plus qu'à Annecy, tout va bien de ce côté-là. Finalement on m'a proposé des anti-inflammatoires en pensant qu'un nerf avait pu être pincé dans la colonne vertébrale. Avec ça un peu de gymnastique et cela va beaucoup mieux maintenant. La sensibilité revient progressivement aux orteils. Les rhumatismes ne guérissent pas mais ne font pas mourir.

Monique pensait peut-être venir le dimanche 20 novembre. C'est vraiment le dernier jour avant Noël. L'hôtellerie est fermée depuis hier et nous commençons notre retraite annuelle de communauté le 20 au soir. Il ne peut donc y avoir de repas servis à l'hôtellerie mais une pièce peut vous êtes réservée pour piqueniquer.

Le vendredi 4 a eu lieu ma présentation à mi-chemin de ma profession temporaire. Il m'a bien fallu préciser que je ne pensais pas aller au-delà, ici à Tamié. Ça me fera une deuxième famille à quitter. Nous n'en finissons jamais de nous détacher si ce n'est au détachement ultime qu'est la mort. Il faut être avec les mains nues pour que le Seigneur puisse les combler de ses dons comme il l'a prévu depuis toujours. En ne possédant rien, le seul don que nous pourrons lui faire, c'est de lui rendre grâce, lui rendre un peu des grâces dont il nous a comblés chaque jour avant de pouvoir tout lui donner. Ne t'inquiète pas, sois dans la paix, puisque Dieu nous aime, que peut-il nous arriver ?

Je t'embrasse.

Paul

LETTRE 55

À sa mère. Tamié, 26 décembre [1988].

Chère maman,

Voilà Noël déjà arrivé. C'est toujours pour nous une source de joie profonde qui vient s'ajouter à celle des rencontres familiales. Oui ce jour-là l'église nous rappelle d'une façon très forte dans la liturgie comme Dieu nous aime. Il nous envoie son fils pour qu'à notre tour, en le recevant, nous puissions devenir nous aussi ses enfants, pour que nous ayons part à sa vie divine en devenant ses héritiers. Jésus en s'adressant à Philippe nous dit : qui m'a vu a vu le Père et dans l'Évangile d'hier : le Père personne ne l'a jamais vu ; le Fils qui est dans le sein du Père nous l'a révélé. C'est par le Fils que nous pouvons voir le Père. C'est en regardant le Fils dans la crèche et sur la croix que nous pouvons deviner l'immense amour du Père pour nous, Lui qui n'a pas hésité à donner son Unique pour nous le faire comprendre.

J'espère que tu vas bien (ou que tu ne souffres pas trop). J'ai reçu une carte d'Elisabeth, elle me dit que tu allais peut-être passer Noël à La Roche[1]. J'espère que vous avez fêté dans la joie. Joie encore et Paix pour l'année qui vient. Je t'embrasse.

Paul

1. La Roche-sur-Foron (Haute-Savoie).

LETTRE 56

À Monique et sa famille. Tamié, 2 janvier [1989]
[Sur une carte de l'office culturel de Cluny].

Chers tous,

Merci pour vos vœux de bonne année. Je vous présente les miens à mon tour. Que la grâce dont le Seigneur comble nos cœurs vous aide à supporter les inévitables aléas de notre condition humaine. Qu'il veille particulièrement sur votre santé ; je suis heureux de l'amélioration survenue pour toi Monique, et je souhaite que tu en voies bientôt le bout définitivement. Quant à Maurice une année sans trop de préoccupation côté travail sera sans doute bienvenue et apportera une détente appréciable. [...]

Que par-dessus tout il y ait la paix, la joie et la concorde entre vous. Que ce soit le fruit de Noël. Personne n'a jamais vu Dieu, Jésus, son fils nous le révèle. Nous cherchons souvent un Dieu fort, terrible avec un bâton à la main pour remettre de l'ordre dans le monde (des autres). La réalité est tout autre. Le vrai Dieu est tout petit, il se fait entièrement dépendant de l'homme, rejeté avec les pauvres jusqu'à s'installer dans une mangeoire. Qu'il est grand ce mystère d'abaissement de l'amour tout puissant.

Tous mes vœux à la famille Requet, à Nadia, Hubert, Yvan[1].

Les Chessel viendront peut-être dimanche. La maman en souci avec son genou ne sait pas si elle pourra venir. Je vous embrasse tous.

Paul

1. Cousin de Maurice.

LETTRE 57

À sa mère. Tamié, 8 février [1989].

Chère maman,

Je me demandais ce que tu avais décidé pour ton genou, me voilà bien renseigné. Tu me dis que tu vas entrer à la clinique le 12 septembre, je pense qu'il faut comprendre le 12 février et que tu seras opérée lundi. Cette opération te semble être une alternative, ou bien une réussite ou le moment du trépas. Ce n'est peut-être pas aussi simple, il faut d'abord faire confiance aux gens compétents qui ont pu mesurer les risques. Il faudra encore ensuite une période de réadaptation, et enfin un soulagement. Je souhaite que tu retires un bon bénéfice de cette opération et que tu n'aies pas à la regretter.

Quand au trépas ce n'est pas forcément un « *mau pas*[1] » même s'il est difficile à franchir. Il ne faut pas trop s'agripper à notre rive pour ne pas manquer l'autre rive. Dieu nous tend les bras pour passer de l'une à l'autre, nous ne risquons donc pas de plonger dans l'abîme. Il veut que nous vivions avec lui dans son amour. Avec lui et avec tous ses enfants, ça va faire une belle table de noces. Dans le livre que nous lisons depuis quelques jours au réfectoire, sur la vie de Jean XXIII, celui-ci nous dit que nous sommes faits pour nous aimer éternellement. Voilà un beau programme. Dieu nous a confié son fils et nous a confié à lui pour que pas un de nous ne soit perdu. Est-ce que Dieu veut il est certain qu'il le fait.

Pour le téléphone (je verrai avec le Père Abbé). Je pense qu'il sera peut-être plus simple que j'appelle chez Bernadette. À moins que tu ne me dises à quelle heure tu te

1. Patois savoyard pour « mauvais pas ».

réveilles et dans quelle chambre. De toute façon, nous trouverons bien une solution et je ne manquerai pas de penser à toi d'une façon plus particulière pendant ce temps d'épreuve.

Épreuve aussi pour la mère Gallay[1], sa vie ressemble à un long chemin de croix, puisse-t-elle trouver dans sa foi, l'assurance de la joie de la résurrection.

Salue chacun de tes enfants et petits-enfants.

Je t'embrasse.

Paul. Courage et paix.

LETTRE 58

À sa mère. Tamié, 2 avril [1989].

Chère maman,

Merci pour ta lettre, je suis heureux de savoir que ton opération s'est bien passée et que tu retrouves peu à peu l'usage normal de tes membres. Ne crois pas cependant être obligée d'accompagner tes petits-enfants au bal du samedi soir, ce n'est plus ton âge même si mon avenir. Rien d'absolument définitif pour le moment mais les choses se précisent un peu.

Il y a un mois j'ai écrit au supérieur de Notre Dame de l'Atlas pour lui présenter ma demande. J'ai reçu une réponse favorable, il restait à éclaircir certains points concernant le renouvellement de mes vœux pour ne pas avoir d'interruption dans ma vie religieuse, il était difficile de le faire ici, la démarche n'aurait pas beaucoup de sens (m'engager à l'obéissance envers un Abbé et une communauté que j'allais quitter)

1. Une voisine qui a perdu quatre de ses fils de son vivant, et a élevé un fils handicapé.

et le faire à l'Atlas sans avoir séjourné dans la communauté était aussi impossible. Finalement Père Abbé m'a proposé de partir là-bas avant l'expiration de mes vœux. Là-bas il me faudra encore deux ans de présence pour pouvoir m'y engager définitivement. Ce délai est raisonnable compte tenu des conditions particulières de cette communauté (petit nombre de membres, isolement dans un pays étranger et une autre culture ; me voilà bientôt devenu un immigré). Dans quelques semaines je saurai si le Père Supérieur de l'Atlas accepte la proposition du Père Abbé.

Je sais que je te demande beaucoup avec cette nouvelle orientation, je crois qu'il faut t'en remettre à Celui qui est le Vivant (2e lecture de ce jour). Pour moi aussi ce sera difficile. Je vous verrai moins souvent et c'est bien sur ses forces à Lui que je compte et non sur les miennes. C'est le Vivant qui peut tout changer dans notre vie. La Foi n'est pas souvent facile, dans l'évangile d'aujourd'hui il est question de Thomas, comme lui nous voudrions voir et toucher par nos sens. Mais percevoir le Christ avec nos sens comme l'ont expérimenté les apôtres avec d'autres disciples (le premier témoin est une femme) risque de nous arrêter à sa seule humanité, c'est pourquoi il nous dit « c'est votre avantage que je m'en aille ; en effet, si je ne pars pas, l'Esprit Saint ne viendra pas à vous ; si au contraire je pars, je vous l'enverrai » (Jn 16,7). Et à Thomas il dit « Heureux ceux qui croient sans avoir vu » [Jn 20,29]. Pourtant dans l'évangile du jour de Pâques il est dit du disciple que Jésus aimait (l'évangéliste Jean lui-même) : « il vit et il crut » [Jn 20,8]. Ainsi Jean croit après avoir vu. Est-ce contradictoire par rapport à l'attitude de Jésus face à la réaction de Thomas ? Je ne pense pas. Qu'a vu Jean pour croire ? Il n'a pas vu le ressuscité mais le tombeau vide avec les linges rangés à leur place ce qui exclut un enlèvement précipité et ce disciple comprend alors tout ce que Jésus leur avait annoncé avant sa passion, et cela lui suffit. Notre foi est basée sur le témoignage de ceux qui ont vu concrètement Jésus ressuscité à la fois le même qu'avant avec un corps réel (on peut le voir, lui parler, l'entendre, le toucher et manger avec lui) et dans la réalité différente qu'est devenu son corps spirituel. Ce témoignage nous est parvenu par l'Écriture (tout le Nouveau Testament et l'Ancien qui en est l'annonce) et par la Tradition ; cette succession de témoins de génération en génération de l'origine à nos jours, témoins qui ont été jusqu'au don de leur vie pour être fidèle à la vérité.

Pour venir en aide à notre faiblesse à croire en sa présence parmi nous Notre Seigneur nous a laissé un signe dans son pain et son vin, son corps et son sang. Ce corps et ce sang sont partagés et répandus. Tout homme est destiné à les recevoir pour entrer ainsi en communion avec Lui. Communion à ses souffrances, à sa passion, au don de sa vie pour communier à sa gloire.

Ce matin un bénédictin anglais qui a été supérieur d'une fondation au Pérou, nous disait combien les gens pauvres de là-bas et en général de toute l'Amérique latine étaient associés à la croix du christ, véritables sacrements de sa présence humiliée.

Je me sens de plus en plus appelé pas ce mystère de la croix, mystère spécifiquement chrétien de la plus grande manifestation de l'amour de Dieu pour nous. Heure où Dieu se charge de tout le mal qui et en nous et nous fait ainsi accéder à la totale liberté de l'amour. Je suis bien incapable par moi-même d'y participer pleinement. Lui me donnera la force d'accomplir sa volonté. Il ne faut pas craindre d'être dépossédés de nos petits désirs égoïstes. Le désir de Dieu c'est de nous faire partager sa vie, sa volonté ne peut que nous rapprocher de son amour.

J'aurai voulu expédier d'Annecy cette lettre, mais nous voilà déjà mercredi. J'ai reçu hier un faire-part m'annonçant le décès de la Tante du Sommet[1]. Elle est sans doute délivrée de lourdes souffrances. Qu'elle soit dans la paix de Celui qui l'attend depuis toute éternité.

Je n'écrirai probablement pas tout de suite à tes hôtes aussi je te demande de leur transmettre mes pensées les plus affectueuses pour chacun d'eux, présent ici avec moi.

Je t'embrasse.

Paul

PS : Comme d'habitude tu pourras demander à Jean-Pierre[2] de te retrouver les textes cités. C'est bien d'avoir près de soi quelqu'un qui est très familiarisé avec les références de la parole de Dieu. Finalement c'est une chose aisée et chacun de vous, je pense, pourra les utiliser facilement bientôt.

LETTRE 59

À Monique et sa famille. Tamié, 7 avril [1989]
[Lettre accompagnée d'une carte].

Chers tous,

Je suis toujours en retard dans mon courrier, cela fait des années que cela dure...

Oui le Christ est ressuscité, c'est l'évènement central de notre foi ; c'est l'évènement qui la fonde. Saint Paul nous dit : « Si le Christ n'est pas ressuscité, notre prédication est vide et vide est votre Foi » (1 Co 15,14). Si le Christ n'est

1. Femme de Jean-Marie du Lieu-dit du Sommet, tante par alliance de Paul.
2. Références aux remarques affectueuses de son neveu sur la longueur des « épîtres de Paul ».

pas ressuscité, notre foi est vide de sens, elle est vaine. Certains philosophes des années soixante annonçaient la mort de Dieu, d'autres sont venus ensuite pour dire que son cadavre bougeait encore. Oui, Dieu est bien vivant aujourd'hui, peut-être pas celui que nous attendons spontanément, celui qui remettrait de l'ordre dans le monde, l'ordre à notre façon bien sûr. Le Dieu vivant est celui qui est, qui était et qui vient ; qui se révèle par sa parole, sa parole vivante, son verbe ; le Christ. Le Christ est ressuscité et vivant avec son bon corps, un corps comme nous en avons tous un. Si un corps comme le nôtre peut traverser la mort sans être anéanti, cela signifie que notre corps lui aussi est appelé à la vie nouvelle. Ce n'est pas une affaire banale. Cela révèle une réalité non perceptible par nos sens, une réalité nouvelle : « Semé corruptible, le corps ressuscite incorruptible ; semé méprisable, il ressuscite éclatant de gloire ; semé dans la faiblesse, il ressuscite plein de force ; semé corps animal, il ressuscite corps spirituel » (1 Co 15, 42-44).

> DÉSIRER
> LA VIE ÉTERNELLE
> DE TOUTE L'ARDEUR
> DE SON ÂME.
> Règle de S. Benoît.

Le Christ vit dans une parfaite communion d'amour avec le Père et l'Esprit. Dieu éternel, pur esprit a voulu par un don gratuit de son amour, partager cette vie d'amour intense avec des créatures. Toute la création n'a d'autre cause que cette finalité ; nous faire accéder à la vie divine. Saint Matthieu nous le fait comprendre dans son tableau sur le jugement : « Quand le Fils de l'homme vendra dans sa gloire… il dira à ceux qui seront à sa droite : Venez, les bénis de mon Père, recevez en héritage le royaume préparé pour vous depuis la création du monde » (Mt 25,31-34).

Saint Paul nous dit « Dieu nous a sauvé, et il nous a donné une vocation sainte, non pas à cause de nos propres actes, mais à cause de son projet à lui et de sa grâce. Cette grâce nous avait été donnée dans le Christ Jésus avant tous les siècles, et maintenant elle est devenue visible à nos yeux, car notre Sauveur, le Christ Jésus, s'est manifesté en détruisant la mort et en faisant resplendir la vie et l'immortalité par l'annonce de l'Évangile » (2 Tm 1, 9-10).

On pourrait encore citer d'autres textes qui sont le moyen de fortifier notre espérance à devenir pleinement enfants de Dieu. C'est pourquoi nous pouvons dire avec Saint Paul encore : « J'estime donc qu'il n'y a pas de commune mesure entre les souffrances du temps présent et la gloire que Dieu va bientôt révéler en nous » (Rm 8,18).

Pour te consoler toi Monique de tous tes maux voilà qui est simple. J'ajoute la petite carte du moine avec sa grosse oreille : il écoute ; « écoute » c'est le premier mot de la règle de Saint Benoît. En latin il s'écrit : *Obsculta.* Ce qui a, chez les gens que tu fréquentes, pondu le mot « ausculter ». Tu dois en avoir parfois ras le bol de te faire « ausculter ». Regarde encore le moine et tu verras dans sa main gauche un rameau d'olivier, symbole de la paix. « Pax » est devenu une devise pour le fils de Saint Benoît qui la met souvent à l'honneur dans sa règle.

C'est bien la paix que je te souhaite de conserver à travers toutes tes difficultés de santé et aussi bien sûr de trouver enfin la solution de ces problèmes.

J'ai reçu un faire-part m'annonçant le décès de la tante du Sommet[1], je ne m'y attendais un peu, un cancer à son âge ne pouvait qu'être fatal. D'après Esther[2] que j'ai vue hier, elle n'aurait pas trop souffert, un traitement calmant les douleurs. Elle a quand même été solide jusque-là malgré une vie qui ne lui a pas épargné de rudesses. La maison du Sommet restera sûrement souvent fermée, une de plus.

La mémé parle sérieusement de rouvrir la sienne, il faut croire que son rétablissement est sur la bonne voie. Elle attendait ma lettre avec impatience pensant même que je pouvais être handicapé de la main droite. D'après Bernadette, mes nouvelles lui ont remonté le moral bien que je lui annonce mon départ possible peut-être à l'automne. Ma demande a en effet été accueillie favorablement à l'Atlas. Nouveau virage dans ma vie qui a première vue nous éloignera un peu plus les uns des autres, pourtant dans la perspective de la résurrection, la distance matérielle est bien secondaire, ce qui nous fait le plus proche les uns des autres c'est la Foi en Jésus-Christ et la vie en son amour.

---

1. Il s'agit de la Tante Marie, belle-sœur de son père. Le « Sommet » est une expression utilisée pour évoquer une localité du village de Bonnevaux.

2. Esther Favre-Rochex, voisine de Bonnevaux.

Qu'il vous comble de paix et de joie comme il l'a dit à ses disciples après sa résurrection.

LETTRE 60

À sa mère.

Tamié [postée le 11 mai 1989] [Sur une carte].

Chère maman,

Voilà le 15 mai qui approche, c'est le moment d'y penser si je ne veux pas le manquer.

Bonne fête donc beaucoup de joie, je serai en pensée avec toi d'une façon plus particulière ce jour-là. Je crois que les autres ne t'oublieront pas non plus et que tu seras bien entourée. On m'a dit qu'ayant peur de perdre tes droits sur lui, tu as rejoint ton château dès la neige fondue.

Ici tout va bien, mon départ aura lieu plus tard que je vous l'avais d'abord annoncé pas avant la fin de l'année, voire début de l'autre. Mais c'est vrai que huit mois c'est vite passé et il faut que je commence à m'y préparer. Je rencontrerai peut-être le prieur de l'Atlas au mois de juin.

Bonjour à tous. Je t'embrasse.

Paul

LETTRE 61

À sa mère. Tamié, 28 mai [1989].

Chère maman,

Je suis décidément toujours en retard, c'est seulement dans l'éternité que je serai à l'heure, puisqu'il n'y en n'aura plus. Bonne Fête des Mères quand même. Si le papier et l'encre arrivent en retard le cœur lui est bien à l'heure. Et je pense à tout ce que je te dois. Mon genre de vie semble nous séparer en exigeant un certain détachement immédiat avec la famille. Je pense que c'est une chose en lien avec cette parole déroutante de Jésus : « Qui est ma mère et qui sont mes frères ? Montrant de la main ses disciples, il dit : voici ma mère et mes frères ; quiconque fait la volonté de mon Père qui est dans les cieux, c'est lui mon frère, ma sœur, ma mère » (Mt 12,48–50). Parole déroutante surtout par rapport à la Vierge Marie qui semble écartée. Pourtant personne n'a comme elle accompli la volonté de Dieu, personne ne lui a répondu « Oui » d'une manière aussi parfaite, c'est bien pourquoi elle est la plus proche de son Fils, davantage que par les liens du sang. Il en est de même pour nous c'est notre communion à Dieu qui est le meilleur moyen de nous garder proches les uns des autres J'espère que tu vas bien.

Je t'embrasse.

Paul

LETTRE 62

À sa mère. Tamié, 9 juillet [1989].

Chère maman,

Merci pour ta carte pour ma fête, qui s'est bien passée. J'ai reçu pas mal de cartes, je ne sais pas si j'arriverai à répondre à toutes. J'ai de plus en plus de retard dans mon courrier, c'est pourquoi tu attends aussi toi-même de mes nouvelles.

Nous voilà déjà au 24 juillet, si je n'y prends garde je vais laisser passer ton anniversaire. Cette fois-ci te voilà bien installée dans le troisième âge : dans de la retraite heureuse. Mais ce n'est pas encore le quatrième, celui de l'attente parfois impatiente. Plus le temps et les années passent, plus notre vie serait un non-sens si elle n'était pas destinée à Dieu. C'est par amour qu'elle vient de Lui et c'est en Lui que se trouve son accomplissement. Regardez Jésus en croix, c'est-à-dire le moment où lui, le Fils de Dieu a tout donné pour nous m'aide à comprendre comme Dieu nous aime et le prix que nous avons à ses yeux. Sa Résurrection est bien le signe qu'il est la vérité et la vie. La vraie vie c'est celle qu'il vit avec son Père : « Le Père et moi nous ne sommes qu'un ». Dieu a créé le monde et chacun de nous pour que nous participions à cette vie du Père et du Fils avec l'Esprit. Pour que Dieu puisse nous combler parfaitement il nous faut nous dépouiller nous-mêmes de tout comme le Christ l'a fait. « Celui qui perdra sa vie pour moi la sauvera ». Que tout cela ne t'effraie pas mais au contraire affermisse ton espérance. Remets entièrement ta confiance en Dieu, cela suffit.

Je n'ai pu finir ma lettre ce matin, elle arrivera trop tard pour ton anniversaire. Je suis pas mal occupé en ce moment, avec le prochain départ de Pierre, les loisirs vont devenir minces. Mercredi 29 au soir, Pierre part dans sa famille pour quelques jours, je le remplace à partir de jeudi. Comme responsable du travail et aussi d'autres petites choses le lundi après-midi par exemple je livre des fromages sur Annecy et je fais des courses. Ces derniers lundis nous sommes rentrés à 20 h. Pas beaucoup de temps stable pour ce mois de juillet, surtout depuis le 14. Ici les foins ne sont pas terminés (nous n'en faisons pas cette année puisque nous n'avons plus de moutons). Chez les Folliet, d'après Colette, c'est catastrophique. Parmi les retraitants, il y a un jeune d'Annecy qui a fait un stage chez les Folliet, c'est un malade qui a passé par l'hôpital psychiatrique de Seynod, il est toujours en traitement. Il a voulu téléphoner à Colette en ma présence, c'est comme ça que j'ai de ses nouvelles.

J'espère que tu vas bien et que ton anniversaire s'est bien passé. Salue les voisins et Elisabeth.

Je t'embrasse.

Paul

LETTRE 63

À sa mère. Tamié, 23 juillet [1989]
[Est jointe une carte de Tamié
d'une composition florale de frère Didier
et un verset de la Genèse : « Je ne te lâcherai pas,
que tu ne m'aies béni » Gn 32,27].

Chère maman,

Non tout n'est pas encore mort sur ce bouquet, à côté des marguerites se tient bien droite une flamme bien vivante.

Te voilà arrivée bien vivante aux trois-quarts de siècle. Que cet anniversaire soit jour de fête pour toi, tu ne manqueras pas d'être entourées plus particulièrement ce jour-là. Commence bien ce dernier quart de siècle, quant au siècle à venir ne t'en inquiètes pas trop. Dieu pourvoira à tout le nécessaire, et tu retrouveras ta Marguerite[1].

L'été est assez chaud, temps lourd, hier dans la nuit quelques forts coups de tonnerre. Quelques gouttes d'eau, puis c'est tout. Cela se reprépare cet après-midi, ça finira bien par arriver.

1. Marguerite est la grand-mère maternelle de Paul.

Une invitation nous est parvenue pour participer à la fête organisée à Saint Jean d'Aulps pour la Saint Guérin[1]. Notre doyen nous y représentera et prononcera l'homélie. Il sera accompagné d'un chauffeur ; il faudra donc retrouver une casquette. Ce sera anticipé au 20 août.

Mardi

J'ai oublié de prendre la lettre hier pour la poster à Annecy, elle te parviendra donc avec retard. Ça fera une petite ombre dans ton ciel bleu, lequel ici chargé d'ombres menaçantes a déversé ses ondes.

Salue tous, il me faut écrire à Abondance, ils ont sans doute bien avancé leurs foins, mais la kermesse est bientôt là. Salue la famille Ainoux, plus particulièrement Jean-Paul [et son frère] qui sont chargés d'épreuves.

Paix et joie. Nous belle vie.

Je t'embrasse.

Paul

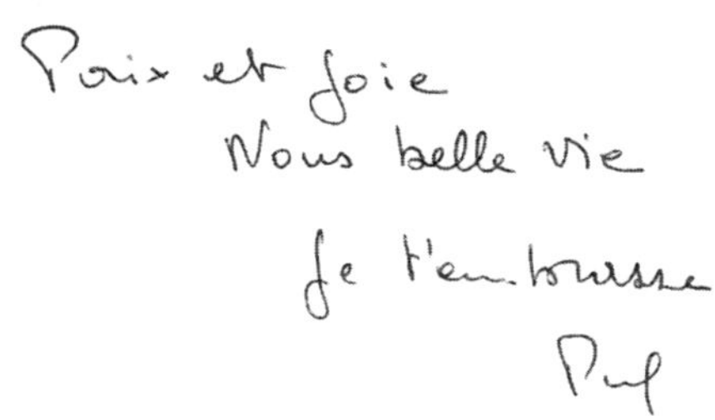

1. Pèlerinage traditionnel vers la vieille abbaye cistercienne.

LETTRE 64

À Monique et sa famille. Tamié, 8 août [1989]
[Cartes jointes : l'une de Charles de Foucauld,
et l'autre avec une composition florale
de frère Didier avec une citation biblique
« Jésus tressaillit de joie sous l'action
de l'Esprit-Saint et dit :
"Père, je te bénis..." » (Lc 10,21)].

Chers tous,

L'été se grignote tout doucement, on apprécie un peu de fraîcheur après les journées chaudes et sèches. C'est le temps des vacances sans doute aussi pour vous. Je ne sais pas si vos difficultés vous auront permis quand même de quitter la maison cette année. J'espère qu'elles ne sont pas trop insupportables. Dimanche 20 août, je serai le chauffeur de Père Roger qui représentera la communauté à Saint Jean d'Aulps pour la Saint Guérin. J'aurai peut-être l'occasion de vous voir ce jour-là. Je ne resterai sans doute pas longtemps. Je ne connais pas encore le programme précis de la journée. [...]

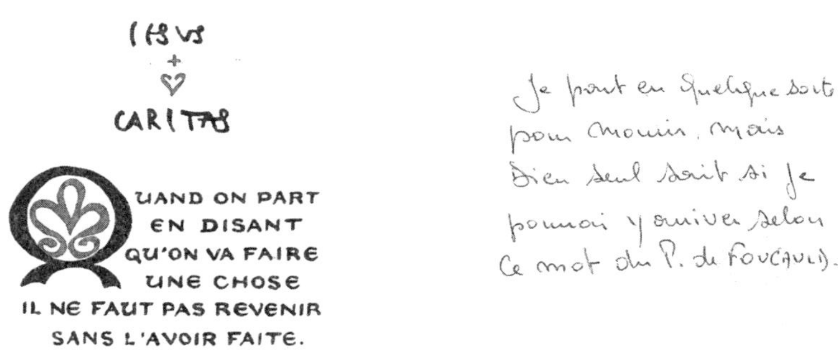

Ici tout va bien. Le temps passe assez vite et mon départ sera déjà là dans moins de cinq mois maintenant[1]. Cela ne me préoccupe pas beaucoup j'ai assez à faire en ce moment. Je m'y prépare paisiblement me semble-t-il, ce qui ne veut pas dire que notre plus grande séparation me soit indifférente, mais je le vis dans la confiance en Celui qui nous aime et ne peut vouloir que notre vrai bonheur.

Saluez pour moi votre famille, Nadia et Yvan.

À vous Paix et joie.

Paul

Je trouve que ce bouquet ressemble à un feu d'artifice et convient bien à ce moment de l'année.

[écrit au dos de la carte]

1. Il évoque son départ pour l'Atlas.

LETTRE 65

À sa mère. Tamié, 14 août [1989].

Chère maman,

Oui c'est bien moi qui serai le chauffeur pour la Saint Guérin même si je n'ai pas retrouvé ma casquette (je ne sais pas ce que tu en as encore fait). Notre doyen fera l'homélie et prendra son repas avec le curé de Morzine qui doit desservir Saint Jean, je pense maintenant. Quant à moi, si tu ne prépares pas un bout de pain et une tome, je repartirai avec un trou dans l'estomac. La messe est à 10 h, je ne sais pas si c'est prévu en plein air vers les ruines de l'ancienne abbaye, ou à l'église du chef-lieu, nous verrons en arrivant un peu avant. De ton temps on venait à pied à la Saint Guérin, mais pour cette fois-ci ce sera plus sûr de te trouver un taxi. Nous pourrions nous voir après la messe, à moins que tu n'arrives de bonne heure, à 9 h 30 par exemple et se saluer déjà avant la messe. [...]

Tu recevras cette lettre après la fête de Sainte Marie, mais je souhaite que ce soit un jour de paix et de joie pour toi.

Alors s'il n'y a pas d'inconvénients à Dimanche. Je t'embrasse.

Paul

LETTRE 66

À Monique. Tamié [aux alentours du 25 août 1989]
[Sur une carte postale avec une citation
« Mon Seigneur et mon Dieu ! » (Jn 20, 28)].

Très chère sœur,

Affectueuses pensées pour ta fête et celle de ta sainte patronne qui avec ses larmes obtint la conversion de son fils Augustin qui a laissé un immense héritage spirituel à l'Église, laquelle lui est encore redevable aujourd'hui, surtout en ce qui concerne le mystère de la Trinité. Merci de ce bon moment passé avec vous tous, dimanche dernier. Peut-être y avait-il un renard au coin du bois. Paix et joie.

LETTRE 67

À sa mère. Tamié, [postée le 15 septembre 1989].

« Stabat mater dolorosa »
« La mère se tenait debout au pied de la Croix »

Chère maman,

En ce jour de la fête de Notre-Dame des Douleurs je pense plus particulièrement à toi et à cette fête que vous célèbrerez probablement dimanche si le temps le permet. La chaleur de l'été semble bien finie maintenant et on pourrait avoir un peu de pluie que beaucoup attendent depuis longtemps. Ici grâce à quelques petits orages tout est encore bien vert.

J'ai transmis ta demande d'un court-séjour en famille avant de partir pour l'Atlas. Ce sera possible vers la mi-décembre. Je ne sais pas où tu penses que cela ira le mieux, ne risque-t-on pas d'être trop dérangés à Bonnevaux. Quoique les gens doivent m'avoir déjà pas mal oublié. Tu me diras comment tu souhaites que cela se fasse.

Pour partir je dois faire renouveler mon passeport. J'ai besoin de l'ancien pour le faire mais je ne l'ai pas ici. Il devrait être dans l'armoire métallique à la chambre du fond. Il s'agit d'un petit livret bleu. Si tu le trouves il faudrait me l'envoyer en recommandé de préférence (par Pierre si tu n'as personne d'autre sous la main ou le facteur).

Je suis en train de faire faire mes examens de santé. Apparemment rien de bien dramatique jusque-là. Seulement un demi-siècle d'usure. Les semaines et les mois passent vite. Bientôt ce sera le départ. Je vis cela très paisiblement en faisant confiance au seigneur.

Qu'il te bénisse et te garde dans sa paix.

LETTRE 68

À Maurice, son beau-frère.
Tamié, [postée le 21 septembre 1989 ;
carte peinte avec la bouche de Pieter de Leur].

Cher Maurice

Bonne fête pour ce 22 septembre avec ton Saint Patron et ses compagnons martyrs près de chez vous en Valais au temps de l'occupation romaine.

À toi paix, santé et joie. Salut à tous. Je vous embrasse.

Paul

LETTRE 69

À sa mère. Tamié, 6 décembre [1989].

Chère maman,

J'ai bien reçu ta dernière lettre, j'avais moi aussi l'intention de t'envoyer un mot avant d'aller à Bonnevaux mais j'attendais le retour de Père Abbé avant de le faire. Je pensais pouvoir prendre la voiture de la communauté pour m'y rendre mais elle ne sera pas libre. Le train ou le car ne sont pas très pratiques pour descendre jusqu'à Thonon, aussi, après en avoir parlé avec Père Abbé, je pense que le mieux serait que tu demandes à l'un ou l'autre s'il peut venir me chercher dans l'après-midi du dimanche 17. Voilà encore un dérangement supplémentaire et je me retrouve comme toi, livré à la discrétion d'un éventuel chauffeur, je rêverai sans doute bientôt que je conduis un tube sans freins.

J'espère que tu ne seras pas armée pour me garder par ce que je m'échapperai sans doute au milieu de la semaine que tu as prévue.

Mais tu verras que trois jours à me supporter c'est déjà pas mal long. Et j'aurai largement le temps de voir ceux qui voudront me rencontrer. Je ne pense pas qu'il soit nécessaire d'organiser un grand repas dans un restaurant ; il me semble préférable de rester ensemble chez l'un d'entre nous en toute simplicité. Cela sera mieux dans la ligne de ma vie actuelle. Tu me tiendras au courant.

J'ai été moi aussi heureux de la visite des jeunes l'autre dimanche, les échanges sont plus faciles quand le groupe est moins important.

Ne t'inquiète pas trop de mes besoins pour partir, je trouverai ici ce qui me manque.

Salue Elisabeth, je n'oublie pas René et j'espère qu'il est rétabli maintenant.

Ma venue est pour bientôt mais le plus important c'est Celui qui vient, Celui dont nous attendons le retour dans la gloire. Je t'embrasse.

Paul

LETTRES NON DATÉES

LETTRE 70

À Vincent, son neveu. Tamié [Sur une carte].

Cher Vincent,

Je pense très souvent à toi, et aujourd'hui je viens te souhaiter un bon anniversaire. Que ce soit pour toi un jour de fête et aussi pour tous ceux qui vivent avec toi. Avec toutes ces années que tu as déjà, tu es bientôt un homme, cela devient sérieux. Tu n'as pas osé quitter tes pantoufles la dernière fois que ta maman est venue ici, quand on se reverra tu auras peut-être tellement grandi que j'aurai de la peine à te reconnaître.

Je t'embrasse, embrasse pour moi ton papa et ta maman.

Tontonton Paul

LETTRE 71

À Maurice et sa famille. Tamié, 20 septembre.

Cher Maurice, chers tous,

Ton Saint patron légionnaire sera bientôt oublié quand tu recevras cette carte mais je souhaite que mon retard soit l'occasion de prolonger ta fête. Nous avons besoin de fêtes et qu'elles soient grandes ou petites, qu'elles aient un nom ou qu'elles n'en aient pas, célébrées avec nos amis, elles donnent de la couleur à notre quotidien en nous rappelant que notre finalité c'est la Fête. Nous sommes invités au festin des noces de l'Agneau dans le Royaume. Que cette espérance nous soutienne dans notre marche vers le Père, donne sens à notre vie et nous comble de joie chaque jour.

Paul

« Quelle joie quand on m'a dit : Nous irons à la maison du Seigneur ! » (Ps 121)

LETTRE 72

À Monique. Tamié.

Chère Monique,

Je te souhaite une bonne fête pour ce 27 août. Ta sainte patronne avait donné à l'Église un de ses plus grands saints docteurs en son fils Augustin. Il semblait pourtant bien mal parti ce citoyen romain d'Afrique du Nord. Ton fils à toi ne semble pas trop mal parti, alors tu peux tout espérer pour son avenir.

Merci pour votre visite et pour tout ce que vous avez apporté. J'espère que vous êtes bien rentrés. Bonjour à tous.

Paul

LETTRES DE TIBHIRINE

(1989-1996)

Ce second ensemble de quatre-vingt-dix lettres s'ouvre sur les premières impressions de Paul, une semaine après son arrivée à Tibhirine, marquée notamment par l'ordination de frère Christophe, lui aussi moine issu de l'abbaye de Tamié, arrivé à Tibhirine en 1987 pour aider à la fondation de l'annexe de Fès.

Il va essayer de conserver un même rythme assez régulier, mensuel pour donner de ses nouvelles, malgré les perturbations liées aux événements, dès 1992, qui rendent les délais de réception et les départs de courriers plus aléatoires. En 1993, il opte pour une formule de lettres circulaires qu'il charge sa famille de reproduire et de diffuser. Il continue d'écrire cependant de manière plus personnelle à sa mère. Malgré les difficultés croissantes et la violence dans le pays, les lettres demeurent régulières grâce aux allées et venues des frères en France, ou grâce aux hôtes de passage.

La toute dernière lettre est datée du 2 mars 1996. Elle offre ses derniers mots tournés vers l'espérance et que chacun gardera en mémoire tout comme les moments partagés lors de son ultime visite en famille en mars 1996.

LETTRE 73

À sa mère. N.-D. de l'Atlas (Tibhirine), 4 janvier [1990].

Chère maman,

Je t'envoie un petit mot par le retour de Père Abbé à Tamié. Je te souhaite une bonne année, avec paix et joie, une santé pas trop insupportable.

Me voici donc arrivé depuis bientôt une semaine. Le voyage s'est passé sans problème, il faisait doux à Alger. Depuis ici peu de soleil, pluie et brouillard. Belle fête pour l'ordination de frère Christophe, ancien de Tamié avec la participation d'environ cent cinquante personnes parmi lesquels plusieurs de nos voisins. Les chrétiens sont peu nombreux en Algérie et se doivent d'être discrets. Discrets mais pas sans convictions tels le P. Scotto, ancien évêque d'Alger chez lequel nous avons pris le repas de midi à notre arrivée. Nous avons aussi été chaleureusement accueillis par le cardinal Duval, heureux de voir un savoyard dont il connaissait l'oncle curé d'Onnion[1] camarade de séminaire. Beaucoup de congratulations. Il est tout à fait lucide pour ses 86 ans mais souffre de rhumatismes et ne sort pas pour ainsi dire plus. J'espère que tu vas bien.

Je t'embrasse.

Paul

1. François Favre-Miville, frère de Louis le père de frère Paul.

LETTRE 74

À Monique et sa famille.

N.-D. de l'Atlas (Tibhirine), 8 janvier [1990].

Chers tous,

Un petit mot pour vous dire que je suis bien arrivé, l'avion n'est pas tombé dans la mer et j'ai pu remonter les gorges de la Chiffa de nuit sans tomber en embuscade. C'est finalement moins loin d'Alger que j'avais pu le comprendre, 90 km seulement. Un seul jour de vrai soleil depuis mon arrivée, ce qui m'a quand même donné l'occasion d'admirer un peu ce que nous présente l'admirable panorama qu'on peut voir de cette position dominante et très dégagée (le soleil se couche juste un peu avant 6 h du soir). J'ai fait poster une lettre pour la maman par P. Abbé qui est rentré vendredi dernier. J'ai oublié de lui mettre mon adresse (j'avais déjà oublié de la donner lors de mon passage à Bonnevaux), la voici donc :

Frère Paul

Monastère de N. D de l'ATLAS

TIBHIRINE

26120 DRAA-ESSAMAR

ALGÉRIE

Je vous embrasse tous.

Paul

LETTRE 75

À sa mère. N.-D. de l'Atlas (Tibhirine), 25 février 1990.

Chère maman, Bonjour à tous,

J'ai bien reçu ta deuxième lettre, la première ne m'est pas parvenue. J'en ai reçu une de

Bernadette et un faire-part (que tu as dû m'envoyer toi-même) m'annonçant la mort de René[1]. Bernadette m'a aussi appris la mort de Georges Pinaud[2] que j'avais pu voir en partant de Thonon.

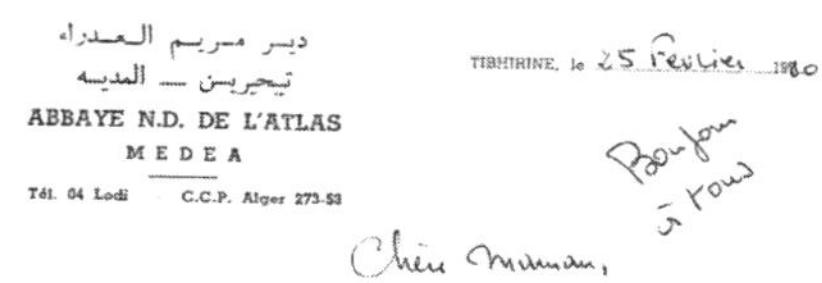
دير مريم العدراء
تيحيرين — المديه
ABBAYE N.D. DE L'ATLAS
MEDEA
Tél. 04 Lodi C.C.P. Alger 273-53
TIBHIRINE, le 25 Février 1990
Bonjour à tous
Chère maman,

Pour René, un peu moins vu que son état ne s'améliorait guère.

Leurs départs nous rapprochent un peu du nôtre, mais « À chaque jour suffit sa peine » (Évangile de ce dimanche ; Mt 6,34). Il n'y a donc pas lieu de s'inquiéter à l'avance le Seigneur nous appellera au jour qu'il nous a préparé pour le rejoindre au banquet des noces.

Toutes ces semaines d'attente ont dû être lourdes à porter pour Elisabeth, Geneviève et aussi pour Lina[3], mais l'avoir handicapé à la maison aurait été encore plus pénible voire impossible à vivre. Monique elle aussi doit avoir du souci avec ses malaises qui recommencent.

Ici il a fait beau tout ce mois de février, à part quelques passages nuageux. Il a plu un peu en janvier, mais ce ne sera

1. René Ainoux est un oncle de Paul (le mari de sa tante Elisabeth, sœur de sa maman).

2. Georges Pinaud est le frère d'un de ses oncles, Maurice Pinaud époux d'une de ses tantes, Lina (sœur de sa mère).

3. Elisabeth Ainoux (sa tante) ; Geneviève Rôth (sa cousine) et Lina (sa tante).

pas suffisant. Nos voisins commencent à s'inquiéter pour cet été et aussi pour ce qui est semé et déjà levé. Espérons que cela reviendra en mars et avril. Les labours sont à peu près terminés (en chemise en janvier et février). Nous allons bientôt planter les pommes de terre. C'est le printemps, comme à Bonnevaux au mois de mai. La vue est très dégagée, les montagnes ne manquent pas mais elles ne sont pas tout de suite très hautes, c'est-à-dire que le soleil ne manquera pas en été.

Nous avons planté des arbres fruitiers : pommiers, poiriers, grenadiers, figuiers et aussi de la vigne. Mais il faudra attendre un peu avant de ramasser les fruits. Hier nous avons récolté et mangé la première récolte d'oranges de nos deux orangers ; c'est un peu la limite d'altitude pour ces fruits. Nous avons à manger tous les jours de la soupe midi et soir ; elle semble évolutive, on la fait avec le reste des plats.

Bernadette m'a dit que tu avais pris rendez-vous avec le docteur sans doute pour ton genou. Peut-être es-tu restée à Thonon pour ne pas être engloutie par les avalanches ?

Je t'embrasse.

Paul

LETTRE 76

À sa mère. N.-D. de l'Atlas (Tibhirine),
16 avril 1990.

Chère maman,

Voilà un long moment que je ne t'ai pas envoyé de nouvelles. Je suis quand même toujours vivant, ayant survécu au Carême. Oui hier nous avons célébré la fête de Pâques. C'est le moment de revivre plus profondément l'événement qui est la base de notre foi. C'est cependant chaque jour que le Christ est ressuscité car il ne peut plus mourir, il est le Vivant qui nous fait vivre de sa propre vie dès maintenant bien qu'il ne nous soit pas encore possible, à cause de notre faiblesse de la recevoir en plénitude. Mais sa résurrection est le gage de la nôtre. C'est pour nous source de paix et de joie de savoir qu'Il nous a aimé jusqu'à nous donner sa propre vie.

J'espère que tu vas bien et ne souffres pas trop de tes jambes et du reste, y a-t-il quelque chose de décidé pour ton genou ? Je n'ai pas eu de nouvelles de la santé de Monique depuis un certain temps, quand sera-t-elle débarrassée de ses malaises ? Je pense que Colette doit être remise de son opération, elle n'aura guère de repos.

Ici tout va bien, quand il ne pleut pas, le soleil se lève maintenant avant 7 heures et disparaît derrière l'horizon vers 19 h 25, de quoi s'en rassasier dès maintenant, cela promet pour cet été. Le travail a été calme ces derniers temps au jardin à cause de l'époque et de la pluie, mais dans quelques jours il faudra penser à bêcher les pommes de terre et à planter le reste.

L'hiver a été assez doux même en France, les stations de ski ont dû avoir une fois de plus des difficultés de fonctionnement. A-t-on pu mettre en route les installations prévues à Drouzin[1] ? Un souci important pour les communes et peut-être aussi pour les contribuables. Il n'est pas facile de faire vivre les gens au pays.

Je n'ai pas eu de nouvelles de la famille Ainoux depuis le décès de René. Elisabeth sûrement épuisée a dû avoir de la peine à se remettre et à s'adapter à une nouvelle façon de vivre. Salue-la, ainsi que Jean Paul, François et Thérèse.

Je t'embrasse.

Paul

1. Drouzin est une petite station de ski familiale située à proximité du village de Bonnevaux.

LETTRE 77

À sa mère. N.-D. de l'Atlas (Tibhirine),
1er mai [1990].

Chère maman,

Pour une fois je pense être en avance pour te souhaiter une bonne fête et une bonne santé. J'espère que tu n'as pas trop d'ennuis avec tes genoux. Bientôt le jardin pourra te les déraidir. Ici nous allons devoir bientôt bêcher les pommes de terre. Les prunes sont en train de prendre forme, leur fête viendra donc, ici pas de bemottes.

Je te joins un mot pour Bernadette ; c'est elle qui m'a demandé de te l'adresser. Tu lui diras que tu l'as reçu, à elle personnellement. Rien de grave que tu ne saches déjà. J'ai aussi reçu un mot d'Elisabeth. Tu lui diras merci. J'essaierai de lui réécrire bientôt. Donne le bonjour à François et Thérèse et leurs enfants.

Le Tigneret a-t-il bougé depuis 56 ans ? Quand le Tornet[1] bougera ce sera autre chose.

Je t'embrasse.

Paul

1. Le Tornet est le plus haut sommet montagneux au-dessus du village de Bonnevaux.

LETTRE 78

À Bernadette, sa sœur. N.-D. de l'Atlas (Tibhirine), 1er mai [1990].

Chère Bernadette,

Depuis longtemps tes lettres me font part de tes soucis, de tes difficultés, [...]. Je n'y ai jamais répondu directement, mais tes appels étaient entendus. [...]

Aujourd'hui nous arrive un couple responsable d'une nouvelle communauté « Berdine » qui accueille drogués et alcooliques qui ont passé de centre en centre et de cure en cure sans pouvoir s'en sortir ; là ils sont accueillis et sans traitement médical, nombreux sont ceux qui retrouvent un sens à leur vie et sont guéris. Aucun de tes enfants n'a eu besoin de passer par là, heureusement et rendons grâce à Dieu.

Tu aimes tes enfants et tu souhaites pour eux ce qu'il y a de meilleur. Dieu peut-il vouloir autre chose ? Ne veut-il pas faire de chacun de nous son héritier, le faire participer à sa propre vie divine en lui donnant de devenir comme lui entièrement Amour. Et de cela tu peux le remercier. Oui tu peux lui dire : Je te rends grâce Seigneur pour l'amour que tu portes sur moi, sur chacun des membres de ma famille ; merci Seigneur de veiller sur moi comme tu veilles sur chacun d'eux. La tâche que tu m'as donnée est au-dessus de mes forces mais je suis sûre de toi Seigneur. Oui, j'ai confiance en toi, je me remets entièrement à toi avec ceux que tu m'as confiés. Je te recopie la prière du Père de Foucauld :

Mon Père,
Je m'abandonne à toi,
Fais de moi ce qu'il te plaira.
Quoique tu fasses de moi,
Je te remercie

Je suis prêt à tout, j'accepte tout
Pourvu que ta volonté se fasse en moi
En toute tes créatures.
Je ne désire rien d'autre, mon Dieu.
Je remets mon âme entre tes mains
Je te la donne mon Dieu,
Avec tout l'amour de mon cœur
Parce que je t'aime,
Et que ce m'est un besoin d'amour de me donner,
De me remettre entre tes mains sans mesure,
Avec une infinie confiance,
Car tu es mon Père.

Oui, Dieu est notre Père, le seul vrai Père auquel nous devons tout. Cette prière est un acte de foi en Lui. Il n'est pas rare que je m'adresse à lui en disant ; « Oui Seigneur, je crois que tu m'aimes » ou bien « Oui Seigneur, je sais que tu m'aimes ». Cette confiance me procure la paix et une joie profonde parce que je sais que par mes propres moyens, mon salut est impossible. Je ne puis aller jusqu'à Dieu s'il ne m'attire.

Le Salut de Dieu, son Amour pour nous ne dépend pas de nos mérites, c'est un don gratuit de Dieu, fruit de la grâce. « Le don gratuit de Dieu, c'est la vie éternelle en Jésus-Christ Notre Seigneur » (Rm 6,23). « Dieu est riche en miséricorde ; à cause du grand Amour dont il nous a aimés, nous qui étions des morts par suite de nos fautes, il nous a fait revivre avec le Christ : c'est bien par grâce que vous êtes sauvés. C'est bien par la grâce que vous êtes sauvés, à cause de votre foi. Cela ne vient pas de vous, c'est le don de Dieu. Cela ne vient pas de vos actes, il n'y a pas à en tirer orgueil » (Ep 2,4-5.8-9).

Sauvés par la grâce ou gratuitement, c'est la même chose. À cause de notre foi nous dit Saint Paul. Dieu aime ses enfants avec infiniment de respect. C'est pourquoi il les veut libres. Dieu a respecté la liberté de l'homme jusqu'à lui laisser la possibilité de le mettre à mort lorsqu'il s'est fait l'un des leurs. L'amour ne peut être que la rencontre de deux libertés. Il n'y a pas d'amour dans la contrainte. Dieu sait que notre bonheur ne peut être qu'en Lui, mais il ne peut nous l'imposer. Non seulement il ne le veut pas, mais il en est incapable, sinon il ne serait plus ce qu'il est. Il ne serait plus l'Amour. Dieu ne fait que nous proposer son Amour. Notre seule action c'est de l'accepter librement, de nous laisser aimer en nous remettant entièrement à lui. Et c'est ainsi qu'il veut que nous aimions. « Aimez-vous les uns les autres comme je vous ai aimés » [Jn 13,34].

[...] Tous nous avons soif de bonheur et nous pensons le trouver dans la réalisation de nos désirs. [...] Je me demande si nos engagements dans les fausses pistes ne sont pas une nécessité pour que notre désir aille de purification en purification. Le bon larron avait déjà dépassé la dernière heure, il n'avait jamais été bon ouvrier même pas à la onzième heure et pourtant Dieu l'attendait au virage et c'est lui qu'il a fait entrer le premier dans son royaume. Oui, le salut est un don gratuit de Dieu et quand bien même nous ferions plus que notre possible, nous serions quand même des « serviteurs quelconques » (Lc 17,10). Bien sûr que la Foi change notre comportement ou plutôt permet à Dieu de nous changer en profondeur et par suite dans notre manière d'agir. Mais sans la Foi, c'est-à-dire sans une relation de confiance avec Dieu, une pratique religieuse de façade ne peut-être qu'ennuyeuse, pesante, perçue comme un carcan, une entrave à sa liberté ou à son bonheur. Le rejet devient alors inévitable. Mais je pense que la vraie question concerne le passage d'une foi d'enfance à une foi d'adulte. C'est-à-dire le passage d'un certain nombre de croyances reçues à une relation intime avec le Dieu vivant. Bien sûr que l'itinéraire est personnel à chacun, et certains enfants même très jeunes ont déjà une relation très forte avec Dieu et le savent présent tout proche d'eux. Il peut y avoir continuité sans transition de la foi de l'enfance à la foi adulte. Pour le plus grand nombre, le passage se fait par une conversion. La conversion est une étape décisive mais aussi jamais achevée, c'est chaque matin qu'il faut recommencer à dire à Dieu : dans ce jour qui vient, que tu me donnes, je veux être entièrement à toi (donc aussi à mes frères) parce que tu es tout pour moi. Tu n'y échappes pas, toi non plus dans tes déchirements. Choisir Dieu c'est renoncer à soi-même cela ne peut-être sans déchirements. J'ai vu dans « La Croix » du 20 avril [1990] que la revue « Christus » n° 146 d'avril 1990 (45 francs) traite de ce problème crucial de la transmission de la Foi aux jeunes (14, rue d'Assas, 75006 Paris) [...]

Quand en conscience, on a fait tout ce qui était en notre pouvoir pour essayer de préparer un bon départ à la vie de ses enfants, il ne faut pas se sentir coupable si cela ne marche pas comme on le souhaiterait. Il faut se remettre et les remettre dans les bras de celui qui les a appelés à la vie et qui pas un seul instant ne se désintéresse de leur sort. C'est lui qui sonde les reins et les cœurs et sait reconnaître la droiture des intentions dans la faiblesse humaine de nos actions.

Je pense que tu ne m'en voudras pas trop de t'avoir un peu malmenée. Je ne t'apporte guère de solutions faciles, ni même de solutions du tout. Mais je garderai tout cela dans mon cœur et le présenterai à Celui auquel je souhaite que tu t'abandonnes un peu plus afin de pouvoir recevoir sa paix. N'oublie pas non plus Marie, la mère de notre sauveur Jésus Christ, la seule créature qui ai parfaitement correspondu à la volonté de Dieu. [...]

J'ai reçu ta lettre ce samedi 28 avril, celle-ci sera postée en France par un frère qui va dans sa famille. Je t'embrasse. Courage et confiance.

Paul

LETTRE 79

À Monique et sa famille.
N.-D. de l'Atlas (Tibhirine), 3-17 juin [1990]
[Sur papier à lettres avec des images
et des citations bibliques].

Chers tous,

J'ai honte d'avoir laissé tant de temps s'écouler depuis votre dernière lettre, surtout en ce moment où reviennent les problèmes de santé. Ce n'est pas que je ne pense pas à vous, mais je m'organise sûrement mal pour bien gérer mon emploi du temps. Dans sa dernière lettre, reçue dans la semaine, la maman me dit que tu vas mieux ces-jours, la vie a des hauts et des bas et ce doit

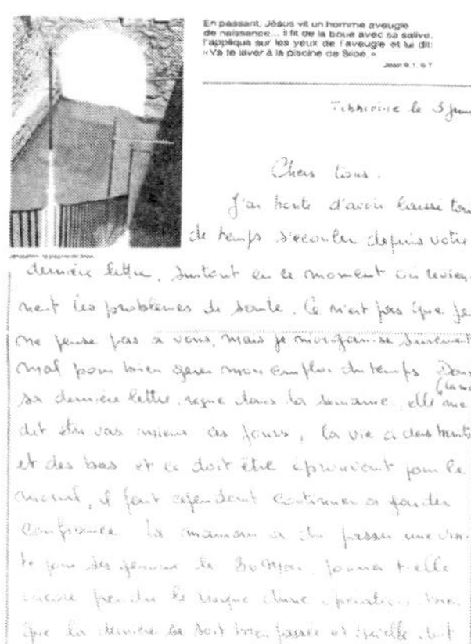

être éprouvant pour le moral, il faut cependant continuer à garder confiance. La maman a dû passer une visite pour ses genoux le 30 mai, pourra-t-elle encore prendre le risque d'une opération, bien que la dernière se soit bien passée et qu'elle doit en souffrir beaucoup pour se déplacer. Elle a eu de la chance de pouvoir rester autonome jusqu'à maintenant, mais pour combien de temps encore ? Merci à Angélique, à

Alain et à sa famille et à Nadia pour leur bonjour, je pense à eux tous souvent, saluez-les de ma part.

Après un temps pluvieux en avril et orageux en mai, la chaleur estivale a fait son apparition : 31° à l'ombre hier (maximum de la journée). Il y a de quoi se rassasier de soleil qui se lève à 5 h 45 (heure d'hiver en France) pour se coucher tout rouge vers 20 h. Du 19 mai au 25 j'ai été à Fès au Maroc, j'y ai ainsi pu faire la connaissance de P. Jean Baptiste, de P. Guy que je ne connaissais pas. Ils sont maintenant quatre avec le frère que nous y avons laissé pour l'été. C'est vraiment le minimum pour assurer en plus de la vie régulière à l'oratoire, les nécessités quotidiennes du jardin et des besoins de la Communauté. C'est une maison anciennement occupée par une fraternité des petites sœurs de Jésus qui est situés près de l'ancienne Médina (ville), mais l'endroit reste quand même relativement calme. La création de cette petite annexe par notre Communauté avait été demandée par l'évêque de Rabat. Cela nécessite de nombreux déplacements pour maintenir les liens et apporter l'aide indispensable. Le passage de la frontière au retour a demandé deux heures. Ce ne serait pas le moment de travailler en Suisse dans ces conditions-là.

Je continue ce 17 juin : l'été a l'air de s'installer, les nuits sont encore fraîches, le sommeil est encore facile. Nous avons fait couper le fourrage, nous avons dû en faucher une partie à la faux parce qu'il était trop couché. Reste à le mettre en bottes. Il ne manquera pas de preneurs pour les acheter.

Les élections sont passées exprimant un désir de changement semble-t-il, pour le moment la vie continue paisiblement autour de nous. Les problèmes sont toujours là comme dans tous les pays du tiers monde peut-être moins graves qu'en d'autres endroits. Il y en a aussi en France, économiques, nombreux sont exclus du bien-être et même du minimum vital. Je suis déçu de voir monter le racisme en France, les français ne sont pas en train de grandir aux yeux de l'étranger, il y a souvent au départ la peur qui vient d'une mauvaise connaissance de l'autre. Il faut aussi reconnaître que la présence d'une population étrangère dans le pays et mal insérée, voire marginalisée peut créer des problèmes mais prétendre qu'on peut faire disparaître le chômage en renvoyant les étrangers n'est que mensonge démagogique, cela provoquerait de graves problèmes pour les entreprises de travaux publics et du bâtiment, il n'est pas certain que les chômeurs se précipiteraient tous dans ce genre de travail. L'entrepreneur de maçonnerie qui a travaillé à Tamié a cherché à embaucher des français pour que la communication soit plus facile, pas moyen, il n'avait que des turcs. On ne vit pas sur une île au milieu de l'océan. Les moyens de communications sont de plus en plus nombreux et rapides. Les disparités qui s'accroissent et qui sont connues de tous, des plus pauvres, provoquent chez ceux-ci une fascination irrésistible. Seuls le développement et l'amélioration des conditions de vie des pays pauvres feront que leurs ressortissants y resteront.

Je vous redis toute mon affection et vous assure de mon souvenir de vos tribulations et aussi de vos joies.

Paul

Mon neveu,

Je viens répondre à ta lettre, c'est un peu tard, mais avec la frousse !!! que tu as eu avec ton petit cochon[1] sous le rocher de Tréchauffex et que tu as dû mettre les jambes à ton cou, j'ai attendu que tu te sois arrêté de courir et repris ton souffle [...].

1. Vincent avait été poursuivi par un sanglier après s'être emparé d'un petit marcassin.

Ici pas de danger, les animaux qui vont le plus vite sont les mouches et les abeilles, celles-ci sont parfois collantes même si elles n'ont pas de miel dans les pattes. D'autres vont moins vite : ce sont les couleuvres, elles sont comme le train de la « Cachat » y en a pour un bon moment à les regarder passer ; elles grimpent aussi leur 1,20 m sur les arbres pour faire du charme aux oiseaux. Les tortues sont nombreuses, elles sont petites, mignonnes, parfois quand même jusqu'à 20 cm (pas vingt centimes) de long. Elles vont plus vite que les escargots qui avec la chaleur ne bougent plus du tout.

Ne te perds pas dans les bois, ne ramasse pas plus de deux paniers de champignons à la fois pour ne pas être malade. N'oublie pas tes devoirs, c'est ce qu'il y a de plus agréable pendant les vacances.

Tontonton Paul

LETTRE 80

À Louis, son beau-frère et à la famille Chessel.
N.-D. de l'Atlas (Tibhirine), 2-30 septembre [1990]
[Sur papier à lettres avec des images
et des citations bibliques].

Cher Louis, chers tous,

Non, je n'ai pas oublié la Saint Louis ni la fête organisée pour tes 60 ans[1]. J'ai bien pensé à toi et à chacun de vous tous, mais plus j'ai de courrier à faire et moins j'en fais. L'horaire d'été nous rallonge la journée d'une demi-heure que nous récupérons au plus chaud du jour. C'est le seul moment, à part le dimanche, où je peux écrire mais la sieste nécessaire à la chaleur m'en ôte souvent le courage.

1. Il s'agit des 60 ans de Louis Chessel (son beau-frère) né en 1930.

J'espère que vous êtes tous en bonne santé et que comme moi vous constatez que vous avez la belle vie (!). Finalement l'avenir ne se présente pas trop mal : retraite prochaine pour l'un, plus tard pour l'autre, c'est la contrepartie de l'entrée dans la vie professionnelle de la génération suivante, qui est bien amorcée pour les autres enfin c'est la poursuite dans le chemin des écoliers. On aura, comme il se doit donner un doux repos à Jean-Pierre après son dur labeur à Provencia[1].

Oui la roue tourne vite, trop vite pourrait-on penser, ne serait-ce qu'un engrenage dans lequel nous serions entièrement happés ? Absurdité d'une vie qui n'aurait d'autre raison d'être que de nous conduire à la mort. Notre civilisation occidentale et postchrétienne (?) occulte cette mort dont elle a peur pour s'enfuir dans la facilité immédiate et éphémère qui ne donne souvent que des joies superficielles.

Les années passant je pense de plus en plus que c'est ce que je perçois de la réalité de la mort, de ma mort personnelle, acte suprême de ma vie qui donne sens à ma vie présente. Pour nous chrétiens c'est la mort du Christ qui est notre référence (mort et résurrection bien sûr). On ne lui a pas ôté la vie, c'est lui qui la donne. Il nous révèle la vraie nature du Père, l'amour dont il nous aime en aimant les siens jusqu'au bout et en donnant sa vie la mort ne peut plus avoir de prise sur lui, elle est vaincue et le Père a exalté son Fils. Saint Jean parle souvent de l'Heure où Il allait être glorifié : mystère de l'amour (folie pour les grecs, scandale pour les juifs) que cette mort ignominieuse coïncide avec la plus grande gloire. Nous sommes plus naturellement portés à la voir dans sa résurrection comme nous le laisse entendre à première vue les autres évangélistes. En réalité les deux

1. Il fait allusion à Jean-Pierre Chessel, son neveu qui travaillait l'été dans un supermarché de la ville.

évènements sont inséparables et c'est par eux que nous est manifesté la toute-puissance de l'Amour.

Comme nous le fait comprendre le verset ci-dessus[1], les contemporains du Christ attendaient un Messie paré de gloire et de puissance humaine, c'est aussi souvent notre cas, oubliant que le Royaume des cieux est semblable à un grain enfoui en terre et qui meurt pour que puisse naître la vie.

Nous voici déjà au 30 septembre, j'ai laissé mûrir le grain, mais finalement quand la nouvelle est bonne (de mon point de vue) elle se conserve. Pendant ce temps, la foire de Crête s'est envolée et la rentrée des classes réalisée mais pas oubliée. Félicitations à ceux qui sont arrivés au terme de leur voyage et encouragements à ceux qui peinent encore.

Je pense recevoir toutes vos lettres. (Merci pour les cartes de Lourdes et de La Salette). La première lettre de maman ne m'était par contre pas parvenue. La lenteur de mes réponses fait peut-être naître le doute. J'ai bien reçu aussi celle acheminée par l'amie d'Annick. Le consulat de France qui recense les ressortissants nationaux m'a demandé de lui fournir une adresse de personne à prévenir en cas de… ; j'ai donné la vôtre. En échange je vous donne notre n° de téléphone : 03 19 50 44

Côté jardin, ça commence à se tasser. Côté tomates, malades les feuilles sèchent. Mais la récolte dure depuis deux mois, la semaine la plus forte, nous en avons récolté plus de 2 300 kg avec nos associés. C'est au tour des navets à partir pour le marché de Médéa. Les pommes de terre plantées fin juillet sont en fleurs. Les fruits poussent facilement mais il y a beaucoup de maladies ou d'insectes. Les raisins sont bons, il reste encore quelques fraises, les pommes, poires, figues, pastèques,

1. « Comme Jésus approchait de la descente du mont des Oliviers, toute la multitude des disciples… disait : “Béni soit celui qui vient, le roi, au nom du Seigneur” » (Lc 19, 37-38).

melons, prunes sont ramassées, les confitures faites. Il y a peu d'oliviers, l'huilerie exploitée par le monastère et où venaient faire presser leurs olives les gens des environs a été démontée il y a quelques années ; sa rénovation aurait coûté trop cher. Bientôt il faudra commencer les labours. Il y a toujours de quoi s'occuper par ailleurs. Pour ce vendredi 5 octobre, nous préparons une exposition sur Saint Bernard et le monachisme, ouverte à tous, les chrétiens de l'Église d'Algérie viendront sans doute nombreux. Saint Bernard n'est pas le fondateur de notre ordre mais celui qui a donné l'élan décisif. Ses écrits, sa spiritualité marque celle des moines de notre ordre et bien au-delà, nombreux sont ceux qui ont puisé dans ses trésors. Une année lui est consacrée à l'occasion du 9e centenaire de sa naissance. C'est à l'issue de cette année, à l'Atlas que, si Dieu le veut, je ferai profession solennelle. Je vous tiendrai au courant pour que ceux qui pourront venir aient le temps de se préparer. L'été ne sera pas tout à fait fini puisque la Saint Bernard se trouve le 20 août ; donc côté froid pas trop de crainte à avoir. Au besoin ici nous faisons feu de tout bois, frère Bruno devant sous peu rejoindre nos frères de Fès, le sort m'a désigné pour le remplacer (partiellement à l'hôtellerie) ; du pain sur la planche pour le Saint Esprit ; la mémé qui était autrefois dans l'hôtellerie et la restauration pourrait venir en aide par exemple.

Non, je ne prendrai pas une nouvelle feuille de ce beau papier qu'il me faut économiser et dont je viens de m'apercevoir que l'une d'entre-elle est restée blanche (Frédérique[1] pourrait y dessiner quelque chose qui exprimerait sa joie d'être appelée à participer à la Résurrection). En attendant que cette vie éternelle déjà commencée nous réunisse tous dans l'Amour.

Je vous embrasse.

Paul

1. Frédérique Chessel, une de ses nièces, sur le point de faire sa confirmation.

LETTRE 81

À Monique et à sa famille.
N.-D. de l'Atlas (Tibhirine), 17 septembre 1990
[Sur papier à lettres avec des images
et des citations bibliques].

Chers tous,

Je vous envoie ce mot pour vous souhaiter vos fêtes. J'espérais y arriver pour le 27 août, mais je vois que le 22 septembre sera probablement dépassé lorsque vous le recevrez.

Avec Vincent de Paul, l'héritier de la maison aura eu un peu plus de chance. Son Saint Patron mérite d'être bien connu, surtout quand on porte son nom. C'était un homme extraordinaire, saisi par le Seigneur pour devenir l'infatigable ami des pauvres. Saint Maurice avec ses compagnons refusa de persécuter les chrétiens, aussi le paya-t-il de sa vie. Il n'était pas un soldat romain semblable à ceux dont fait allusion l'image placée en tête de cette feuille[1]. Quant à Sainte Monique, nous savons tous qu'elle n'a cessé de prier pendant plusieurs dizaines d'années pour obtenir la conversion de son fils Augustin, lequel est devenu ensuite évêque d'Hippone (Bône pendant l'époque coloniale, Annaba aujourd'hui), à l'est de l'Algérie, au nord de la mer.

Je pense que le garde-chasse[2], maintenant qu'elle est ouverte (l'école) est content de reprendre ses livres de grammaire, d'orthographe (indispensable de bien connaître notre langue pour bien rédiger les procès-verbaux) sans parler des

1. En haut à droite de la lettre, une image d'une pierre gravée du « Jeu du Roi » pratiqué par les soldats romains est accompagnée d'une citation : « Les soldats tressèrent une couronne d'épines et la posèrent sur la tête de Jésus, puis, s'approchant de lui, ils disaient : « Salut, roi des Juifs ».

2. Allusion au métier que Vincent, son neveu, voulait faire.

mathématiques, de l'histoire-géo etc. toutes choses nécessaires à l'accomplissement de son métier. Non les vacances ne sont pas du temps perdu, seulement l'intermède qui permet d'organiser la faim de savoir.

Je pense que votre petit séjour en Bretagne vous aura donné un peu de détente, de tranquillité avec en plus du soleil et de l'eau iodée. Je n'ai pas de mauvaises nouvelles de votre santé, tant mieux, puisse-t-elle être la moins désagréable possible.

Je veux essayer de finir ma lettre ce dimanche 23 septembre. Ici tout va bien, le temps est maintenant plus changeant avec plus de vent d'ouest et du nord, cependant le sirocco est encore là de temps en temps, aujourd'hui par exemple. Père Christian est revenu, hier après-midi, de Rome où il était allé pour le chapitre général. Le P. Général de l'Ordre avait donné sa démission, il fallait donc élire un nouvel abbé général ; c'est un argentin d'une petite communauté qui a été choisi[1]. Fait nouveau pour l'Ordre qui s'ouvre davantage à l'universalité. La Communauté va bien, frère Bruno partira dans une quinzaine de jours pour rejoindre nos frères de l'annexe de Fès. Frère Luc reçoit toujours quotidiennement sa bonne cinquantaine de patients, ils ne doivent pas être vraiment guéris puisqu'ils reviennent mais s'ils peuvent revenir c'est qu'ils sont encore vivants. Frère Luc fait encore la cuisine à mi-temps avec en plus des difficultés respiratoires.

Côté jardin, les récoltes continuent, finies depuis longtemps pour les prunes, depuis peu pour les figues. Les tomates malades n'ont bientôt plus que des feuilles sèches et cessent leur production. Il nous reste encore des pastèques, quelques fraises, courges, etc. pommes de terre (2e récolte en décembre). Nous ne risquons donc pas d'avoir faim comme le craint la maman qui voulait m'envoyer des colis. Il faudra

1. Dom Bernardo Olivera, de la communauté d'Azul en Argentine, a succédé à Dom Ambroise Southey, abbé général de l'Ordre de 1974 à 1990.

que je lui envoie un mot bientôt. Bonjour aux Requet, à Nadia et à Hubert.

Je vous embrasse tous,

Paul

LETTRE 82

À sa mère. N.-D. de l'Atlas (Tibhirine), 18 novembre [1990] [Sur papier à lettres avec des images et des citations bibliques].

Chère Maman,

Je mets beaucoup de temps pour t'envoyer de mes nouvelles que tu attendais pour plus tôt. Le temps passe vite mais comme tout le monde il s'arrêtera bien de courir, alors ce sera sa fin, pour céder la place à l'éternel présent. Tu me dis que tu y penses souvent. La liturgie de ces dimanches nous le rappelle aussi. Nous ne savons ni le jour, ni l'heure c'est pourquoi il nous est demandé de rester vigilant, de nous tenir prêt. Ce jour-là sera le retour dans la gloire de celui que nous attendons. Alors l'amour seul régnera et de mal, de souffrance il n'y en aura plus. Cette dernière venue du Fils de l'homme était attendue avec impatience par les premiers chrétiens. Les soucis du monde et peut-être aussi la tiédeur de notre foi nous la font oublier ou au contraire redouter. Mais nous n'avons rien à redouter de celui qui nous aime au point de nous faire participer à sa vie même. Ainsi nous savons que nos misères et nos souffrances auront une fin et se changeront en joie. Si tu n'es pas trop pressée je pourrais peut-être repasser sous le « Tornet » tant que tu es dans cette « vallée de larmes[1] ». Les frères peuvent faire

1. Allusion au chant final à la Vierge, *Salve Regina*, du dernier office du jour (Complies).

un tour dans la famille tous les deux ou trois ans. À moins que tu ne décides de venir faire un tour d'avion par ici ; je pense que tu pourrais demander au pilote de faire un petit détour sur Bonnevaux pour le voir d'en haut, toi qui regardais souvent les avions d'en bas. Je renouvellerai probablement mes vœux temporaires à la fin de l'année et si Dieu le veut l'année prochaine ce sera la profession solennelle, occasion à ne pas manquer si ta santé te le permet. Cela devrait être pour le 20 août. La chaleur ici peut alors être encore assez estivale surtout les jours où il y a le vent du sud, cela ne me gêne pas beaucoup mais pour toi il en irait peut-être différemment. Tu as encore le temps d'y réfléchir. Maintenant et depuis un bout de temps l'été est fini, et le vent a repris sa ronde Sud, Ouest, Nord, avec quelques pluies et des changements de température assez brusques. Un peu de changement pour moi aussi puisque maintenant je m'occupe aussi de l'hôtellerie. Cela me rappelle le temps où tu tenais un hôtel-restaurant. Je m'occupe un peu des chambres, c'est souvent des religieuses qui les occupent, je n'y mets pas les pieds pendant leur séjour et souvent elles les font en partant de même que l'escalier et les couloirs. Je porte les plats pour les repas, je ne fais pas la cuisine, tu n'as jamais voulu m'apprendre. Enfin comme autrefois mes clients sont des gens heureux. Quand je disais cela à M. Conus[1], il avait un petit sourire au coin des lèvres. Frère Christophe va en France dans sa famille et passera à Tamié du 15 au 19 décembre, si vous voulez avoir des nouvelles fraîches vous pouvez aller l'y rencontrer.

Cette semaine nous allons probablement arracher les pommes de terre et nous pourrons dire comme Alexis[2] « elles ne sont pas vieilles, on les a arrachées au mois de

1. Chauffeur de l'oncle abbé.
2. Le boulanger-épicier de Bonnevaux.

novembre ». Dans le pays, elles sont très chères actuellement, 12 à 15 dinars le kilo soit 6 à 7,50 francs. Pour la plupart des gens la soupe ne doit pas être très épaisse. Nous avons fini les confitures avec les tomates et les pastèques : c'est excellent. Petit tremblement de terre cette nuit. Je t'embrasse.

Paul

LETTRE 83

À sa mère. N.-D. de l'Atlas (Tibhirine),
19 décembre [1990]
[Sur carte avec la croix de la chapelle de Tibhirine].

Chère maman,

Pour ce Noël voici ce Christ en gloire, photographie de celui qui se trouve dans le chœur de notre chapelle. Il n'a plus l'attitude d'un agonisant à laquelle nous sommes davantage habitués. C'est ainsi que nous attendons son retour glorieux lorsque sera achevée la rédemption. Il est représenté quand même sur une croix parce que c'est sur la croix que s'est manifestée sa plus grande gloire. Buvons à cette source intarissable qui seule peut nous donner la vraie joie et sa vraie paix. Qu'elles soient sur toi et sur tous tes enfants et petits-enfants en ce Noël 1990 et tout au long de l'année 1991. J'envoie ce mot directement à Thonon pensant que la pelle à neige doit maintenant être usée à Bonnevaux et que cela suivra bien. Ici le peu qui a tombé a fondu et nous pouvons continuer à récolter de la salade dans le jardin. Pour les fraises il faudra attendre encore un peu. Que le Seigneur vous comble de ses bénédictions.

Paul

LETTRE 84

À Monique et sa famille.
N.-D. de l'Atlas (Tibhirine),
[Noël – Fin décembre 1990].

Chers tous,

Juste un petit mot aujourd'hui pour vous souhaiter un bon Noël ainsi qu'à tous les vôtres et à vos proches. Et aussi tous mes meilleurs vœux pour l'année qui arrive. Bonne santé, que le Seigneur y veille, qu'il vous bénisse et vous garde dans sa paix afin qu'elle devienne source d'amour entre vous et de joie. Affectueusement.

Paul

LETTRE 85

À sa mère, à tous.
N.-D. de l'Atlas (Tibhirine), 25 janvier [1991].

Chère maman, chers tous,

Je profite de l'occasion, d'un facteur particulier pour vous envoyer un petit mot. Je vous entendais très mal au téléphone et maintenant que votre foie est reposé après les rissoles, je peux vous parler un peu de nous. C'est dans l'espérance que nous avons fêté le prince de la paix. « Je vous laisse ma paix ; c'est ma paix que je vous donne ; je ne vous la donne pas comme le monde la donne » [Jn 14,27].

Mais les hommes ont préféré recevoir celle du monde des mains du prince des ténèbres. Faut-il qu'ils soient devenus fous pour s'engager dans un chemin de mort. Qui peut dire quand cela finira ? Et jusqu'où ce conflit s'étendra ? Qui sera épargné ? Les plus pauvres n'ont-ils déjà pas commencé à en faire les frais ? Personnellement je regrette que la France ait cru bon de s'engager dans cette guerre alors qu'il y avait une porte de sortie peut-être praticable. Même s'il paraît à côté de la question du Golfe, le problème palestinien est au cœur des tensions dans cette partie du monde. Je pense que l'Irak se serait retiré du Koweït si une juste solution avait été trouvée et d'abord recherchée à ce problème. Chacun pouvait ranger ses armes sans perdre la face. L'intransigeance des Etats-Unis pour diverses raisons ; démonstration de puissance, intérêts économiques ; la maîtrise des puits de pétrole nous arrange nous aussi, l'apparent effondrement de l'URSS (une guerre à l'extérieur pourrait faire diversion pour les problèmes internes), laisse actuellement le champ libre etc. cette intransigeance est aussi le relai de l'intransigeance d'Israël. On parle de défense du droit, du droit international et nous mettons les bons d'un côté et le gros méchant de l'autre. La Syrie est en train d'annexer partiellement le Liban avec la bénédiction des « bons » en échange de sa (provisoire) collaboration. Israël s'approprie le reste du Liban et « sa terre promise ». Après l'évacuation et la libération du Koweït va-t-on se retourner contre la Syrie et Israël qui refusent depuis combien d'années d'appliquer les résolutions du Conseil de Sécurité des Nations Unies ? Je ne prends pas Saddam Hussein pour un enfant de chœur, l'oppression n'a pas dû être tendre pour les Koweïtiens qui ont refusé de le suivre mais c'est peut-être un peu tard pour nous français de voir l'énormité de son ambition. Pendant qu'il massacrait les Kurdes dans son pays, nous sommes restés silencieux. On peut se demander quelle est l'exacte responsabilité de l'Occident dans le déroulement de la guerre Irak-Iran qui a fait un million de morts pendant huit ans qu'elle a duré. Il fallait à tout prix affaiblir l'Iran. Nous n'avons cessé de lui fournir des armes, il paraît même qu'il ne nous a pas payé la dernière facture ; tout n'est pas perdu puisqu'il nous les renvoie. Notre façon d'agir n'est pas toujours à la hauteur de nos discours sur les droits de l'homme. Pour conserver notre richesse, nous sommes prêts à vendre notre âme au diable. Pour permettre de vivre à quelques milliers de chômeurs, nous les faisons travailler à la mort de quelques millions d'hommes. Je ne suis pas indifférent au lourd problème des chômeurs mais je ne pense pas que la vente d'armes puisse nous procurer du bon pain. Nos « amitiés » internationales sont plutôt volages, vous vous souvenez de notre ami le Shah d'Iran qui devait faire un terrain d'aviation à Saint Paul, c'était un tyran c'est pourquoi nous sommes devenus ami de son ennemi : Khomeini que nous avons vite abandonné pour la même raison et Saddam Hussein, alors oui c'était un vrai ami. Les émirs et le roi d'Arabie que nous « défendons » actuellement ne sont pas moins tyrans, les têtes tombent allègrement. Tous ces amis ont un point commun capital : ils ont du pétrole. Tant que les relations internationales ne seront établies que sur la base d'intérêts, elles ne pourront être que conflictuelles. Il est un élément important que les américains surtout et aussi leurs alliés ont mal pris en compte ; c'est la solidarité arabe. L'unité arabe est un vieux rêve jamais réalisé, mais qui n'est pas mort dans les masses de ces peuples et ce rêve, pour être palpable a besoin d'être personnifié ; autrefois Nasser a rempli ce rôle, aujourd'hui Saddam Hussein face à l'ennemi commun peut remplir ce rôle. L'engagement d'armées arabes aux côtés des américains s'est fait au niveau des gouvernements. Qu'Israël s'engage dans le conflit et tous les pays arabes se retrouveront aux côtés de l'Irak, les gouvernements actuellement favorables au

Koweït seront balayés par le soulèvement des masses populaires. C'est pourquoi Saddam envoie ses missiles sur Israël afin de le provoquer à entrer en guerre afin de faire basculer les alliances.

Autre élément important qui peut être plus important, en tous cas plus passionnel, c'est le caractère confessionnel que certains voudraient donner à ce conflit. Pas tous cependant, sur un journal algérien, un journaliste faisait ressortir que de part et d'autre il y avait des musulmans et des chrétiens engagés. Le ministre des affaires étrangères Irakien par exemple est chrétien ; il existe une minorité chrétienne dans ce pays, comme en Syrie, en Égypte... on peut encore appeler « chrétiens » tous les occidentaux présents dans ce conflit, nos pays sont plutôt en voie de paganisation et les faux-dieux pullulent. La tentation est grande de vouloir mettre Dieu de son côté. Certains ont franchi le pas dans ce pays, la religion est utilisée comme un tremplin pour conquérir le pouvoir. (Les chrétiens n'ont pas toujours été à l'abri de ce danger). Il faut savoir aussi que le « Djihad » est souvent interprété comme un devoir de guerre sainte contre les infidèles, alors que c'est davantage un combat spirituel contre le mal qui est en soi. Le musulman qui meurt à la guerre sainte est assuré d'aller au Paradis et d'échapper à l'enfer. Il faut savoir ces choses pour comprendre que dans le cas du conflit actuel l'appel à la guerre sainte de Saddam Hussein et d'autres dans tous les pays arabes pourrait avoir des conséquences incalculables s'il était suivi. D'autres pays en plus des arabes pourraient s'y engager tel l'Iran, d'autres pays asiatiques musulmans y compris ceux d'URSS, voire la Turquie. Quant aux pays à fortes populations immigrées musulmanes, ils ne pourraient s'en tirer sans difficultés. Aux USA même, il y a plusieurs millions de musulmans, noirs pour la plupart sans doute.

Ici le FIS a appelé à la guerre sainte et a donné un ultimatum au gouvernement pour qu'il prenne des mesures de mobilisation avant ce samedi 26 janvier. Le président de la République Algérienne dans une déclaration radio-télévisée a refusé catégoriquement de s'engager dans cette voie et d'y engager son pays dont le devoir est de rechercher des moyens de rétablir la paix. Cette déclaration a paraît-il été mal interprétée à l'envers même par les français (Radio). Les médias, les informations, la désinformation, la propagande peuvent nous troubler. Il nous faut garder notre calme et ne pas nous laisser entraîner par des réactions passionnelles. Oui il est de notre devoir de rechercher la paix. Ce sera de plus en plus difficile. L'Irak a paraît-il ouvert les vannes de pétrole dans la mer. Actuellement la marée noire dépasse toutes celles qu'on a vu jusqu'à présent, qu'en sera-t-il dans une semaine, dans deux mois. Toutes les armes sont bonnes, la pollution comme la propagande. L'anéantissement de l'Irak ou même seulement l'évacuation du Koweït par son armée qui ne serait pas suivie d'ouvertures immédiates de négociations sur le problème palestinien aboutirait à la mise en œuvre généralisée de l'arme des pauvres : le terrorisme à l'échelle mondiale. Depuis quarante ans les pays arabes sont humiliés par Israël et ses alliés. Le désespoir peut provoquer le pire. Dans le cas d'une action pour la guerre sainte, mourir c'est arriver plus tôt auprès de Dieu, ce qui échappe à nos façons de penser.

Pour le moment, ici nous n'avons aucun problème avec nos voisins. Jeudi prochain quelques amis musulmans viendront avec nous pour prier pour la paix. Il y a dans ce pays beaucoup de gens qui ont soif de paix et qui font une analyse sans trop de passion sur la situation. Pour d'autres, c'est différent. Dans le courrier des lecteurs d'un journal, des chrétiens arabes se sont exprimés, la riposte est venue de lecteurs islamistes qui ne se sont pas privés de dire qu'un musulman devenu chrétien s'il ne revenait pas à l'islam méritait la mort. D'autres musulmans sont intervenus pour protester contre cette menace et pour défendre l'Algérien chrétien. Les Algériens arabes chrétiens sont peu nombreux, j'admire leur courage, ils vivent leur foi parfois dans le secret absolu, entre mari et femme par exemple lorsqu'un des conjoints est devenu chrétien, il ne peut pas toujours le dire à son partenaire. Ces personnes pourraient être très exposées suivant l'évolution de la situation. Pour les étrangers, c'est différent, ils sont tolérés dans la mesure où ils ne cherchent pas à faire de prosélytisme.

Nous avons encore des pommes de terre (n'oubliez pas d'en planter), des choux et autres légumes. Le pays avait de grandes difficultés économiques, elles vont aller en s'aggravant. Il est possible qu'il nous manque quelques bricoles, cependant nous ne serons pas les plus défavorisés et nous continuerons de partager dans la mesure de nos moyens. Cette guerre si elle s'étend, si elle dure fera mourir par la faim dans le tiers monde plus que par les bombes atomiques. C'est une victoire du Malin. Bush est appelé le « Grand Satan » par les arabes et les américains font de même envers Saddam. Dans l'évangile Satan est appelé « Père du mensonge », tout son art consiste à faire croire qu'il est ailleurs. En réalité c'est au fond de notre cœur que se partagent le bien et le mal. Et c'est là qu'il faut commencer à faire la paix. C'est là que Dieu a mis une braise de feu de son amour, à nous de l'accepter, de ne pas l'étouffer mais au contraire de faire en sorte que cette petite flamme grandisse. C'est la confiance en ce Dieu qui m'aime personnellement et infiniment qui me donne la paix et la joie de vivre. Et Dieu ne porte pas un amour moins grand à chaque homme, même s'il est différent de moi. Dieu n'attend pas que nous soyons saints pour nous aimer, il nous aime le premier, non pas pour récompenser notre bonne conduite mais gratuitement. Il est venu pour sauver ce qui était perdu. C'est pourquoi je peux vivre en paix avec tous les hommes, à commencer par ceux qui sont le plus proche de moi, avec lesquels je vis quotidiennement. Oui je suis sûr que Dieu, de la même manière infinie qu'il ne le fait envers moi, aime d'une tendresse sans mesure tout être humain, quelle que soit la couleur de sa peau, ses opinions politiques, sa religion ou autre. Oui Dieu aime infiniment, sans qu'il approuve tout ce qu'ils font, pas plus qu'il n'approuve tout ce que je fais moi-même, Saddam Hussein, Bush, Hitler, Staline, l'homme blanc, le noir, le jaune, le Français, l'arabe, le juif. Ce qui nous est demandé c'est de nous aimer comme lui-même nous aime. Certains ont dit qu'en Saint Jean cela ne concernait que les disciples. Cette interprétation ne résiste pas à une lecture attentive de tout l'évangile. L'amour est plus fort que la mort. Je crois qu'il est temps que les chrétiens se réveillent et qu'en union avec tous les croyants et avec tous les hommes de bonne volonté, ils agissent pour la paix, pour que le plus tôt possible se taisent les armes de mort et que l'on se rencontre pour se parler et trouver des solutions aux problèmes qui nous divisent. Il faut se rencontrer pour se connaître, pour faire disparaître la méfiance et la peur. C'est affligeant de voir comme les Français se sont précipités chez les armuriers. Cela ne peut que contribuer à augmenter les tensions entre communautés. Soyez artisans de paix dans ce monde devenu un grand village où les hommes sont devenus interdépendants, obligés de vivre ensemble non pas dans la guerre, mais dans l'unité. « Père, qu'ils soient un comme toi et moi nous sommes un » [Jn 17,21] ; afin que « toutes les nations louent le Seigneur » comme nous l'avons prié dans cette semaine de l'unité.

Paul

PS : Il y a quelques années, 2 millions de personnes se sont rassemblées pour défendre l'école privée[1], la paix vaudrait-elle moins ?

LETTRE 86

À sa mère et à tous. N.-D. de l'Atlas (Tibhirine), 21 février [1991] [Sur papier à lettres avec des images et des citations bibliques].

Chère maman, chers tous,

Oui, je pense recevoir toutes vos lettres, je n'ai pas remarqué jusqu'à présent qu'on les ait ouvertes, mais cela peut arriver et il vaut mieux éviter d'écrire n'importe quoi. L'hiver est rude en France et la neige est abondante pour la joie des skieurs et peut-être le bonheur de ceux qui en vivent. Ici l'hiver est moins doux que l'année dernière bien que le temps change très vite. Nous avons eu trois fois 10 cm de neige, c'est peu mais comme il n'y a pas de moyen de déneigement et que la route est assez en pente, les véhicules sont vite paralysés et les déplacements difficiles. Il y a aussi quelques giboulées de temps en temps et souvent du vent, très fort cette nuit avec 50 mm de chute d'eau.

Nous vivons toujours paisiblement avec notre voisinage. Mitterrand n'est pas bien vu par contre. On relève volontiers les manifestations des « pacifistes » en France. Ici les marches pour la paix sont plutôt des démonstrations de soutien à l'Irak. Difficile de garder la tête froide et de rester objectif. Les bombes qui tuent les irakiens font scandale et l'on parle de génocide mais par contre on se réjouit de voir

1. Frère Paul se souvient de la manifestation du 24 juin 1984 à Paris pour la défense de l'école libre.

tomber les « scuds » sur Israël. Côté de la coalition on a voulu nous faire croire que l'on ne cassait que de la ferraille et du béton. Cette guerre, comme toutes les guerres est meurtrière. Et il n'y a pas de « bons » morts d'un côté et les « mauvais » de l'autre. Il est certain que Saddam n'a pas toujours été de main morte, chez lui, les kurdes gazés, un millier d'immigrés égyptiens tués l'année dernière et que sait-on des massacres faits au Koweït depuis qu'il est envahi. Mais peut-on dire que les américains sont intervenus là-bas uniquement pour défendre le droit international et non pas aussi pour se garantir une énergie à bon marché et affaiblir un ennemi potentiel d'Israël ? Espérons que le retrait de l'armée de Saddam du Koweït mettra fin à cette guerre. Saddam reconnaît implicitement par-là que le Koweït n'est pas une province Iraquienne, contrairement à ce que disait Roger Garaudy à la radio algérienne.

Mon facteur part sous peu. Je vous parlerai d'autre chose une autre fois. Il nous faut tous continuer à prier pour la paix. Celui-là seul qui peut nous la donner par son amour. Le Christ ressuscité ne devra-t-il pas porter sa croix jusqu'à son retour glorieux. Ceux qui le suivent devront faire de même le cœur plein d'espérance pour l'humanité.

LETTRE 87

À Monique et sa famille.

N.-D. de l'Atlas (Tibhirine), 19 mars [1991].

Chers Forclans[1],

[...] Ici c'est maintenant le printemps, le travail au jardin commence et va devenir de plus en plus prenant, on n'a rien

1. Habitants de la Forclaz.

sans peine. Et puis il faut penser à l'arrosage pour bientôt. Nous avons l'intention de réaliser quelques petits aménagements dans notre système d'irrigation. À l'Hôtellerie c'était plutôt calme ces deux derniers mois, mais il y aura du monde jusqu'à Pâques. Certains jours cela me prend peu et me laisse libre pour faire autre chose.

J'espère que vous allez tous bien, que Maurice est bien remis de son opération. J'ai vu un article sur *La Croix* il y a plusieurs semaines au sujet du Groupe Perrier ; je ne me souviens pas exactement de ce qui y était dit, mais il me semble que le Groupe dont fait partie La Cachat[1] prendrait le contrôle de Perrier. Les difficultés de la Versoie n'y sont peut-être pas étrangères. Pour les autres petits potins, voir la lettre à la maman. Je vous embrasse.

LETTRE 88

À sa mère. N.-D. de l'Atlas (Tibhirine), 24 mars [1991] [Sur papier à lettres avec des images et des citations bibliques].

Chère Maman,

Un petit mot qui t'arrivera pour Pâques, je l'espère et qui te trouvera en bonne santé je l'espère aussi. Comme je n'ai pas eu de nouvelles, ni du ciel, ni de la terre après ton opération prévue en début de ce mois, je pense que tu as survécu et que tu boîtes encore, soit que l'opération s'est bien passée mais que la rééducation demandera encore du temps, soit que tu aies dû renoncer et rester comme avant. Quoiqu'il en soit, nous nous acheminons petit à petit vers les délices qu'Il a préparés pour nous. Non pas tant à cause

1. La Cachat est l'usine d'Amphion de la Société des Eaux d'Évian.

de nos efforts, qui sont cependant nécessaires qu'à cause de sa tendresse pleine de pitié pour nous et qui nous donne tout gratuitement. Et pourquoi l'a-t-on crucifié ? Pilate dit aux juifs « je ne trouve pas en lui de motif de condamnation ». Les juifs lui répliquèrent : « Nous avons une Loi et d'après cette Loi il doit mourir, parce qu'il s'est fait Fils de Dieu » (Jn 19, 6-7). Oui, celui à la suite duquel nous avons entrepris de marcher (fermement sur nos deux jambes) n'est pas un quelconque charlatan. Il est notre Roi, pas comme les rois de ce monde qui se déplacent en « Cadillac », il entre dans sa ville, monté sur un ânon, c'est la monture du pauvre comme nous en voyons encore beaucoup autour de nous ici. « Lui de condition divine ne retint pas le rang qui l'égalait à Dieu » (Ph 2,6). L'amour s'est fait mendiant pour mendier notre amour. À vues humaines tout a l'apparence de l'échec ridicule. C'est dans cet abaissement, cet anéantissement que se réalise notre salut. Oui en donnant sa vie le Christ est vainqueur de la mort et nous libère de la nôtre en nous invitant à son exemple à remettre notre vie entre les mains du Père. Oui, le Christ est vainqueur, mais pas avec des bombes. Il nous donne sa paix, mais comme le monde la donne.

Les bombardements sont enfin arrêtés dans le Golfe. Chacun a accusé l'autre d'être « Satan ». Cette guerre aura été comme toutes les guerres la victoire de Satan, lui le Père du mensonge. Personne ici n'est convaincu que cette guerre n'ait été décidée uniquement pour rétablir le droit bafoué au Koweït. Sinon la dernière phase des combats n'était pas nécessaire puisque Saddam acceptait enfin les résolutions de l'ONU. En réalité l'intention de guerre date de bien avant le 2 août, il fallait détruire la puissance de l'Irak menaçant un « équilibre » dans la région, Israël et l'approvisionnement du pétrole à un prix « convenable ». Il n'est pas encore sûr que le droit international soit appliqué avec la même célérité envers les palestiniens, ce qui laissera une profonde amertume au cœur des masses arabes et un désir de revanche.

Que penser du fait qu'il y ait mille fois plus de victimes (ou peut-être davantage) du côté irakien que du côté de la coalition.

Que penser du commerce des armes qui nous a valu cette situation. La liste des armes vendues par la France à l'Irak est effarante, avec ce que lui ont fourni d'autres pays qui lui ont aussi fait cette guerre, il y avait de quoi faire encore grandir la démesure de son ambition. Ils sont peut-être là les fous les plus dangereux, et ils ne sont pas près de s'arrêter puisqu'il y aurait des marchés intéressants en Extrême-Orient. Ici pour nous tout a été calme. Rien de changé dans nos relations. Les échanges sont rares sur le sujet. Comment les aborder ? Beaucoup de fausses rumeurs ont circulé. Par exemple on a dit que les américains avaient proclamé le cessez-le-feu parce que 100 000 d'entre eux étaient encerclés et faits prisonniers. La désinformation a été très grande ici probablement davantage que dans l'autre camp faisant durer l'illusion. Le réveil a été plus dur. Maintenant on parle des massacres des palestiniens au Koweït mais peu de ceux perpétrés par Saddam Hussein contre les Irakiens. Je trouve que le chef de l'État algérien a été réaliste durant cette crise. Il n'en est pas de même pour le FIS qui demandait l'ouverture de camps d'entrainement pour les volontaires décidés à défendre l'Irak. Je me demande bien comment auraient pu être acheminées ces troupes, que ce soit par mer ou par air. Bien peu seraient arrivés en vie sur le champ de bataille et pourquoi faire, les mains nues sous les bombes. Surenchère démagogique et peut-être un moyen comme un autre de s'approprier le pouvoir. Les décisions illégales prises par les municipalités FIS élues en juin dernier ne se comptent plus. À Alger il a décidé d'interdire les spectacles ; il y a eu des incidents et des blessés. Le pouvoir n'a pas eu de réactions si significatives face à ces agissements. La tension monte avec les « démocrates » qui face à la menace des islamistes vont peut-être enfin essayer de s'unir. Espérons que la raison l'emportera et qu'il n'y aura pas de troubles graves ; la situation économique est déjà pas mal délabrée, les augmentations sont considérables, les jeunes au chômage sont légion, ils sont malléables et une étincelle peut mettre le feu aux poudres. C'est toute l'Afrique qui est en ébullition.

L'hiver a été moins doux que l'année dernière, le jardin a pris du retard, on a planté les pommes de terre la semaine dernière dans un sol très mouillé ; qu'en sortira-t-il ? Les pruniers sont en fleurs et les abeilles ne s'en privent pas. Le printemps semble vouloir s'installer.

Je n'ai pas le temps d'écrire à chacun comme je le devrais. Salue tout le monde, je n'ai pas encore oublié personne des différentes « suites » comme tu sembles hâtivement le supposer. [...]

Bonnes fêtes de Pâques.

Paul

LETTRE 89

À sa mère. N.-D. de l'Atlas (Tibhirine), 12 mai [1991] [Sur papier à lettres avec des images et des citations bibliques].

Chère maman,

Je me décide enfin à prendre la plume pour t'envoyer un mot. Trop tard comme souvent pour qu'il arrive pour ta fête. Je serai cependant de cœur avec toi ce 15 mai. Je serai aussi de cœur avec toi dans quinze jours pour la fête des Mères. Je pense que tu as rejoint ton château maintenant, enfin je précipite peut-être un peu trop ton rétablissement. Tu es encore robuste malgré tout. Il faudrait que tu voies notre frère Luc qui a 77 ans maintenant et qui reçoit encore une cinquantaine de consultants chaque jour, sauf le dimanche et qui fait encore la cuisine pour quinze à vingt personnes trois ou quatre jours par semaine. Il a beaucoup de peine pour respirer, le sirocco le gêne beaucoup.

Je ne sais si tu as envie de goûter à la douceur de ce vent du Sud. L'occasion t'en est présentée pour ce 20 août jours retenu pour ma profession solennelle. La communauté de l'Atlas m'a accepté. Depuis je descends au cimetière pour interroger les cyprès afin de savoir s'il en est un qui voudra bien veiller sur moi le temps venu[1]. Je ne sais si ta santé te permettra le voyage. Il ne faudra pas te décider trop tard pour avoir le temps de te faire faire un passeport et d'acheter un billet d'avion à moins que tu n'aies envie de venir avec ta poussette en osier.

Berthe[2] s'en est allée rapidement. Je ne me souviens pas exactement de son âge, sans doute quelques années de moins que toi. Ainsi peu à peu le village se vide de ses anciens habitants. Place aux jeunes. Qui deviendront vieux à leur tour. Ainsi va la vie. Absurde si ce n'était qu'un perpétuel recommencement. Heureusement qu'il est une autre finalité. Celui qui est monté au Ciel n'est pas assis à la droite de Dieu pour y dormir, mais il nous y a précédé pour nous y préparer une place et dès maintenant il nous en a donné un commencement de joie en

1. Sept cyprès bordent l'allée du cimetière du monastère de Tibhirine...
2. Cousine du père de Paul.

venant demeurer en nous lorsque nous vivons son commandement d'amour.

Le soleil peut venir avant 6 h le matin pour se coucher après 19 h. Mais ces jours sont très rares. Nous faisons encore tourner le chauffage, le froid se fait encore souvent sentir. Le jardin est en retard. Peut-être qu'Elisabeth serait intéressée de venir ? Salue-la.

Je t'embrasse.

Paul

LETTRE 90

À Monique et sa famille.
N.-D. de l'Atlas (Tibhirine), 12 mai [1991].

Chers tous,

Il y a bien longtemps que je dois vous écrire, au moins pour répondre à vos lettres et prendre des nouvelles de vos santés. La maman m'a dit que troubles et nausées étaient revenus avant Pâques. Quand cela s'arrêtera-t-il ? Ce doit être pénible d'être toujours dans l'incertitude. La maman, après avoir pris le risque d'une nouvelle opération semble se rétablir peu à peu. Je ne sais si elle pourra venir assister à ma profession solennelle qui doit avoir lieu ce 20 août. Vous êtes évidemment tous trois invités, en souhaitant que ce soit possible. Cela fait un peu loin pour les problèmes de santé et des frais pour venir ; passeport, billet d'avion (la possibilité d'utiliser des vols « charter » les rend plus abordables) etc.

Le printemps a été long à venir, il semble commencer maintenant. Le soleil pointe à 6 h et se revêt d'un pyjama rouge vers 19 h 30 le soir ; cependant les matins sont encore frais et nous devons continuer à faire tourner un peu le chauffage. Le travail au jardin a pris du retard. Les pommes de terre seront toutes neuves pour ce mois d'août. Le pays se prépare aux élections législatives, les premières qui permettront d'exprimer un pluralisme, essor ou fin de la démocratie ? Affaire à suivre.

Saluez les familles Requet.

Je vous embrasse.

Paul

LETTRE 91

À tous. N.-D. de l'Atlas (Tibhirine), 25 mai 1991
[Sur une carte].

Chers tous,

Le temps passe, nous voici tout d'un coup pour ainsi dire à l'été avec près de 14 heures de soleil par jour et une chaleur qui est encore très agréable. Nous avons arrêté le chauffage il y a trois jours. Côté jardin ça va bouger plus vite. Nous avons déjà des fraises, des artichauds, des fèves ; les pommes de terre poussent sans bruit.

Grève générale émanant du FIS pour réclamer la démission du Président de la République, sans doute bien suivie à Médéa, probablement moins dans les autres villes du pays, à Alger la vie serait normale. Le programme du FIS est très simple en cas de victoire électorale : suspension de la constitution, interdiction des partis « laïcs » (en réalité aucun n'est contre la religion officielle), application immédiate de la Charia (Loi islamique) et expulsion du président de la république. Pas sûr que ce soit suffisant pour résoudre les problèmes économiques et sociaux du pays.

L'événement le plus important pour moi sera mon engagement définitif en faisant profession solennelle ce 20 août. La maman ou Monique vous en ont peut-être déjà parlé. Vous êtes évidemment tous invités. Le VW[1] prendra peu de place sur un bateau. C'est un moyen pour traverser, il en est d'autres, l'avion en vol charter c'est moins cher. Nous avons suffisamment de place pour vous caser. Ceux qui voudront et pourront venir devront se munir d'un passeport, la formalité est assez rapide mais il ne faut pas non plus attendre le dernier moment. Il est nécessaire pour obtenir le visa délivré par le consulat algérien. De Tamié nous avions dû nous rendre à Grenoble. Pour la Haute-Savoie, je ne sais pas où il faut s'adresser (en personne). Annick le sait peut-être, ou de toute façon à la sous-préfecture. Il est peut-être bon de vous mettre en relation avec une agence d'Air France par exemple (les prix étaient beaucoup moins chers à Air Algérie jusqu'à l'année dernière) et peut-être de vous regrouper pour un meilleur tarif. Les vols « charter » en contrepartie imposent une durée minimale au voyage qui ne convient pas forcément à tous. Côté chaleur rien de précis à vous dire, nous sommes à 900 m d'altitude ce qui est avantageux. S'il n'y a pas de Sirocco cela se supporte sans peine, ce n'est pas le Sahara. Pour la maman ce serait peut-être plus difficile, pourra-t-elle venir ?

Ma profession sera donc celle de conversion de vie. Il y a du pain sur la planche pour se laisser animer par l'Esprit de Dieu afin d'être fils de Dieu comme le dit l'Apôtre en ce jour, pour devenir ainsi héritiers de Dieu et cohéritiers du Christ. Toute notre vie actuelle n'est faite que pour nous

1. Bus Volkswagen de la famille Chessel.

préparer à l'autre vie, la vraie, la vie divine qui est déjà commencée aujourd'hui. Que pour cette vie-là, vos cœurs soient comblés de joie.

Paul

(Je n'ai pas laissé de place pour Jean-Pierre[1]).

LETTRE 92

À Bernadette et sa famille.

N.-D. de l'Atlas (Tibhirine), 18 juin 1991.

Chers tous,

J'ai reçu dimanche 16 (juin) votre lettre partie de Thonon le 12 juin, l'acheminement du courrier s'est donc considérablement amélioré au moins dans un sens. Mais en lisant cette lettre je ne suis pas sûr que vous ayez reçu celle que je vous avais envoyée (à la maman peut-être) à peu près en même temps que celle que j'avais envoyée à Monique. Je viens donc répondre aux questions que tu poses et rappeler les quelques renseignements contenus dans cette lettre peut-être pas arrivée à destination.

– Ma profession aura lieu le 20 août.

– Il est difficilement pensable que vous ne veniez que pour 24 h aussi l'hôtellerie vous est réservée à partir du 15 août.

– Je vous avais parlé de la possibilité d'utiliser un vol « Charter », cela permet de bénéficier d'une remise importante sur le prix du billet d'avion sous certaines conditions (durée du séjour entre aller et retour).

1. Il s'agit de frère Jean-Pierre qui rajoutait parfois des petits mots sur les lettres de Paul.

1. Paul au jour de sa première communion à Bonnevaux avec ses parents Denise et Louis (13 avril 1947), son parrain Pierre Cettour Meunier et sa marraine Lina Cettour Janet. (© Famille)

2. La maison familiale à Bonnevaux aujourd'hui disparue. (© Famille)

3. Paul dans les montagnes du Chablais qu'il aimait arpenter. (© Famille)

4. Paul, adjoint au maire (à droite sur la photo) et la section des pompiers du village de Bonnevaux. (© Famille)

5. Paul, postulant à l'abbaye de Tamié, avec le groupe du noviciat. (© Tamié)

6. Paul et le noviciat en sortie à Bonnevaux, reçus par sa maman Denise (9 septembre 1985). Cf. lettre n° 24. (© Tamié)

7. Le groupe du noviciat de Tamié (de gauche à droite) : Dom Jean-Marc, Marc ; fr. Jean-Baptiste ; frère Jacques ; frère Paul ; frère Martin ; frère Antoine ; frère Nathanaël ; frère Jean-Paul ; frère Jean-Bénilde ; frère Renaud. Accroupis : frère François et frère Didier (prise d'habit de frère Paul, premières vêpres de Noël 1984). (© Tamié)

8. Pique-nique familial à Saint Jean d'Aulps (août 1986). (© Famille)

9. Frère Paul, frère Didier, frère André et frère François (1987). (© Tamié)

10. Frère Paul, sa maman Denise et sa marraine Lina au premier plan, et ses trois sœurs, Colette, Monique et Bernadette au second plan (Tamié, mai 1988). (© Famille)

11. Frère Paul en prière (1987). (© Tamié)

12. Frère Paul au travail à Tibhirine. (© Famille)

13. À gauche « Paul », peinture d'Elysabeth Folliet (70x35 cm, Acrylique, 2016 à l'occasion du 20e anniversaire de la mort des frères).

À droite « Bonnevaux, Tamié, Tibhirine », Triptyque de Mme Dany Buttay (Huile sur toile, 1997).
(© Famille)

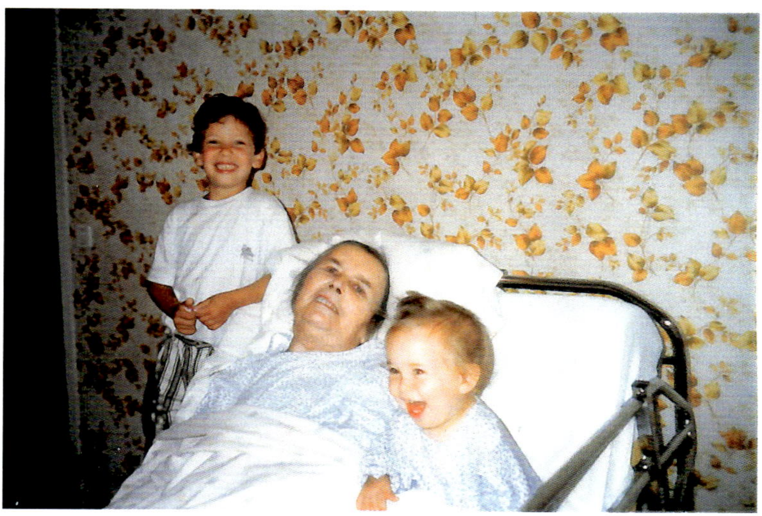

14. Les « petits bisous » entourant leur grand-mère Denise, maman de Paul : Mehdi et Léa. Cf. lettre n° 150. (© Famille)

15. La communauté de Tibhirine et l'équipe des comédiens du film *Des hommes et des dieux* de Xavier Beauvois. (© Archives de Tibhirine et Jean-Marie Frin)

– En fonction des renseignements obtenus auprès des compagnies aériennes (Air Algérie peut-être moins cher qu'Air France) vous pourrez déterminer votre jour de départ. (Il serait préférable d'arriver deux ou trois jours à l'avance pour éplucher les pommes de terre par exemple).

– Alors vous nous ferez connaître le jour et l'heure de l'arrivée du vol à Alger. Nous vous y attendrons avec notre voiture (une 4L) si vous ne pouvez pas tous vous enfourner dedans on prendra un taxi collectif ou un autre moyen.

– Je vous rappelle que la première démarche à faire est celle de l'obtention d'un passeport.

– Lequel vous permettra de demander un visa touristique au consulat d'Algérie (Pour la Savoie à Grenoble, pour la Haute-Savoie, je ne sais, Annick doit savoir, ou demander à la Sous-Préfecture).

Démarches à faire en principe dans le mois (les 30 jours) qui précèdent le départ :

– Dans l'avion remplir la fiche qu'on vous remettra pour la déclaration de devises (rentrer sans argent reviendrait à vivre aux dépens du pays). Il y a une obligation de change à faire, ce sera assez tôt ici à Médéa. (Vous pouvez demander les renseignements au consulat).

– Le billet vous donne droit au transport d'un bagage de 20 kg (+ un petit bagage à main). Quand je suis venu, nous étions trois de Tamié ; ma valise dépassait les 20 kg mais pas celle des autres, sans difficultés il a été admis que le total ne devait pas dépasser 60 kg. Les kilos supplémentaires coûtent très cher.

– Consulté au sujet de ce qu'il fallait apporter, question qui est dans la lettre, Père Christian a été droit au but : de la bonne humeur. C'est vrai que plus on en répand, plus on en a.

– Pour un séjour relativement court, il n'est pas nécessaire d'apprendre la langue du pays.

– Ni changer de religion !

Je pense avoir dit l'essentiel, si vous avez besoin de renseignements complémentaires, vous me le demanderez (pour le téléphone, le plus facile pour me joindre c'est, il me semble à 8 h le matin, entre 13 h et 13 h 15, ou 19 h 30-20 h le soir ; ceci avec notre horaire d'été – jusqu'à l'automne – et l'heure algérienne moins 1 h. Donc 8 h algérienne = 7 h française).

Si j'ai des besoins particuliers, je vous les transmettrai.

– Pour me simplifier la vie, j'ai demandé aux personnes que j'ai invitées de s'adresser à vous pour les renseignements. J'ai invité, en plus des sœurs, beaux-frères et neveux, Lina, Elisabeth, François, Maurice Blanc, Jeannot, Jean Bel.

– Ma méthode est un peu cavalière, tous ne viendront pas et peu nombreux seront-ils à vous déranger.

Je souhaite à vos étudiants de réussir leurs examens. La préparation à la vie professionnelle est une chose très sérieuse et très importante. Cependant je crois que seule la certitude de se savoir aimés de Dieu et d'être appelés par lui à vivre de sa vie peut nous combler entièrement de sa joie.

Nous n'avons en aucune manière été touchés par les évènements de ces dernières semaines. Apparemment le FIS a remporté une victoire avec la démission du gouvernement, le report des élections (le FIS est devenu antidémocratique depuis qu'il n'était plus sûr de remporter les élections législatives) et l'élection anticipée du président de la République (c'est-à-dire la démission de l'actuel). Le programme du FIS était clair : – suspension de la constitution – interdiction des partis « laïcs » – application immédiate de la Charia (Loi islamique) – expulsion du président de la République.

Le FIS doit être en train de perdre un peu de son audience tout en se durcissant à cause de ses excès et des promesses démagogiques non tenues dans ses municipalités. L'armée tient les rênes me semble-t-il. Il y avait un bon article dans *La Vie* du 18 au 24 avril de cette année sur l'Algérie. Les propos tenus dans ma dernière lettre l'ont peut-être empêchée d'arriver. Avec un transport spécial c'est plus sûr. C'est pourquoi j'ai aussi attendu pour écrire.

Union de prière avec vous tous.

Je vous embrasse.

Paul

Si vous avez quelques semences de « rattes[1] », je les ferai reproduire.

LETTRE 93

À Bernadette et sa famille.

N.-D. de l'Atlas (Tibhirine), 6 juillet 1991.

Chers tous,

Je viens de recevoir aujourd'hui la lettre de maman du 28 juin prolongée par la vôtre et en la lisant je ne suis pas absolument sûr que vous ayez reçu celle que je vous ai envoyée il y a une quinzaine de jours et dans laquelle je vous donnais quelques indications.

Tout d'abord il est urgent de vous renseigner auprès du consulat d'Algérie pour savoir dans quelles conditions sont accordés les visas. Il paraît que certaines personnes n'ont pu venir en Algérie faute de visas, d'autres sont venus

1. Variété de petites pommes de terre.

sans difficultés. Sans la possibilité d'obtenir un visa inutile d'acheter un billet d'avion. La situation peut changer et aller progressivement vers un assouplissement, le calme semble revenir peu à peu sur tous les points chauds. Mais l'état de siège durera encore quelques temps. Il y a un gros problème dans ce pays avec les jeunes qui sont sans espoir pour leur avenir, chômage, logement etc. Ce problème touche de plus en plus de pays, y compris les pays développés. Cette jeunesse désœuvrée est disponible pour tout faire et il ne manque pas de gens bien intentionnés pour s'en servir. Ici le FIS a certainement une responsabilité dans la violence des manifestations qui se sont produites. Le pouvoir appuyé par l'armée semble vouloir reprendre les choses en main. Plusieurs responsables du FIS ont été arrêtés dont le maire de notre Commune. Il aurait incité des jeunes à monter des barricades dans les rues de Médéa où il y aurait plusieurs morts.

Revenons à nos moutons, tu as sans doute quand même reçu ma lettre et m'excuse de me répéter.

– Après le renseignement au consulat d'Algérie, prévoir le passeport.

– Le billet d'avion (prix intéressant par vol « Charter » sous certaines conditions).

– Nous préciser l'heure prévue pour l'arrivée de votre avion pour que nous puissions vous y cueillir.

– En plus des personnes que tu nommes dans ta lettre, j'ai invité Lina, Maurice Blanc, Jeannot, Jean Bel et leur avait dit de s'adresser à toi pour des renseignements complémentaires.

En ce qui concerne le travail du jardin, il y aura des tomates à ramasser pour les hommes, les femmes n'ayant pas accès ordinairement à ce lieu feront autre chose.

Ici nous arrosons tous les jours. J'essaie d'estimer le volume d'eau que nous consommons pour les jardins ; probablement une cinquantaine de m^3 par jour en moyenne.

Je vous enverrai un mot s'il y a des bricoles à prendre.

Toute mon affection.

Paul

LETTRE 94

À sa mère. N.-D. de l'Atlas (Tibhirine), 6 juillet [1991].

Chère Maman,

Un petit mot pour que tu n'oublies pas de préparer ton entrée dans ta septante-huitième année. Le courrier est un peu perturbé par moment, je pense que vous avez reçu mes dernières lettres postées en France, c'est plus sûr et cela évite la censure. J'ai invité plusieurs personnes et j'ai donné quelques indications à Bernadette. Je ne sais pas si tu vas encore au jardin, au moins pour faire peur aux poules avec tes cannes, mais fais attention de ne pas écraser les fraises. Ici il y en a en pagaille. Nous en mangeons presque tous les jours et il en reste encore. Je viens de recevoir ta lettre aujourd'hui, tu as donc mangé les fraises de Thonon jusqu'à présent. Nous allons bientôt planter le 2e lot de pommes de terre et arracher les premières dans une ou deux semaines. L'autre monde est derrière la porte, dis-tu, il est peut-être encore plus près que cela, il est au milieu de nous ; à nous de savoir le reconnaître et participer à cette vie éternelle qui nous est promise dès maintenant. Je t'embrasse.

Paul

LETTRE 95

À Monique et sa famille.
N.-D. de l'Atlas (Tibhirine), 20 juillet [1991].

Chers tous,

Bien reçu votre lettre du 24 juin, je vous en remercie. Comme je le pensais, il vous est impossible de venir pour le 20 août, particulièrement pour raison de santé. J'avais entendu parler de ce nouveau procédé pour établir un diagnostic, puisse-t-il aboutir à un traitement efficace et vous permettre plus tard de venir faire un petit tour ici. Mais il faut avant tout garder confiance en Celui qui nous aime et nous a donné la vie pour nous préparer à vivre de la sienne, à être en Communion parfaite avec Lui et avec tous nos frères les hommes. Je comprends aussi que Maurice ne puisse se libérer ainsi à la dernière minute et qu'il tienne à rester aussi à la maison. [...]

Bernadette m'avait demandé ce qu'il fallait apporter. Père Christian auquel j'avais transmis la question m'a répondu qu'il fallait une provision de bonne humeur. En regardant dans le placard de l'hôtellerie j'ai vu beaucoup de filtre à café n° 4 mais on a dû, nous emprunter l'entonnoir pour les mettre dedans alors si elle veut, en plus de la bonne humeur...

Pour ne surcharger personne, et qu'aucun n'ai l'occasion de récriminer, il sera bon de répartir le tout dans plusieurs valises. Je pense qu'il n'y aura pas de problème à la douane où le mieux sera de dire que ces quelques pièves sont destinées à nous dépanner notamment en installation de chauffage, ce qui est bien sûr le cas.

J'arrête pour aujourd'hui en vous remerciant par avance pour tous ces dérangements et en espérant que cette lettre vous parviendra assez tôt. J'ai reçu il y a deux jours la lettre de Jeannot[1] qui ne peut venir.

Toute mon affection à tous.

Paul

PS : Le calme est revenu à Médéa et je crois dans toute l'Algérie. Mais il restera des cicatrices qui seront longues à panser. Les violences de certains groupes de jeunes manipulés par le FIS ont été habilement réprimées. D'après F. Luc, il y aurait eu au moins 300 morts. Ici tout est resté calme.

Finalement ce courrier arrivera plus vite que prévu par un facteur spécial venu du Sud et se dirigeant sur Paris. Michel Pinaud[2] m'a fait une drôle de surprise. Je passerai ma retraite du 1er au 10 août dans une petite fraternité des Petits frères de Jésus. Prévenez Bernadette qu'il est inutile d'essayer de me joindre au téléphone pendant ce temps-là ; ils ne l'ont pas.

LETTRE 96

À Monique et sa famille.

N.-D. de l'Atlas (Tibhirine), 28 juillet [1991].

Chers tous,

Je profite d'un facteur spécial pour vous envoyer un petit mot. Je n'ai pas le temps de réécrire à Bernadette, je n'ai rien reçu d'elle depuis quelques temps ce qui ne veut pas dire qu'elle n'ait rien envoyé mais étant donné la longueur du courrier maintenant. L'ouverture des lettres pour en contrôler le contenu ne doit pas faire avancer les choses. Il faudrait donc lui dire qu'elle peut téléphoner pour nous

1. Jeannot Favre-Miville, cousin de Paul.
2. Fils de Maurice Pinaud, fils de Lina la tante et marraine de Paul.

faire savoir combien de personnes viennent et nous préciser l'heure prévue de l'arrivée du vol.

Je rappelle que je pars mercredi pour ma retraite et que je pense rentrer le 10 au soir. Jeudi, nous avons arraché les pommes de terre et demain matin nous en plantons à nouveau (pas dans le même champs). Faire savoir à la mémé que nous avons toujours des fraises en pagaille. Nous mangeons nos tomates, courgettes, prunes, poires… […]

Bonne santé, bonnes vacances. Salut à tous.

Paul

LETTRE 97

Cartes à sa mère. Postée de Médéa le 24 août 1991, accompagnée d'un mot de frère Christian et de sa carte de profession.

Chère maman,

Ce petit mot pour te dire que tout s'est bien passé et que me voilà un peu plus enraciné ici comme tu dis. J'irai probablement te voir, mais pas tout de suite, en tous les cas pas cette année cela n'est pas possible. J'espère que la santé de tes jambes s'améliore progressivement. Évite de monter sur le toit de la forge pour le brossage des tuiles cela peut te fatiguer comme tu l'as constaté. Je t'embrasse.

Paul

Les autres te raconteront et Michel Pinaud a tout filmé.

Chère maman de frère Paul,

Je voudrais vous dire, au nom de toute la Communauté, notre reconnaissance profonde pour la place que vous avez dans l'offrande de notre frère PAUL. En accueillant son OUI, en ce 20 août, nous ne pouvions oublier la multitude des « OUI » de chaque jour que vous lui avez appris à dire en les disant vous-même, ni ce « OUI » plus douloureux qu'il vous fallait consentir en acceptant cet engagement monastique et son éloignement.

OUI

IL ME FAUT AIMER
SANS RESERVE

CELUI

PAR QUI JE SUIS
PAR QUI JE VIS
PAR QUI
J'AI
LA CONNAISSANCE

S BERNARD

"Voir en tous les hommes
des membres du Corps Mystique
de JESUS"
Charles de FOUCAULD

Frère PAUL FAVRE-MIVILLE
PROFESSION MONASTIQUE
N.D. de l'ATLAS
20 août 1991

en la Solennité de S. Bernard
(1090-1990)

MERCI de penser à nous en pensant à lui. Nous aimerions que vous puissiez vous considérer un peu comme la maman de surcroît de tous les frères de Paul !

Avec toute notre respectueuse affection. Frère Christian. Prieur.

LETTRE 98

À sa sœur Bernadette,
N.-D. de l'Atlas (Tibhirine), [4e trimestre 1991]
[Sur carte avec dessin du monastère].

Dédette, Chers tous,

Merci pour ton mot joint à la lettre de maman, j'expédie tout à Bonnevaux, le timbre sera sans doute plus fort mais il y en aura qu'un. Je suis très heureux d'avoir eu de vos nouvelles. [...]

J'espère que vous êtes tous en bonne santé y compris le garde-pêche qui doit pouvoir rester un peu plus à la maison maintenant que la pêche est fermée. Il pourra peut-être peindre les chenaux avant l'hiver s'il n'a pas peur au sommet de l'échelle à moins qu'il n'y envoie le géomètre.

Il sera sans doute préférable que la maman descende chez vous pour le plus rude de l'hiver au moins, si elle veut bien y consentir. C'est ennuyeux pour vous de réserver le studio pour elle s'il est inoccupé, vous êtes aussi peut-être obligés d'établir un bail, je veux dire de le louer étant donné les subventions qui vous ont aidés à l'aménager ; enfin vous trouverez bien une solution. [...]

Vous trouverez dans cette lettre les petites nouvelles qui me concernent.

Je vous embrasse tous.

Paul

LETTRE 99

À sa mère. N.-D. de l'Atlas (Tibhirine), dimanche 3 novembre [1991]
[Sur papier à lettres avec des images et des citations bibliques].

Chère Maman,

Un petit mot pour te dire que je suis toujours vivant, je pense qu'il en est de même pour toi. Et puis peu importe puisque un jour il nous faudra sortir du tombeau.

Hier durant la petite cérémonie au cimetière j'ai essayé de repérer un endroit pas trop à l'ombre pour l'hiver et pas trop au soleil pour l'été mais pourquoi s'inquiéter puisqu'il nous a dit qu'il allait auprès du Père pour nous préparer une place. J'ai bien pensé à vous tous ces jours derniers et à papa dont c'était le 10e anniversaire de son départ vers le Père. Les années passent vite je sais bientôt plus quel est mon âge ; peut-être le troisième, cela ne saurait tarder. Quoi qu'il en soit nous pouvons rendre grâce pour tous les dons que Dieu nous a fait jusqu'à présent et pour son amour qu'il ne cesse de nous porter. C'est ce qui donne un sens à notre vie qui nous aide à porter des difficultés qui sont notre lot à tous. Mais peut-être n'est-ce plus ton cas et que tu as fait des soubassements de marmite avec tes cannes (si elles étaient en bois) de quoi faire chauffer une « petite soupe ». Mais je ne suis pas vraiment sûr que tu aies retrouvé l'agilité de tes vingt ans et qu'il te faut encore patience et courage pour tout offrir au Seigneur.

Il nous a donné quelques très beaux jours comme un été de la Saint-Martin, en ce moment le soleil d'un orange flamboyant s'enfonce peu à peu dans un lit de braise. Merveille de la création, gloire du créateur.

Tu as peut-être vu le film de Michel Pinaud pris le jour de ma profession, cela te permet de « voir » les lieux d'où je pense souvent à toi. En attendant de nous revoir, mets en pratique la parole qui nous a été dite ce jour en la gardant dans ton cœur : « Le Seigneur notre Dieu est l'Unique. Tu aimeras le Seigneur ton Dieu de tout ton cœur, de toute ton âme et de toute ta force » [Dt 6,4-5]. Bonjour à tous.

Je t'embrasse.

Paul

LETTRE 100

À Monique et sa famille.

N.-D. de l'Atlas (Tibhirine), 22 décembre [1991].

Chers tous,

Il y a bien longtemps que je remets de vous écrire par manque de temps et aussi par négligence. Pourtant les raisons ne manquent pas de devoir le faire. L'entrée de Vincent à l'école d'agriculture, les menaces sur l'emploi de Maurice et bien sûr vos problèmes de santé.

Mais en tout cela que ce soit la paix et la joie de Celui qui vient, qui aient le dernier mot. Oui c'est dans cet enfant que Dieu est présent et nous révèle son amour pour nous. Qu'il prenne soin de vous, de votre santé de tout ce qui contribue à votre bonheur et à celui des vôtres.

Mon facteur « spécial » va partir, je dois donc abréger. Notre évêque[1] est venu aujourd'hui. D'après lui, si l'on s'en tient aux dires des personnes rencontrées, le FIS l'emporterait

1. Mgr Henri Teissier.

aux élections[1]. Vive la république islamiste. Un autre prêtre algérien il y a deux jours me disait le contraire, vive la démocratie.

Que le Seigneur vous donne sa joie pour vivre heureux. Bonne année à tous.

PS : Je vous réécrirai bientôt.

LETTRE 101

À Bernadette et sa famille
[Fêtes de fin d'année 1991].

Bernadette, Chers tous,

Un tout petit mot pour vous dire toute la joie que je vous souhaite dans la rencontre de Celui qui vient. On peut s'attendrir en présence d'un tout petit enfant, on peut se réjouir aussi car dans l'enfant on rejoint au plus profond de nous-mêmes, l'espoir de la vie. Mais quand il s'agit du fils de Marie, cela va beaucoup plus loin. Dieu se révèle en un enfant et tout est dit. Nous l'appelons le Tout-Puissant à la crèche il est entièrement dépendant de ses parents c'est- à dire de l'homme sa créature. Le créateur est à la merci de sa créature. Les rôles se sont inversés et cela nous fait comprendre jusqu'à quel point Dieu a foi en l'homme, lui fait confiance parce qu'il l'aime jusqu'à la folie. Cet amour de Dieu pour nous est la source de notre joie, la source qui étanche la soif de notre désir le plus profond. Que cette joie soit la vôtre en ce Noël, que cet amour de Dieu en vous vivifie celui que vous vous portez les uns aux autres.

1. Il s'agit du premier tour des élections législatives du 26 décembre 1991 (élections déjà évoquées dans une lettre à la famille Chessel). Élections qui a donné la victoire au FIS. La lettre date donc bien de 1991.

Qu'il soit la lumière qui vous conduira tout au long de cette nouvelle année.

Ici c'est dans la remise de notre confiance en Lui que nous vivons sans inquiétude pour demain. Père Pierre qui était à Fès est maintenant à Aiguebelle pour faire soigner son cancer des os. Père Jean de La Croix actuellement à la Communauté de Berdine le remplacera auprès des trois autres frères à Fès. Frère Philippe est au Liban. Frère Michel s'est cassé un bras et une clavicule en cueillant les dernières grappes de raisins. Nous sommes donc un petit nombre, cela ne nous a pas empêché d'arracher les pommes de terre, la récolte a été bonne. Le pays se prépare à vivre une échéance importante ce 26 décembre. Le FIS ne cache pas ses intentions d'instaurer une république islamique par tous les moyens. Affaire à suivre. Les prix s'emballent. Le franc français vaut officiellement 4 dinars (8 au marché noir). L'assainissement nécessaire des entreprises fait encore croître le chômage ; il touche surtout les jeunes, leur avenir est bouché ; ils deviennent ainsi la proie facile pour tous les aventuriers. Il y a bien cependant des gens raisonnables qui savent que l'amélioration de la situation passe par un effort au travail de tous, par la suppression de la corruption, par la coopération internationale et non par la rupture avec toute modernité comme le préconise le FIS.

Ahmed, le frère de Mohamed qui avait conduit les plus jeunes d'entre vous à la mer est au Canada depuis la mi-septembre ; il est paraît-il très heureux là-bas. [...] J'ai bien reçu les photos dans la grande enveloppe, je pense que vous avez fait retirer pour vous celles qui vous ont paru intéressantes. J'ai aussi quelques gros plans pris par frère Philippe (Louis, Bernadette, Elisabeth, Thérèse). Bien sûr que je suis avec intérêt ce que chacun de vous vit (recollage des os...) même si c'est de loin.

Encore une fois bonne année. Que le Seigneur vous bénisse et vous garde dans sa Paix.

Paul

LETTRE 102

À Bernadette et sa famille.
N.-D. de l'Atlas (Tibhirine), 11 mai [1992].

Chers tous,

C'est frère Christophe qui transporte ce courrier jusqu'à Fès afin qu'il soit acheminé d'une manière plus sûre.

Je vous remercie pour tout ce que vous avez fait pour nous lors du dernier passage de Christian. Je crois que les filtres conviendront bien au jardin et que l'arrosage se passera sans trop de problème. Nous avons déjà dû arroser trois fois les pommes de terre. La saison s'annonce sèche. Les pluies ont été insignifiantes depuis deux mois. L'alimentation des sources ne se fera pas avant l'automne ou l'hiver prochain. Espérons que ce ne soit pas trop la pénurie d'ici là.

Fernand Chardon[1] se rendra en France fin juin pour fêter un anniversaire de mariage de sa sœur. Il vient de temps en temps ici.

J'espère que vous allez bien, que pêcheurs et poissons ne se font pas trop de mal.

Je vous embrasse.

Paul

1. Prêtre de la Vallée de Boëge qui vivait en Algérie. Paul est parti le 26 mars 1996 avec lui depuis Thonon. Il devait emmener Paul prendre l'avion à Lyon.

LETTRE 103

À Bernadette et sa famille.

N.-D. de l'Atlas (Tibhirine), 21 juin [1992].

Chers tous,

J'ai beaucoup tardé pour répondre à votre lettre du 3 juin. J'espère que l'état de santé de maman ne s'est pas aggravé. Elle risque bien de se retrouver encore un cran plus bas. Ces accidents finiront peut-être par l'emporter. Je souhaite aussi que la charge ne devienne pas trop lourde à porter pour vous.

Au sujet de la demande de remboursement de la Caisse d'Épargne : après en avoir parlé avec Christian, il m'a dit qu'il fallait vous le laisser (la somme est bien modeste, de quoi offrir un tout petit souvenir à mes filleuls[1] qui se marient cette année, à vous de voir). [...]

Nous n'avons pas à nous plaindre sauf que la pluie est tombée sur notre fourrage *andainé*[2]. Le soleil reviendra. La situation, à mon sentiment ne s'améliore pas beaucoup. Les Algériens n'ont pas beaucoup de tonus. Bonne fête à Jean Pierre.

Je vous embrasse tous.

Paul

1. Il s'agit de Paul Folliet et de Françoise Chessel, ses filleuls, qui se sont mariés la même année, dans l'été 1992.

2. Enroulé.

LETTRE 104

À Monique et sa famille.
N.-D. de l'Atlas (Tibhirine), 27 août [1992]
[Sur une carte].

Chers tous,

Bonne fête à toi Monique, dont la sainte patronne était algérienne bien avant l'Algérie, mère d'un des plus grands Pères de l'Église : Saint Augustin que nous fêterons demain. C'est père Christian qui sert de boîte aux lettres (mobile). Il se rend en France pour diverses affaires et nous reviendra dans trois semaines. L'été a été chaud et cela a commencé plut tôt que d'habitude. Depuis deux jours les grandes chaleurs ont cessé, même s'il reste une pointe au milieu du jour.

Je pense que vous allez bien, que vous avez passé de bonnes vacances et que vous êtes prêts à reprendre le collier s'il y a encore quelque chose à labourer du côté de la Versoie.

Donnez le bonjour à vos parents et à vos voisins, j'espère qu'ils sont en bonne santé.

Ici pas besoin de bûcherons, les forêts se dénudent quand même rapidement. Les uns mettent le feu aux forêts, les autres aux écoles. On se prépare un avenir pas très brillant.

Gardons quand même l'espoir et la confiance en celui qui nous a fait pour Lui.

Paul

LETTRE 105

À Bernadette et sa famille.

N.-D. de l'Atlas (Tibhirine), [fin septembre 1992].

Chers tous,

J'ai honte de laisser ainsi toutes vos lettres sans réponse. Je suis assez pris, comme toujours, mais je m'organise mal aussi. Quatre jours après le passage de Père Christian chez vous, je le savais déjà par une lettre envoyée de Montélimar à frère Christophe. Christian m'a écrit d'Aiguebelle pour me donner les détails des heureuses circonstances qui lui ont permis de passer chez vous et de faire la connaissance de la maman ainsi que de vous tous. Il est de retour parmi nous depuis samedi 19 et m'a dit sa joie de vous avoir rencontrés. Avec lui je vous remercie de l'avoir accueilli.

Ici tout va bien, la chaleur a été plus clémente cette année, sauf quelques jours à la fin août. L'eau a été plus abondante. La deuxième plantation de pommes de terre est belle avec toutefois un retard sur un côté insuffisamment arrosé au début. Nous avons commencé à mettre du polystyrène dans les combles afin d'essayer d'économiser un peu de fioul, nous en brûlons une quantité effarante. C'est un travail qui va nous prendre pas mal de temps et qui est assez pénible pour les jambes surtout vu le peu de hauteur qu'il reste pour travailler. La situation du pays ne s'améliore pas très vite, il y a toujours des policiers et des gendarmes tués de même que des attentats contre des installations téléphoniques ou autres et des attaques contre les bureaux de poste ou des banques. Il est bien difficile de mettre tout cela sur le compte du FIS. Il semblerait qu'on veuille continuer à réduire la corruption, souhaitons que cela réussisse et que les plus pauvres ne soient pas seuls à porter le poids des difficultés économiques.

Merci pour tous les dérangements que je vous ai occasionnés notamment chez les Baud à Évian et à la Caisse d'épargne. Si c'est encore assez tôt, fais verser le reliquat au Secours Catholique.

Toute mon affection à chacun d'entre vous.

Paul

LETTRE 106

À sa mère. N.-D. de l'Atlas (Tibhirine), 23 sept [1992].

Chère maman,

Enfin un petit mot pour te donner de mes nouvelles dont tu me dis, avec juste raison, que tu n'en reçois pas souvent. Je te demande pardon d'être si négligent et si peu courageux pour le faire. Cependant le passage imprévu de Père Christian a dû te rassurer à mon sujet. Je suis heureux que tu aies eu l'occasion de faire sa connaissance et aussi un peu mieux celle de notre Communauté. Il m'a dit que tu étais en bonne forme, malgré tes inséparables cannes. Bien sûr qu'elles doivent parfois être lourdes à porter, mais elles peuvent devenir légères si l'on se souvient que les premiers à participer au Royaume sont les aveugles, les boiteux, les estropiés. Michel Pinaud est passé lundi, il descend vers le chaud soleil. Ici la grande chaleur est passée. Ce soir nous avons un orage.

Je te laisse en te souhaitant patience dans l'épreuve et surtout l'espérance qui nous donne la joie de vivre.

Paul

LETTRE 107

À Bernadette et sa famille.

N.-D. de l'Atlas (Tibhirine), [23 septembre 1992].

Chers tous,

Un petit mot à côté de celui destiné à la maman. J'espère que vous êtes en bonne santé. Ici tout va bien. Les rattes sont levées, les châtaigniers aussi, ils poussent d'un centimètre par jour quand il fait chaud, le plus grand mesure 6 cm, c'est-à-dire qu'il ne fait pas souvent chaud et nous avons dû continuer à chauffer la maison. Michel Pinaud est passé ce lundi 27 et m'a apporté quelques nouvelles et aussi le dernier catalogue destiné à notre ami Bachir. La situation politique ne s'améliore pas vite. Il y a eu quelques affrontements ce 5 mai à la suite du verdict concernant les auteurs de l'attentat de Guemar[1] au début décembre. La solidarité, ainsi exprimée, du FIS avec les auteurs de cette attaque (qui a eu lieu avant les élections) dévoile s'il en était besoin les moyens utilisés par ce mouvement pour arriver à ses fins. Mais c'est le seul mouvement qui ait su récupérer tous les mécontentements à son profit et bénéficie encore d'un important soutien populaire. On va probablement vers un durcissement du terrorisme qui provoquera une répression plus forte. Avenir pas tout rose pour ce pays.

Pendant ce temps-là, le travail est au ralenti, c'est-à-dire qu'on descend un peu plus bas dans la misère. Quant à nous, nous vivons en paix avec ceux qui sont autour de nous.

Je vous embrasse tous.

PS : Avez-vous des nouvelles des pièces de la perceuse chez Baud à Évian ?

---

1. Il est probablement fait allusion ici à l'attentat organisé par le FIS contre le poste-frontière de Guemar le 29 novembre 1991.

LETTRE 108

À Maurice, son beau-frère et famille.
N.-D. de l'Atlas (Tibhirine), 24 septembre [1992].

J'ai manqué (de peu) la Saint Maurice, de beaucoup la Ste Monique, cependant je suis (encore) un peu en avance pour la Saint Vincent (de Paul), un homme qui sort de l'ordinaire, il faut connaître sa vie, surtout quand on porte son nom, un très beau film a été tourné sur lui : « M. Vincent ». Mais chez vous tout n'est pas toujours fête, j'ai été averti par Colette et par Bernadette de la nouvelle et subite crise que tu as eue toi Monique[1]. Je comprends que cette soudaineté soit inquiétante pour vous et constitue un handicap sérieux et très gênant même si le phénomène n'est qu'occasionnel. Je ne vous écris pas souvent, mais je vous garde présents dans mon cœur devant le Seigneur. Colette m'a dit aussi que toi, Maurice tu faisais de la forge à froid sur tes doigts. De quoi pincer le cœur sur le moment et être gêné plusieurs semaines en espérant que cela guérisse bien.

Ici tout va bien, vous avez sans doute des nouvelles indirectement par P. Christian qui est passé un soir à Thonon. J'avais un peu mal au dos en juin et juillet ; cela s'est assoupli en faisant un peu d'exercices. Nous sommes en train d'isoler les combles avec du polystyrène, ils sont très bas et il faut de la souplesse pour se plier et se déplacer. Le fioul est moins cher qu'en France mais son prix a triplé en deux ans et avec nos plafonds faits de linéaux de plâtre en tout et pour tout, nous chauffons les nuages.

Au jardin, je vais peu souvent. Nous avons récolté la plupart de nos fruits. Avec le soleil et de l'eau tout pousse

1. Crises de vertige.

facilement, mais il y a beaucoup de maladies dues aux insectes. [...]

Saluez Victor Bron de ma part. Saluez aussi la famille Requet à laquelle je pense souvent. Je vous embrasse.

Paul

LETTRE 109

À sa mère. N.-D. de l'Atlas (Tibhirine), 16 novembre [1992].

Chère maman,

J'ai bien reçu ta dernière lettre et je vois à ton écriture que cela n'est pas facile pour toi ; cependant j'ai pu facilement te lire et te comprendre. Je voudrais t'encourager à supporter ton épreuve qui doit être de plus en plus lourde à porter. Depuis là je ne peux pas grand-chose et pas davantage quand je suis près de toi. Je crois que c'est au Seigneur qu'il nous faut nous en remettre. Lui seul peut tirer du bien de toutes nos misères. J'ai bien pensé à vous tous en cette fin du mois d'octobre, 11e anniversaire de la mort de papa. Je ne sais pas s'il dormira quand ce sera notre tour d'entrer, il s'agira de ne pas trop faire de bruit [...]

Il paraît que ton état ne t'empêche pas de continuer à faire des banquets, puisque l'autre dimanche Colette, Monique, Lina et Élisabeth sont venues pour t'aider à manger (ton train). Assez dit de bêtises je te détorbe[1] et tu n'as pas le temps de penser à ton salut. Heureusement qu'il y en a un qui y a pensé avant nous et qui ne cesse de le vouloir et de tout mettre en œuvre pour qu'il soit réussi. De temps en temps il nous faut penser à lui dire merci de nous avoir

1. Patois savoyard : « Je te détourne ».

préparé une place dans son royaume. Est la meilleure façon de le remercier, c'est de nous offrir à lui, tout entiers avec nos misères, nos faiblesses et nos souffrances est aussi nos joies et bonheurs qu'il nous a donnés. Encore courage et patience. Je t'embrasse.

Paul

LETTRE 110

À la famille Chessel. N.-D. de l'Atlas (Tibhirine), 17 novembre [1992].

Chers tous,

Qui a dit que la poste marchait mal en France et que c'était encore pire en Algérie ? J'ai reçu ce dimanche 15 novembre votre lettre partie de Thonon le 12 de ce même mois, un record sans doute que ces trois jours seulement pour acheminer une lettre sur cette distance et à travers les frontières. Je suis toujours heureux de recevoir de vos nouvelles, même si elles ne sont pas toujours très bonnes en ce qui concerne la santé de la maman et de Monique. De saut en sursaut, nous nous dirigeons tous vers le grand saut. Je me rends compte que la maman baisse progressivement. Colette m'avait déjà parlé de ces brusques variations de tension artérielle. Elle peut donc voir sa situation évoluer très rapidement et même être emportée brusquement. Tout cela ne manque pas d'ajouter un peu plus de soucis sur vos épaules. Je préfère bien sûr la savoir chez vous et bien entourée que dans un quelconque mouroir, mais je dois reconnaître que je n'en subis aucun inconvénient. L'abandon des parents par un très grand nombre actuellement est sans conteste un changement de culture, changement n'est pas forcément synonyme de progrès. Ici au moins à l'écart des villes, ce phénomène n'est pas encore apparu et la famille est encore très fortement structurée. Quant à Monique elle doit en avoir assez de toutes ces crises à répétition et cela doit lui être très pénible à vivre dans l'incertitude de chaque moment présent. La mort de Suzanne Bouvier m'a un peu surpris, je ne pouvais savoir qu'elle était gravement malade. Elle avait été mariée à Verjus que j'ai bien connu au collège. [...]

Frère Christophe se rend en France pour visiter ses parents et les autres membres de sa famille. Il sera de passage à Tamié en fin de semaine. Il sera accompagné de Mohamed, le fils d'Ali notre ouvrier. Christophe a évoqué la possibilité de passer à Thonon le lundi 23 au matin, mais je ne suis pas sûr qu'il puisse le faire. Je pense qu'il vous téléphonera de Tamié. Si Rachid et Annick[1] ou d'autres désirent les rencontrer, ils pourraient se rendre à Tamié le dimanche 22 par exemple. [...]

D'après la photo que j'ai reçue, Louis fait un heureux grand-père. J'espère que malgré tout ce bonheur est partagé par tous. J'ai bien aimé d'avoir des nouvelles de chacun de vous tous et de voir que chacun s'occupe avec sérieux dans la situation qui est la sienne. Ici le temps aujourd'hui est au brouillard humide avec du vent, il fait donc relativement froid. Ce n'est pas la première fois, cela alterne avec des étés de la Saint Martin, suivant d'où souffle le vent. Espérons que cela revienne beau pour les pommes de terre et pour continuer les labours.

À vous tous paix et joie dans le Christ.

1. Couple mixte.

LETTRE 111

À Monique et sa famille.
N.-D. de l'Atlas (Tibhirine), 29 novembre [1992].

Chers tous,

Je suis content d'avoir reçu votre dernière lettre qui a mis plus de trois semaines pour m'arriver ; la dernière de Bernadette a mis trois jours seulement. J'avais par elle et Colette de vos nouvelles, et je sais que tu dois être opérée le 29 décembre à Grenoble sans plus de détails. Espérons que le résultat soit positif et te libère de cet état, sujet d'inquiétudes permanentes et empoisonnant l'existence. Je comprends que ce soit lourd à porter et j'y pense souvent. J'avais aussi des nouvelles de la maman et de son état de santé qui se détériore progressivement. Je me demande si elle tiendra encore le coup longtemps avec ces brusques variations de tension. Heureusement que Bernadette s'occupe d'elle mais je crains aussi que cela ne la fatigue trop par moment et qu'elle soit surmenée. J'ai été surpris d'apprendre la mort de Bernard Bel, probablement d'un cancer, il n'aura pas profité beaucoup de sa retraite puisqu'il n'avait que 63 ans. J'ai vu aussi sur le bulletin paroissial la mort d'Hubert MOREL ce printemps dernier. Le voilà libéré de ses souffrances et cela devait être lourd à porter pour sa femme. Saluez-la de ma part. Bonjour aussi bien sûr à la mémé Requet qui je pense a pu reprendre sa vie habituelle après son embolie, et à la famille d'Alain.

J'ai bien pensé que vous aviez d'autres chats à fouetter que d'aller courir chez Novarina pour les papiers que j'avais demandés c'est pourquoi j'ai écrit aux Chessel pour les avertir du passage de F. Christophe et pour qu'ils essayent d'y aller si vous n'y avez pas déjà été afin de les remettre à Christophe si cela était possible. J'ai bien pensé à Michel Pinaud mais plutôt pour convoyer le matériel, et comme il ne vient pas très souvent à Thonon, je pensais qu'il viendrait probablement vers Noël et éventuellement l'emmener avec lui. J'aurai sans doute encore besoin de vos services à ce sujet.

Ici, en ce moment je prépare les champs pour ensemencer le fourrage. Je passe charrue, cultivateur et herse, c'est le moment de le faire, il a plu en octobre et début novembre, la terre est donc facile à travailler, Christophe n'étant pas là, il faut le remplacer. Je n'ai pas encore fini les travaux d'isolation entrepris en septembre mais il y a environ 250 m^2 de fait et je peux faire tourner une chaudière à plus basse température. J'espère bien obtenir les économies prévues pour récupérer la dépense importante engagée. Cela demandera quelques années évidemment.

Le temps est actuellement très beau et relativement chaud, le thermomètre monte jusqu'à 20 °C, après des jours de brouillard très humides. Mais cela peut changer rapidement.

Sur un journal, on annonce cinq cent trente-cinq morts à l'occasion d'attentats depuis un an. Il s'agit d'une minorité mais suffisamment armée et décidée pour entretenir un climat malsain pour le pays, ce n'est pas de cette façon que se résoudront les difficultés économiques. On ne voit pas bien comment le pays s'en sortira, sinon par une répression plus forte après le délai accordé aux « rebelles » pour se repentir. Quant à nous, rien de changé dans nos rapports avec les voisins, nous évitons bien sûr de prendre parti.

Paix et joie sur le chemin parfois difficile mais qui nous conduit quand même vers la fête de Celui qui est venu et qui viendra pour nous faire participer à sa gloire. Je vous embrasse.

Paul

LETTRE 112

À sa mère. N.-D. de l'Atlas (Tibhirine), 6 décembre [1992].

Chère maman,

Merci pour ta dernière lettre que je suis très bien arrivé à déchiffrer malgré les petits défauts de ton écriture, dus au handicap de ton bras. J'espère qu'il va un peu mieux maintenant et qu'il te permet de faire à peu près correctement le minimum de choses comme prendre tes repas par exemple ou tourner les pages d'un livre (saint bien entendu). Pour le reste il ne faut pas trop t'inquiéter puisque maintenant tu n'as même plus besoin de recoudre les boutons de mes pantalons ni de repriser mes chaussettes. Mes souliers sont aussi percés mais il suffit pour que ça marche de ne pas mettre en face l'un de l'autre le trou de la chaussette et celui de la chaussure. Comme tu vois, on peut toujours s'en tirer et avoir la belle vie enfin de compte. À propos de trou, il y en a un qui s'est enfin ouvert dans le ciel et le soleil s'y engouffre à pleins rayons en ce moment. Il faut aussi se souvenir de l'ouverture pratiquée il y a bientôt 2 000 ans dans les cieux et qui a permis à Celui qui est la lumière du monde d'arriver jusqu'à nos ténèbres. Les ténèbres recouvrent notre monde en ce moment, en cette fin de XXe siècle et pourtant nous savons, grâce à Celui qui vient, dont nous attendons le retour dans la gloire, que le mal est vaincu par l'amour. Parce qu'il nous aime, Dieu est venu habiter parmi nous. Le règne de l'amour est à l'inverse du règne de violence de notre monde. Prie pour que les hommes de bonne volonté et aussi tous les autres connaissent cet amour venu en l'enfant Jésus à Bethléem.

Que l'espérance de cette vie nouvelle en Jésus te comble, dès maintenant de paix et de joie.

Je t'embrasse.

Paul

LETTRE 113

À Monique et sa famille. N.-D. de l'Atlas (Tibhirine), 16 janvier [1993].

Chers tous,

J'ai un peu honte de choisir une feuille si petite pour vous envoyer mes vœux pour cette nouvelle année. À vous et au famille Requet, chez Hubert dont j'ai appris la mort par le bulletin paroissial des deux vallées. Une bonne santé, dont j'ai eu des nouvelles par Bernadette surtout et aussi aujourd'hui par Michel Pinaud qui, arrivé hier au soir, repart cet après-midi. Il me semble que l'opération s'est bien passée, espérons que les résultats répondront à l'espoir mis en elle afin que prennent fin ses ennuis de plus en plus grave. [...]

De tout cœur avec vous tous sans oublier le bûcheron[1].

LETTRE 114

À sa mère. N.-D. de l'Atlas (Tibhirine), 29 janvier [1993].

Chère maman,

C'est avec ton papier que je t'écris. En défaisant mes bagages je me suis aperçu que j'avais emporté ton grand bloc de papier à lettre. Je ne l'ai pas volé mais seulement

1. Allusion à son neveu Vincent, devenu bûcheron.

emporté par mégarde et j'ai bien l'intention de te le rendre. Pas question bien sûr de faire un aller-retour en avion pour te le porter ; mais de temps en temps je t'en enverrai une feuille, comme je n'écris pas souvent il y en aura encore en l'an 2000, tiens bon si tu veux tout récupérer. Comme je n'ai pas de nouvelles de ta santé depuis mon départ, pas de coup de téléphone, je pense que ton état suit son petit bonhomme de chemin vers le printemps. Je pense que tu n'es plus « *engrebouenée tie*[1] » (dans ton lit) et que tu as retrouvé un appétit « féroce », toute chose nécessaire pour rejoindre ton « château » le moment venu. Je reconnais, comme tu me le faisais remarquer le matin de mon départ que j'ai de la chance d'avoir des sœurs pour s'occuper de toi, mais il faut que toi tu reconnaisses que c'est aussi une bénédiction du Seigneur envers toi et si tu as le temps tu peux l'en remercier comme je le fais moi-même de temps en temps. Rendre grâce au Seigneur pour tous les dons qu'il nous a accordés n'est-ce pas un joli boulot de retraité(e) ? Et prier pour la paix dans notre monde perturbé, pour le soulagement de toutes les misères pour que tous aient la joie de croire ne fait concurrence à personne, ne menace aucun emploi. Voilà du temps bien employé. Et pendant l'éternité, quand nous serons au paradis ça ira encore mieux. Je te vois très bien installée sur un gros nuage blanc (là-haut ils sont tous blancs ; j'ai pu le constater encore une fois de plus en revenant) comme un gros coussin de coton avec à la main un chapelet fait d'une poignée d'étoiles que tu aurais ramassées sans te faire remarquer, vu qu'il y en a des milliards, personne ne s'apercevrait du larcin et puisque c'est pour la bonne cause… Sainte Thérèse de Lisieux disait qu'elle voulait passer son ciel à faire du bien sur la terre. En voilà un beau programme pour l'avenir et pour le présent des retraités qui ont du temps libre…

1. Patois savoyard : recroquevillée.

Le voyage de retour s'est bien passé, l'attente a été moins longue à Alger qu'à l'arrivée à Genève. Les formalités de sortie ont été très rapides, le passage pour les personnes qui n'ont rien à déclarer est une merveille, j'ai quand même pris un diable pour sortir mes 40 kg de bagage, la valise faisait 26 kg mais on ne m'a pas fait payer de supplément à Genève. Ici la situation est très calme, là où nous sommes, la reprise en main par la vieille garde permet assurément d'éviter des graves affrontements. Certains se réjouissent de voir la démocratie ainsi sauvée de son élimination par le FIS. Mais le feu couve sous la cendre. Le FIS et avec lui tous ceux qui lui ont donné leur voix se trouvent dépossédés d'une victoire pour ainsi dire certaine et le paradoxe c'est qu'il est devenu le « martyr » de la démocratie, alors qu'il est tout sauf partisan de la démocratie. Et même si ceux qui l'ont suivi ne souhaitent pas dans leur majorité établir un régime à l'iranienne, ils représentent une masse importante qui désire un changement. Les problèmes qui ont permis au FIS d'avoir tant de succès demeurent, et demeureront encore longtemps, ils sont liés à l'économie et à la démographie. Les jeunes sont sans avenir, ils se réfugient dans la drogue, la délinquance ou la religion laquelle ainsi envisagée et présentée permet de fuir la réalité comme on le ferait avec une drogue.

Si j'ai emporté ce bloc de papier à lettre, à la place j'ai laissé deux calendriers que Pierre m'avait donnés à Bonnevaux ; faites-en ce qui vous plaira. Petit tremblement de terre dans la nuit du 18 au 19. Fortes pluies (180 mm en deux jours). Le week-end suivant, les inondations ont emporté un épicéa savoyard, en le suivant à la trace j'ai pu le récupérer et le remettre debout.

Merci de tout ce que vous avez fait pour moi pendant ce séjour et j'ai un peu honte d'avoir abusé de votre générosité. Je vous embrasse tous.

Paul

LETTRE 115

À sa mère et à tous.

N.-D. de l'Atlas (Tibhirine), [début d'année 1993].

Chère maman, chers tous,

Je prends (encore une belle feuille de ton bloc de papier à lettre). Quand il sera fini je retournerai t'en « piquer » un. Mais patience parce qu'il reste encore pas mal de feuilles et que je ne m'en sers pas souvent, vous le savez bien d'ailleurs.

Un sauveur nous est né ! Pourquoi faire dans notre monde moderne d'aujourd'hui ? Il y a bien longtemps que le modèle à suivre c'est l'homme qui se « sauve » lui-même, tout le reste n'est qu'aliénation. Pourtant si l'on regarde un peu autour de nous on s'aperçoit vite que la majorité des humains vit opprimée, en Yougoslavie, au Soudan, en Palestine, au Liban, au Pérou, au Cambodge, au Zaïre... collectivement et individuellement, intérieurement par les pesantes chaînes que sont notre susceptibilité, notre amour propre, notre orgueil, notre égoïsme, notre indifférence, notre mépris.

Pourtant c'est Noël. Frère Luc, qui envisageait de partir à l'abbaye d'Aiguebelle pour ne pas être une charge pour notre petite communauté durant ces derniers jours, a finalement décidé de rester encore et il a commandé des médicaments pour continuer à soigner les nombreuses personnes qui viennent le consulter. Il faut dire aussi que cette année les deux jeunes orangers qu'il a planté dans le préau sont chargés de beaux fruits. Ils seront à point lorsqu'il commencera sa 80e année. C'est Noël aussi avec ces trois sœurs augustiniennes qui sont venues passer une dizaine de jours jusqu'à Noël. Une anglaise et deux françaises. L'anglaise donne des cours d'anglais. Les deux autres rassemblent des enfants à la sortie de l'école et leur donnent des leçons de français. Elles ont jusqu'à trente ou quarante élèves qu'elles reçoivent par groupe d'une dizaine dans leur petit appartement. L'une d'elles a été sollicitée pour donner des cours dans une école du quartier (à Alger). Mais elle s'est récusée en disant qu'elle avait passé l'âge de la retraite en fait elle n'a que 85 ans et demi ; l'autre est beaucoup plus jeune puisqu'elle n'a que quatre-vingt-un an et demi. L'anglaise a encore l'avenir devant elle à soixante-cinq ans.

C'est Noël aussi quand je téléphone chez vous et que vous voilà tous autour du lit de la mémé, grands et petits (!) afin qu'elle ne risque pas de tomber du même lit. Finalement c'est Noël chaque fois que vous faites du bien autour de vous, les occasions ne manquent pas et je sais que vous savez les saisir.

Christophe et Mohamed ont été très contents de l'accueil que vous leur avez réservé ; Mohamed aurait aimé rencontrer Rachid et Annick. Mais les circonstances ne l'ont pas permis.

Merci pour la photo des trois vieilles et des trois moins vieilles, il paraît que les trois moins vieux étaient fatigués ! Je crois comprendre que maintenant la mémé se fait servir les banquets à domicile ; elle a pris cette habitude de fête à la grande réprobation du pépé et maintenant elle ne peut plus s'en passer.

Je n'ai pas encore de nouvelles de Monique, c'est normal et je pense que son opération s'est bien passée et souhaite qu'elle produise les heureux résultats qu'on attendait.

Je vous mets un papier pour Novarina (j'ai bien reçu les autres par Christophe, merci) pour des précisions sur des prix. Il faudrait que vous puissiez y passer assez tôt de façon que je les ai pour, si possible commander pour le prochain passage de Michel Pinaud à Thonon. Merci encore pour tous ces dérangements, mais il faut aussi penser à occuper les (futurs) retraités.

Je vous souhaite à tous une bonne et sainte année dans la paix et la joie de Celui qui est venu.

Affectueusement.

Paul

LETTRE 116

À Bernadette et sa famille.

N.-D. de l'Atlas (Tibhirine), 13 février [1993].

Chers tous,

Simplement un petit mot pour vous déranger une fois de plus. J'ai bien reçu votre lettre de ce début janvier avec le mot de maman qui survit quand même à toutes ses épreuves. J'ai bien reçu une photo de ce que je crois vous avoir désigné irrespectueusement « les trois vieilles avec les trois moins vieilles ». Christian m'a parlé de la possibilité pour moi de retourner en France vers la fin de l'année-début 1994, soit pour l'anniversaire de la mémé, pour ses huitante ans. Je ne sais ce que vous en pensez, ce qui est préférable.

Comme je vous l'ai laissé entendre ce mot est intéressé. J'ai bien reçu la documentation et les prix demandés par vous chez Novarina. Et maintenant je passe commande. Il faudrait au plutôt y passer pour déposer le papier joint et si possible récupérer le matériel pour le mettre chez Lina où Michel le récupérera à la fin de ce mois de février. Si cela ne vous gêne pas trop vous effectuerez le règlement de la facture et nous vous rembourserons par CCP dès réception.

J'écrirai, si je peux demain à Lina pour la mettre au courant et aussi pour la saluer. Mohamed attend une lettre de Rachid et d'Annick. Il présente bien sur les photos avec

Christophe et toute la famille. Je vais à la poste maintenant pour voir si dans le courrier il y a les réponses que j'attends de Bernard Ainoux et de Richardson.

Je vous embrasse tous, la mémé plus particulièrement.

Paul

LETTRE 117

À Bernadette et sa famille.

N.-D. de l'Atlas (Tibhirine), 12 mars [1993].

Chers tous,

Michel Pinaud est passé lundi après-midi avec la pompe de chauffage et les raccords que vous aviez pris chez Novarina. Dès le lendemain j'ai mis la pompe en place, il était temps pour éliminer les zones froides de la maison qui sont occupées jusqu'à ce matin par le Père Abbé de Notre-Dame d'Aiguebelle qui vient de nous faire la visite régulière et elles le seront à nouveau à partir de ce soir par frère Philippe de Tamié qui vient nous donner une session de chant. Nous allons dans l'ensemble à peu près bien, il y a eu plusieurs grippes, je ne l'ai pas eue. Mais la sinusite est là qui guette, à l'affût presqu'en permanence. Frère Célestin a eu une angine de poitrine, il s'en remet doucement.

Je vous remercie encore pour tout le dérangement que je vous occasionne. [...]

Je vois que le petit Franco-Algérien[1] se porte bien, à l'évidence il est nourri tous les jours et a l'air heureux et je ne doute pas qu'il fasse le bonheur de ses parents, grands-parents et arrière-grand-mère.

1. Il s'agit de Mehdi né de l'union de Annick Chessel (nièce de frère Paul) et de Rachid Bouzit.

Ici quel bonheur pour les jeunes ou pour tous ? Les bavures de la police ne sont pas rares. On assiste à une escalade attentat-répression. L'assassinat de policiers et gendarmes fait perdre leur sang-froid aux forces de l'ordre. C'est un piège tendu par le Mouvement Islamiste Armé. J'ai bien l'impression que la police soit tombée dans le panneau. Il est évident que les Islamistes ont un savoir-faire en matière de révolution et de manifestation des masses. Cela promet des lendemains qui chantent.

Il nous faut prier pour ce pays et les gens qui l'habitent et aussi pour que les communautés chrétiennes et musulmanes vivent dans la paix et le respect mutuel. L'exploitation abusive des événements de Yougoslavie peuvent en France provoquer des haines et creuser des fossés infranchissables. À nous de maintenir des passerelles de compréhension. Je vous embrasse tous.

Paul

PS : Pour la mémé je joints une icône qui l'aidera sur son chemin de Pâques.

LETTRE 118

À sa mère. N.-D. de l'Atlas (Tibhirine), 15 mars [1993].

Chère maman,

Me voilà donc que de nouveau et enfin devant une grande page blanche devant moi. Maintenant il me faut continuer à payer mon crime de t'avoir « volé » ton bloc de papier à lettre. Cette feuille blanche il me faut donc la « noircir » (ou la bleuir), tâche difficile surtout en ce jour, le deuxième dimanche de carême nous est proposé l'écoute du récit de la transfiguration. Là il n'est pas du tout question de noircir mais de blancheur fulgurante. Notre noirceur est appelée à être lavée dans le sang de l'Agneau pour participer à la gloire du Fils bien-aimé dans le Père et par l'Esprit. De même que ceux des deux grands prophète Moïse et Elie nos corps eux-mêmes sont destinés à cette gloire. Le tien lui-même est, paraît-il, sans attendre davantage, en train de ressusciter. Dieu soit loué !

Tu vas sans doute bientôt penser aux choses sérieuses qui t'attendent sous le Tornet, il y aura les petites graines pour la Saint-Joseph, et puis après il y aura les pommes de terre ; tu en mettras un peu moins que d'habitude, il n'y aura peut-être que Buttay pour les manger avec toi. Nous finissons de planter les nôtres aujourd'hui y compris les rattes en espérant qu'elles ne se fassent pas geler le bout des oreilles. Les fleurs des amandiers sont fanées mais celles des pruniers viennent de sortir. Ainsi c'est le printemps, le temps est très agréable ces jours ; il fait encore un peu frais le matin, la journée le soleil nous caresse sans trop nous piquer. Tout est vert dans les champs, l'herbe bonne ou mauvaise pousse très vite.

Je continue aujourd'hui 19 et Saint Joseph, tu penseras à ton conscrit de Centfontaines[1] et à tous les autres portant ce nom. Finalement ma lettre partira plus tard mais elle arrivera presqu'aussi vite. J'ai bien reçu la lettre de Monique avant la vôtre. Elle me demandait ce qu'il y avait de spécial. Je joins un petit mot pour eux tous. Il y a du spécial : la venue de frère Philippe de Tamié pour nous donner une session de chant liturgique. Il repart demain. Je lui confierai cette lettre.

1. Lieu-dit à Bonnevaux.

La situation est très calme autour de nous. Mais les solutions des vrais problèmes ne sont pas encore réalisées et seront longues à mettre en œuvre ce qui ne peut que maintenir des tensions vu l'urgence des besoins. L'interdiction du FIS et sa dissolution ne signifient pas que les personnes qui en font partie se sont converties aux idées d'une autre formation politique. Plusieurs ont été arrêtés, mais ceux qui le peuvent s'organisent probablement dans la clandestinité. Les difficultés ne sont certainement pas terminées pour ce pays. Avec la présence d'un tel parti, le pays n'était pas assez mûr pour un déroulement normal d'élection. L'habileté du FIS a été d'exploiter le mécontentement des gens en se présentant comme le seul parti vraiment musulman, les autres étant tous des mécréants et en disant dans les mosquées sous son pouvoir que ceux qui ne voteraient pas pour lui iraient en enfer. Cela en dit long sur les méthodes et les moyens que ne manquerait pas d'employer un tel parti au pouvoir. Cela ressemblerait très vite à l'inquisition pratiquée par une partie de l'Église il y a cinq siècles. […]

Notre monde est en train de passer, et sans celui qui le fait renaître à chaque instant il retournerait aussitôt au néant d'où il vient. Comme les Hébreux au moment de leur sortie d'Égypte et leur passage à travers la mer Rouge, première pâque de l'esclavage à la liberté, préparons–nous à la nôtre qui nous fera passer de la mort à la vie en plénitude. Joyeuses Pâques !

Je n'ai pas encore eu le temps de répondre à la carte d'Annick et de Rachid. Saluez-les de notre part.

LETTRE 119

À sa mère et à tous. N.-D. de l'Atlas (Tibhirine), le 23 avril [1993].

Chère maman, chers tous*,

* tous = comme c'est la mode maintenant j'utilise le procédé « lettre circulaire » que vous voudrez bien multiplier et répandre.

Un petit mot, à cause de la résurrection, cet évènement que nous recevons dans la foi et dont nous faisons mémoire chaque année et aussi chaque dimanche avec tous nos frères chrétiens. C'est l'évènement fondateur du christianisme, source inépuisable de notre espérance de salut pour tout homme c'est-à-dire que Dieu aime, sans restriction et parfaitement, puisqu'il va jusqu'à donner sa vie, chacun de nous. Cet amour nous rend libres, nous ne sommes plus esclaves mais héritiers avec le Fils et c'est là, la source de notre joie ; joie que nous pouvons partager avec tous à commencer par les plus proches. Que cette joie soit la vôtre, que cet amour du Père nourrisse celui qui vous unis les uns les autres et qu'advienne par lui la paix dont notre monde a tant besoin particulièrement dans ce pays où je vis. Vous êtes probablement mieux informés que nous, ici, sur place pour savoir que la violence ne fait qu'empirer, même si le GIA (Groupe Islamique Armé) ne peut affronter l'armée directement. C'est surtout les gendarmes et policiers qui ont été les cibles des terroristes, maintenant cela arrive aussi à des civils (une jeune femme de 21 ans à Alger il y a quelques jours, le maire de Médéa nommé en remplacement du maire FIS démissionné, parmi d'autres). Le GIA a ses listes noires (ceux qui sont ainsi condamnés sont déclarés infidèles à l'islam et celui qui tue est assuré de gagner son paradis, il s'agit bien sûr d'une interprétation déviante du Coran et la grande majorité des

Algériens ne la fait pas sienne). Cette situation crée un climat malsain où l'on craint la délation (comme pendant la seconde guerre mondiale où les résistants étaient dénoncés aux allemands et les miliciens ou collaborateurs « dessoudés » par le maquis). Il suffit de coller la bonne étiquette sur quelqu'un pour régler le problème. Je ne veux pas exagérer la situation par ces propos parce qu'elle ne concerne actuellement qu'un petit nombre, mais je crains que cela ne s'amplifie.

À Alger surtout la situation est plutôt tendue ; il y a des tirs chaque nuit à un endroit ou à un autre de la ville. La majorité de la population en a sûrement marre, elle est sûrement aussi un peu désespérée devant l'incapacité du pouvoir de restaurer la sécurité, pouvoir qui n'a d'ailleurs pratiquement aucun soutien populaire. Autour de nous tout est calme, rien de changé dans nos rapports avec le voisinage, frère Luc a toujours autant de consultants. En tant qu'étrangers, nous ne sommes pas mis en cause par les uns ou les autres et le pire qui pourrait nous arriver c'est le non renouvellement de notre carte de séjour. Quel que soit le pouvoir en place, l'Algérie devra continuer à vendre son pétrole et son gaz à l'étranger pour assurer son approvisionnement surtout alimentaire avec des devises.

Donc la vie continue. J'en ai pour preuve la levée des pommes de terre particulièrement des rattes qui ont bien 15 cm de haut maintenant, c'est donc prometteur, nous les aurons plus tôt que l'année dernière, arrachées tard (vers le 15-20 juillet). Je vous l'ai peut-être déjà dit, elles ont été très longues à cuire (malgré la vapeur de frère Luc). Là aussi la maman va pouvoir me donner sa recette, mission de confiance pour une retraitée.

Du côté forêt cela bouge aussi. Les fayards ont de belles feuilles, les sapins et épicéas font de leur mieux, cela va faire un volume de bois important. J'espère que le bûcheron de la Forclaz[1] pourra venir nous donner un coup de main au moment de l'exploitation. Merci encore au fournisseur de plan. Nous avons un déficit important en pluviométrie pour cette saison et, fait exceptionnel, nous avons déjà dû arroser. Je serai content de recevoir bientôt maintenant les raccords dont j'ai besoin pour notre réseau d'irrigation. Ils sont sans doute arrivés chez Novarina et vous les avez peut-être déjà acheminés jusque chez Michel Pinaud. Il n'a certes pas que cela à faire, vous non plus d'ailleurs, si vous pouviez voir où cela en est cela nous rendrait service, même s'il ne peut passer ici, cela arrive à leur bureau à Alger et nous pourrions les y récupérer. Merci encore. [...]

Si vous pensez venir passer vos vacances ici cet été, sachez donc que je passerai moi-même les miennes (quinze jours ou trois semaines) à partir du 15 juillet à Fès au Maroc auprès de nos frères qui sont là-bas et pour boucher un trou en l'absence du Père Jean de la Croix qui sera lui-même en France à ce moment-là pour sa santé, pour un séjour à la Communauté de Berdine[2] (drogués, alcooliques). Il craint aussi la chaleur de l'été à Fès. Je ne devrai pas y avoir trop froid, le thermomètre monte paraît-il à 44 °C à l'ombre.

Pour mon futur voyage en France aucune date n'a encore été fixée.

Bonjour à tous, paix et joie dans le Christ, notre sauveur premier né d'entre les morts.

Paul

1. Son neveu Vincent.

2. Communauté regroupant des personnes en précarité due à l'alcool ou la drogue située en France dans le Vaucluse, avec laquelle la communauté de Tibhirine s'était jumelée. Frère Jean de la Croix qui avait été porteur au moment de la fondation alors qu'il était abbé de Notre-Dame d'Aiguebelle allait passer les deux mois d'été sur place, et en réciprocité, des berdinois venaient faire des séjours à Tibhirine.

LETTRE 120

À sa maman suite à un problème de santé de celle-ci.
N.-D. de l'Atlas (Tibhirine),
[printemps/avril 1993].

Chère maman,

Il paraît que tu n'en fais pas une de la main droite à nouveau ? Alors tu ne veux plus de ton château, préférant les hôtels 4 étoiles ou plus. J'espère cependant que ce n'est pas trop grave et te souhaite de te rétablir au plus tôt. Encore une épreuve dont tu te serais bien passée. Mais en tout évènement, ce qui est important c'est de garder la foi, oui garder inébranlablement sa confiance en Dieu. Il est bon, infiniment bon, il nous aime infiniment et ne veut que notre bonheur. Et le vrai bonheur c'est de vivre intimement avec Lui, d'une manière encore imparfaite tant que nous sommes loin de lui, mais bientôt nous serons comblés de joie quand il nous fera asseoir à la table du banquet des noces.

Je t'embrasse.

Paul

LETTRE 121

À Bernadette et sa famille. N.-D. de l'Atlas
(Tibhirine), 1er mai [1993]
[Sur carte avec dessin du monastère].

Chers tous,

Bonne fête de Saint Joseph, puisque nous en faisons mémoire aujourd'hui. J'espère que vous êtes en bonne santé et que la mémé marche bien droit. Comme on dit ici. Michel Pinaud est arrivé hier au soir et repart ce matin. [...]

Bonne route vers l'Ascension et la Pentecôte. Notre Seigneur est toujours présent parmi nous comme il nous l'a promis et il le restera jusqu'à la fin des siècles, mais c'est dans la foi seulement que nous pouvons le percevoir vivant dans ceux que nous rencontrons chaque jour.

Je vous embrasse.

Paul

LETTRE 122

À sa mère. N.-D. de l'Atlas (Tibhirine), 3 mai [1993].

Chère maman,

Le Christ est ressuscité, Alléluia !

Bien sûr que tu vas penser que la fête de Pâques est dépassée depuis plus de quinze jours. Mais finalement qu'importe puisqu'il est vivant aujourd'hui, au milieu de nous, au fond de nos cœurs. Et puis aussi le 15 mai approche avec ta fête, si je te la souhaite trop tôt, tu risques d'oublier quand le moment sera venu. Il paraît que tu n'as plus une très bonne mémoire. Mais je ne crois pas du tout ce qu'ils disent, puisque tu as retrouvé une écriture bien lisible et que l'orthographe est bien conservée. Il me semble donc que te voilà ressuscitée. Michel Pinaud qui est passé lundi dernier m'a même dit que tu te déplaces presque toute seule, mais ne va pas trop vite quand même ni trop loin. Le Tornet n'est pas le nombril du monde, ni la tête même s'il domine le village au point que ses habitants ont peur de le voir dégringoler. Et si Jérusalem est appelée pôle du monde, et Cité du grand Roi, il s'agit bien sûr de la Jérusalem Céleste parce que depuis la rencontre de Jésus avec la samaritaine nous savons qu'il n'y a plus de montagne réservée à l'adoration du vrai Dieu, mais que les vrais adorateurs le sont en esprit et en vérité.

Il paraît aussi que tu parles souvent de la mort, de la tienne, comme si tu étais déjà en train de la vivre ! Nous vivons dans un drôle de monde. Tous veulent aller au paradis mais personne ne veut mourir. Il y a là erreur sur les réalités que sont la mort et la vie éternelle. Ce n'est que dans la foi qu'elles peuvent être bien perçues. La vie éternelle c'est que nous connaissions le Père et Celui qu'il a envoyé ; Jésus Christ. Connaître dans la Bible c'est avoir une relation très intime avec quelqu'un que nous aimons et qui nous aime. Qui peut nous aimer mieux que Dieu ? Puisqu'il s'agit de connaître Dieu, de vivre dans son intimité nous pouvons le faire dès maintenant, mais nous savons que nous ne le pourrons parfaitement que lorsque la vie nous sera donnée en plénitude. Et nous pourrons désirer d'un grand désir de parvenir à cette intimité avec Dieu, non pas en désirant la mort, l'effondrement dans le néant mais en lui faisant totalement confiance, en lui donnant toute notre vie pour qu'il nous la rende parfaite. C'est ainsi que le Fils a été ressuscité parce qu'il a tout remis à son Père. La résurrection du Christ est l'évènement fondateur de notre Foi ; « Si le Christ n'est pas ressuscité, notre foi est vaine » nous dit Saint Paul. Et la résurrection du Christ est le gage de la nôtre et aussi celui de la Victoire irréversible de l'amour sur le mal, lequel dans notre monde d'aujourd'hui semble reprendre vigueur. Ne nous laissons pas troubler, croyons en la puissance de l'amour de Celui qui est venu dans le monde pour que tout homme soit sauvé par lui. Voilà la source de notre joie. Faisons-la rayonner en aimant chacun de ceux qui nous entourent.

Bonne fête, bonne santé. Je t'embrasse.

Paul

LETTRE 123

À sa mère. N.-D. de l'Atlas (Tibhirine), 15 mai [1993].

Chère maman,

J'arrive en retard pour te souhaiter de bien fêter la Sainte Denise ta patronne qui veille sur toi depuis là-haut. Je pense que ce sera aussi une très grande fête pour toi lorsque, plus tard, tu feras sa connaissance au Paradis et qu'elle te présentera la facture de tout ce que tu lui dois pour ses interventions auprès du Seigneur. Mais ne t'inquiète pas, il suffira que tu ailles puiser dans le bas de l'aime de ce dernier qui est sans fond (c'est pour cela que son amour est infini et que je ne parle pas de bas de laine). Oui quelle fête pour nous tous de nous retrouver ensemble pour aimer Celui qui nous aime, avec Marie, la très sainte vierge qui nous invitera comme à Cana à faire tout ce qu'il nous dira.

Il me semble que tu te plains un peu trop à tort de ton bras puisque je peux très bien lire ton écriture, puisse-t-elle rester encore longtemps comme cela, sans que ton bras se raidisse davantage. Bien sûr que je ne te souhaite pas d'être et de rester handicapée, mais si tu peux malgré tout assumer les plus utiles de tes besoins, c'est le principal et cela représente un progrès important par rapport à ton état d'il y a bientôt un an et demi, lors de mon dernier passage. Tout cela qui nous paraît lourd à porter et sans signification, il faut l'offrir au Seigneur. Lui peut s'en servir et en tirer du bien. J'espère quand même que tu n'en souffres pas trop.

Tout pousse très vite en ce moment il commence à faire chaud, pas tous les jours cependant, et comme il a bien plu au début du mois, les conditions sont donc favorables pour le jardin et surtout pour les mauvaises herbes.

Les pommes de terre rattes font 30 à 40 cm de haut. Nous pourrons bientôt en manger. Ce serait bien que tu m'envoies la recette pour les faire cuire. Les fraises sont en fleurs, nous allons nous régaler. Te souviens-tu encore de celles du jardin de Bonnevaux. Mais tu peux venir en manger ici si tu veux. Nous avons des artichauds délicieux sans « foin » tout se mange, sauf les feuilles évidemment. Les châtaignes que Louis m'avait données ont bien germé et pousse hardiment, tu es invitée pour le premier « *brezolon*[1] », mais patience ! patience ! pour le moment les pousses ne font que 20 cm de haut. Les fayards de Barnabé poussent bien aussi, quand ils seront grands, j'aurai mon « *boué*[2] ». Il nous faudra encore brûler beaucoup de mazout en attendant. Les oignons montent cette année et ne donneront donc pas grand-chose, dommage, nous mangerons de l'ail plus prometteur.

Finalement tu peux constater que nous sommes très riches mais que tout cela donne du travail. Y a-t-il des gens aussi heureux que les retraités ? tu as de la chance. Il paraît que les caisses de retraite sont vides à force de vous faire empiler des magots et qu'il ne nous restera plus rien. Alors nous serons mendiants comme beaucoup aujourd'hui.

Voilà, assez dit de choses sérieuses, je t'ai fait perdre un bon moment de prière, peut-être 2 chapelets, mais tu te rattraperas demain, « *deman yéra mio*[3] ».

Je t'embrasse et te souhaite beaucoup de courage pour supporter tes misères, d'espérance à cause des promesses qui nous ont été faites, et de joie pour l'amour que Dieu

1. Patois savoyard : châtaignes grillées.
2. Patois savoyard : bois.
3. Patois savoyard : « Demain ça ira mieux ».

nous donne par l'intermédiaire de ceux qu'il a mis près de nous.

Paul

PS : La feuille de papier est mince, mets-la sur quelque chose de sombre pour la lire.

LETTRE 124

À Bernadette et sa famille.

N.-D. de l'Atlas (Tibhirine), 16 mai [1993].

Chers tous,

Voici déjà quinze jours que Michel est passé et c'est aujourd'hui seulement (17 mai) que nous allons récupérer les raccords que vous avez eu la peine de suivre depuis chez Novarina. J'ai pris un retard considérable dans la réalisation de nos installations d'irrigation, non pas à cause des difficultés d'acheminement du matériel car je ne suis pas resté sans rien faire, mais à cause des autres nécessités. Enfin on fera ce que l'on pourra avec la grâce de Dieu ! […]

J'espère que vous allez bien, que la mémé n'en fait pas trop des siennes. Quant aux étudiants ils doivent se congratuler avec l'approche des vacances et des examens ! Enfin à chacun ses joies. Celle qui nous est commune à tous nous vient de l'amour infini que Dieu porte à chacun de nous. Rendons lui grâce pour ce don inestimable. Que croisse en vous cette certitude, chez le plus petit comme chez le plus grand, chez le plus âgé comme chez le plus jeune alors vous connaîtrez le royaume des Cieux et votre joie, nul ne pourra vous la ravir.

Paix et joie dans le Christ.

Paul

LETTRE 125

À sa mère. N.-D. de l'Atlas (Tibhirine),
6 juillet [1993].

Chère maman,

Pour une fois je suis un peu en avance pour te souhaiter un bon anniversaire. Cela commence à devenir sérieux 79 ans et bientôt commence la 80e année. *Ca pas se te pense qui va dena*[1] !

Tu vas finir par dépasser le pépé. Je te souhaite une bonne santé, autant que faire se peut. Fais bien attention à ta tension, il ne faut pas toujours jongler avec. Ici il fait chaud comme en été, le pépé serait heureux puisque le thermomètre monte à 37° (à l'ombre). Je pense que depuis le temps le Seigneur t'a avertie que tu seras bientôt invitée au banquet des noces de l'Agneau que tu es prête maintenant. Soyez toujours prêts car le Seigneur viendra comme un voleur. Quel bonheur de voir venir ce voleur-là.

Je t'embrasse.

Paul

LETTRE 126

À Bernadette et sa famille.
N.-D. de l'Atlas (Tibhirine), 6 juillet [1993].

Chers tous,

Je pense que vous allez bien depuis mon dernier coup de téléphone. Je n'oublie aucun de vous pour la Saint-Jean, la Saint Pierre, la Saint Louis. Ni les examens des plus jeunes. Quant au plus jeune, il déambule sûrement soit à 4 soit sur 2

1. Patois savoyard : « Je ne sais pas si tu penses que cela va changer grand-chose ? »

entre chaises, tables et cuisinière. Cela maintient l'attention en éveil et par là entretient la jeunesse. Depuis un bon mois nous mangeons des rattes ; elles ont bien donné, il y en aura probablement au total plus de 100 kg, nous en avons peut-être trop planté. Je pars mercredi 14 pour Fès, je reviendrai en principe le 31 juillet. Difficile de vous donner des informations exactes sur ce qui se passe dans le pays. Beaucoup de choses sont dissimulées ; il s'en suit beaucoup de rumeurs fausses qui inquiètent les gens ; cela ressemble à de la propagande, chacun voulant exprimer une bonne image de soi et une mauvaise de l'adversaire. [...] Bon été, bonnes vacances !

Paul

LETTRE 127

À Bernadette et sa famille.
N.-D. de l'Atlas (Tibhirine), [juillet 1993].

Chers tous,

Bonnes vacances ! C'est-à-dire Saintes vacances. Temps de rupture de rythme, de ressourcement, de recul, de réflexion. Ce temps maintenant je peux en prendre la mesure grâce au retour de ma montre. Je la trouve beaucoup plus brillante qu'avant et merveille, on n'arrête pas le progrès, même le jour où on vit est indiqué. Peut-être qu'à l'avenir même le jour où l'on doit mourir sera indiqué. Merci donc infiniment, c'est-à-dire d'une manière sans mesure.

Frère Célestin va mieux, il se rétablit et devrait normalement nous rejoindre après les grandes chaleurs de l'été. En ce moment c'est vraiment l'été, ce qui fait mûrir fruits et tomates, mais il faut leur donner beaucoup d'eau. En ce moment je poursuis la mise en place des canalisations commencée l'année dernière pour améliorer les conditions d'arrosage et perdre un peu moins d'eau.

Je ferai donc une parenthèse dans l'été pour me procurer une « crête » de chaleur (+ de 40 °C tous les jours) à Fès où ils ne sont que trois en ce moment depuis que le Père Jean de la Croix est en France. J'y fais donc « nombre » à concurrence de 25 % et en plus quelques bricoles dans la maison ou le jardin. Le Père Fernand Chardon (de Boëge) qui fonctionne depuis plusieurs années avec une pile au cœur a dû se résigner, dans un climat de tension dans lequel nous vivons à rentrer en France, au moins temporairement, sinon cela risquait de faire pile ou face (face à face à Dieu). Il a dû passer quelques temps chez sa sœur [...], il est peut-être à Boëge en ce moment. Il devrait revenir pour quelques jours début août. Si vous avez l'occasion de prendre contact avec lui, dites-lui de passer prendre sa lanterne et que Robert l'attend. (Ci-dessous une petite liste de bricoles au cas où vous le verriez avant son départ).

Je suis bien entendu proche de vous tous et plus particulièrement des plus éprouvés, Thérèse, François, la maman et d'autres.

J'entends la voiture qui va emmener Christian à Alger, il me faut donc « boucler » rapidement, j'aurai voulu écrire à d'autres, je ne le pourrai pas.

À Fès à partir du 20 juillet environ jusqu'au 12 août :

Communauté Monastique

B. P 540 BAB HADID

30004 FES-BATHA

MAROC

Tel : 22 5 63 32 54

Je vous embrasse.

Paul

LETTRE 128

À sa mère et à tous.

Annexe de N.-D. de l'Atlas (Fès), 10 août [1993].

Chère maman, Chers tous,

Mon séjour se termine ce matin et je repars en direction de l'Algérie dans la matinée. Ce soir je serai à Oran et demain à Tibhirine. J'ai apprécié cette quinzaine passée ici dans un autre climat, plus élevé en température mais beaucoup plus calme par ailleurs. Les trois frères présents vont bien et le plus âgé, 81 ans s'affaire toujours soit à la cuisine, soit à la fabrication d'hosties.

Je n'ai pas trouvé à Fès de Sinuspax, c'est un médicament qui a commencé à me déboucher les sinus. Je ne sais pas s'il est délivré sans ordonnance. Si possible il faudrait en remettre quelques boîtes à Fernand Chardon. Vous y joindrez le montant à payer.

J'espère que vous allez tous bien et que vous passez de bonnes vacances.

Comme vous le savez les choses ne s'arrangent guère là-bas. On a fait sauter un pont dans la Chiffa. Passage à gué.

Je crains de plus en plus les répercussions en France de la situation qui se dégrade de jour en jour.

Je dois abréger. Bonne fête avec Sainte Marie, pur joyau de la Création.

Paix et joie dans le Christ.

LETTRE 129

À sa mère. N.-D. de l'Atlas (Tibhirine), [fin juillet 1993].

Chère maman,

Me voici de retour du Maroc où j'ai passé deux semaines avec nos frères qui sont là-bas. Il a fait très chaud les derniers jours, mais j'ai quand même bien supporté. J'ai fait le voyage aller en avion et je suis revenu ici en voiture avec un prêtre d'Oran. Tu peux constater qu'il n'y a pas que toi qui voyages. J'espère que tes enfants et petits-enfants vont tous bien et que tu ne fais pas trop de misères à ton petit bisou[1], et que toi-même tu ne laisses pas trop vagabonder ta tension. Maintenant que tes 80 ans sont passés, il faut regarder vers l'an 2000 et penser aux choses sérieuses qui nous attendent, celles qui sont préparées pour nous depuis toujours pour notre plus grande joie. Je t'embrasse.

Paul

LETTRE 130

À Bernadette et sa famille. N.-D. de l'Atlas (Tibhirine), 1er sept [1993], veille de la foire de Crête.

Chers tous,

Je n'ai pas oublié la Saint Louis mais je n'ai pas eu le temps d'écrire assez tôt ; d'autre part le courrier va très lentement, il doit être pour la plupart du temps censuré. J'espère que vous allez bien et que vous n'avez pas trop souffert de la chaleur

1. C'est ainsi que sa maman appelait son arrière-petit-fils, Mehdi.

de l'été (ou du froid en juillet). Colette m'a téléphoné en soucis à cause de la lettre que j'avais envoyée chez les Requet. Pour le moment pas de panique, je suis encore vivant, j'en saurai un peu plus bientôt à la suite des examens qui sont en cours. Frère Luc pense quant à lui que cela peut être lié à la déficience de ma glande thyroïde. Affaire à suivre. Toujours pas de nouvelles de Richardson. Je pense que par la poste normale, elle risque de ne pas m'arriver ; votre dernière lettre m'a été remise à mon retour de Fès. (Sur la photo je vois que votre héritier se porte bien), mais actuellement je ne sais par qui la faire véhiculer. J'aurai aimé que Fernand Chardon puisse ramener les pièces. Enfin je vous ai donné beaucoup de tracas. Merci encore. Paix et joie dans le Seigneur.

Paul. Bonjour à tous.

LETTRE 131

À sa mère. N.-D. de l'Atlas (Tibhirine), [septembre 1993].

Chère maman,

Puisque tu crains souvent de descendre aux enfers, je t'envoie un escalier. Mais cet escalier ne descend pas, il ne sert qu'à monter. Utilise-le chaque jour afin d'être de plus en plus proche de Celui qui nous aime. Je t'embrasse.

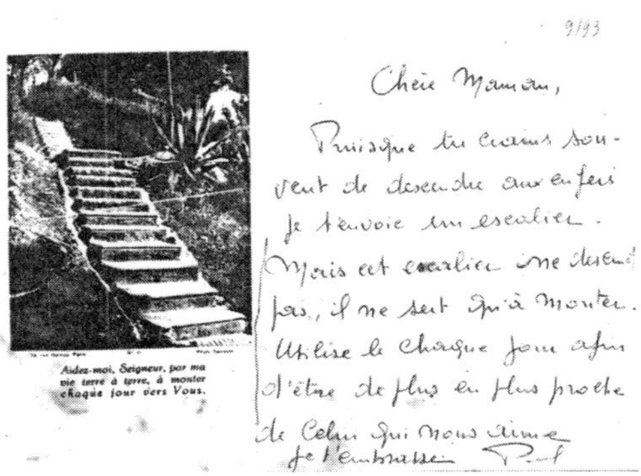

9/93

Chère Maman,

Puisque tu crains souvent de descendre aux enfers je t'envoie un escalier. Mais cet escalier ne descend pas, il ne sert qu'à monter. Utilise le chaque jour afin d'être de plus en plus proche de Celui qui nous aime je t'embrasse Paul

Paul

LETTRE 132

À sa mère. N.-D. de l'Atlas (Tibhirine),
[postée le 27 octobre 1993].

Chère maman,

Un petit mot pour te dire que je serai uni à vous par la pensée et par la prière pour l'anniversaire de la mort de papa. Voilà déjà douze ans que cet événement est arrivé. Et notre tour approche à petit ou à grand pas, avec ou sans cannes. Ne nous effrayons pas puisque la joie qui nous attend, pour laquelle nous avons été créés est sans commune mesure avec les difficultés du temps présent. Déjà cette joie est là, car c'est l'amour de Dieu pour chacun de nous et à chaque instant qui est la source de notre joie la plus profonde. En ce 1er novembre avec tous les saints qui nous ont précédés soyons en fête et courons joyeux aux noces de l'Agneau. À toi santé pour pouvoir continuer ta course, paix et joie dans notre Seigneur et Sauveur Jésus-Christ.

Paul

LETTRE 133

À Bernadette et sa famille.
N.-D. de l'Atlas (Tibhirine), 8 décembre [1993].

Chers tous,

Aujourd'hui c'est la fête de la Vierge Marie Immaculée. Bien sûr, la majorité de nos contemporains ne comprend pas la nécessité d'une parfaite conformation à la création originelle, c'est-à-dire que Marie soit telle que Dieu a voulu créer l'homme à son image et à sa ressemblance. C'est parce que Marie est appelée à mettre au monde celui qui est par excellence le Saint de Dieu qu'elle doit nécessairement être digne de la haute mission qu'elle a librement acceptée dans sa réponse à l'ange : « Qu'il me soit fait selon ta parole ». L'avènement du Christ dans notre monde, c'est-à-dire que Dieu en Jésus prend notre humanité, devient vraiment homme pour nous dire qu'il nous prépare une place auprès de son Père, que Dieu nous a créés pour que nous vivions de sa vie ; cet avènement bouleverse l'histoire de l'humanité et nous invite à l'espérance. Ce monde-ci, celui où le mal semble triompher est en train de passer. En Jésus, la mort est vaincue, l'amour est plus fort que la mort. Il reste à l'Église à trouver un langage qui soit compris dans notre culture en mutation afin que cette bonne nouvelle soit reçue par tous. Que cette joie soit celle de chacun de vous et de tous ensemble en cette fête de Noël, vers laquelle nous marchons.

La sœur Odette[1] qui était à l'hôtellerie pendant votre séjour ici prend régulièrement de vos nouvelles, elle passe deux fois par an, se réjouit de voir « pousser » le petit Mehdi et de voir le bonheur du grand-père, de la grand-mère et de tous les autres. J'espère que vous aussi vous êtes en bonne santé et que les « choquées » par l'accident de car à Éloise[2] sont bien remises. J'avais su sur le journal *La Croix* une relation de cet accident mais sans savoir que vous étiez concernés et sans être indifférent aux victimes, je me suis souvenu du mot que papa nous rapportait : « Là-bas la bise écornait les bœufs ». Je viens aussi de recevoir une lettre de la Forclaz. Il semble que cela ne va pas trop mal pour le

1. Il s'agit de Petite Sœur Odette Prévost, qui sera assassinée le 10 novembre 1995 et béatifiée avec les dix-huit autres martyrs de la période le 8 décembre 2018. Elle venait régulièrement à Tibhirine soit pour des temps personnels de retraite, soit pour rejoindre le groupe de partage islamo-chrétien du Ribât-es-Salâm (Lien de la Paix, fondé en 1979 et qui se réunissait au monastère tous les six mois).

2. Frédérique et Odile, nièces de Paul.

moment chez eux, avec cependant une inquiétude au sujet du travail de Maurice. Elle me dit que la maman est de nouveau fatiguée. Elle me fait allusion au voyage dont je vous avais parlé pour le début 1994 ou pour les 80 ans de la maman. Nous n'en avons pas reparlé depuis un certain temps avec Christian, lequel a annulé le séjour qu'il devait faire en France en janvier. En tant que Supérieur de la communauté, il a jugé plus raisonnable de rester ici actuellement. Pour moi, c'est différent évidemment, mais nous avons quand même un devoir de solidarité réciproque ? Père Amédée vient de rentrer de France où il était allé se faire opérer d'une hernie de la prostate. Tout s'est bien passé mais il ne peut pas encore reprendre tous ses services que d'autres doivent assumer. Frère Christophe part ce 12 pour une semaine à Fès. Frère Célestin se rendra sans doute lui aussi en France au début de l'année. Nous ne pouvons pas nous absenter plusieurs à la fois pendant une longue période sans rechanger trop les autres. Donc pour le moment rien de précis pour ce qui me concerne, je vais quand même en reparler avec Christian, il ne faut pas non plus attendre qu'il soit trop tard pour revoir maman. […]

J'ai revu Fernand Chardon, le « Père de Boëge » il y a une dizaine de jours. Il est passé rapidement, je n'ai pu discuter avec lui ; il est donc bien revenu de son voyage. Je ne l'ai pas embêté cette année. Il rend volontiers service mais quand il fait le voyage en voiture, on est facilement submergé de commissions. Michel n'est pas repassé depuis le 1er mai, c'est normal maintenant qu'il y a un vol direct, il gagne ainsi deux jours de route ; c'est beaucoup mieux ainsi. Tout va bien, les pommes de terre font d'excellentes frites, et il nous reste un stock important de confiture, de pastèques principalement, si vous voulez venir réveillonner avec nous, nous vous réserverons des places.

À tous Joyeux Noël, que la paix de Jésus notre sauveur soit dans vos cœurs.

Paul

LETTRE 134

À Monique et sa famille.

N.-D. de l'Atlas (Tibhirine), 12 décembre [1993].

Chers tous,

J'ai bien reçu votre lettre de fin novembre. Je vous en remercie. En ce moment et souvent d'ailleurs, notre téléphone est en panne et il est un vrai instrument de pénitence. Cela devrait changer paraît-il, quand ? Cela passerait par un nouveau centre de communication téléphonique. En général, cependant l'international est plus facilement accessible qu'Alger.

Ma santé n'est pas en danger semble-t-il pour le moment, mais comme vous le savez lorsqu'on a achevé le premier demi-siècle, en général le suivant est le bon ; les exceptions sont rares. J'ai encore un examen à passer à Alger bientôt avant d'aller retrouver ma cardiologue. Mais je pense que c'est d'origine nerveuse à cause des difficultés de ma glande thyroïde. Rien de bien grave, je me lève tous les jours, je mange, je bois, je travaille et je redors. Donc rien d'inquiétant, si vous voulez vous pouvez venir vérifier sur place. Un peu plus tard, je compte bien sur notre bûcheron pour venir exploiter notre forêt. Les arbres sont encore petits mais avec un peu de patience. Il suffira de prendre une petite tronçonneuse pour couper les branches, pour les têts, pas de problèmes, nous avons ce qu'il faut sur place. Bûcheron, voilà un bon métier, pas de chômage pour le moment et voilà Pierre Command remplacé. Beaucoup de chômage un peu partout. Nos frères de Fès sont en relation avec une personne française qui a une usine de confection à Casablanca. Le tissu vient de France, les vêtements sont fabriqués au Maroc et ensuite ils sont acheminés en France. C'est un exemple de ce qu'on appelle la délocalisation. Dans la revue *Croissance* de ce mois de novembre, il y a un article intéressant à ce sujet. On y lit que le salaire d'un français permet de payer neuf Marocains, vingt-cinq Thaïlandais, trente-cinq Indiens. En 1991 20 % des chaussures vendues en France venaient de Chine, 21 % des fours micro-ondes de Corée, 25 % des téléviseurs de Corée. « Si le libre-échange est théoriquement souhaitable, il ne peut s'appliquer intégralement qu'entre pays proches qui jouent la même règle du jeu. » Il n'y a pas que les différences de salaires qui perturbent l'équilibre des échanges, il y a aussi les droits de douanes très différents d'un pays à l'autre et qui faussent la vérité des prix. Mais en même temps les pays moins riches connaissent un chômage plus important que les pays développés et si leurs habitants ne trouvent pas suffisamment pour vivre chez eux, ils seront encore davantage tentés de fuir vers les pays plus riches. Ainsi le partage de travail se mondialise mais pour ne pas multiplier les exclus, il devra cesser d'avoir le profit comme seul moteur. Souvent une entreprise est considérée comme un simple paquet d'actions et les hommes ne sont comptés pour rien. C'est un peu ce qui a dû se passer avec Perrier. Ici le chômage est aussi un très grand problème surtout pour les jeunes, plus des ¾ de la population a moins de 30 ans. L'économie est aussi handicapée et le redressement ne peut-être que long. La situation actuelle ne facilite pas. Saluez bien Alain et sa famille de ma part, j'espère que tous sont en bonne santé. Finalement il a de la chance d'exercer son métier en France, ici il y a bien de l'embauche mais tous ne peuvent persévérer jusqu'à la retraite. Aujourd'hui, jeudi, messe de Requiem pour nos voisins. Saluez aussi Angélique, Annie et les autres Requet et Mercier de même que Nadia.

Un certain regard sur notre monde peut nous accabler lorsqu'on voit tout le mal qui y est fait, toute la souffrance qui en résulte, quand on voit monter à nouveau le nazisme dans beaucoup de pays d'Europe, le fascisme revient en Italie, à Moscou on voit des gens défiler avec le portrait de Staline et ailleurs des mouvements en *isme* qui nient aux autres le droit d'exister. Cependant nous savons que le mal ne peut avoir le dernier mot, que celui que nous attendons et qui vient a vaincu le mal et la souffrance, il a vaincu la mort pour que nous ayons la vie en abondance, c'est pour cela qu'il nous a créés, parce qu'il nous aime, il s'est dépouillé de tout afin de nous revêtir de sa richesse et de sa gloire.

Qu'il soit notre joie en ce Noël et qu'il demeure tout au long de l'année qui vient.

Paul

Frère Paul effectue une visite à sa famille au début de l'année 1994. Frère Christophe, qui avait connu et rendu visite à la famille lors d'un précédent séjour en 1992, leur glisse un petit mot :

Bien chers Bernadette et Gilbert et la maman, et vous tous,

Il me sera facile de suivre Paul… jusqu'à la maison si chaleureuse de Thonon… et de revivre la rencontre… pour continuer la communion chaque jour de cette année nouvelle : sûrs de son AMOUR.

Avec toute mon affection et ma prière de frère, Christophe

PS : Ali ce matin était bien ému de « sentir » le départ de Paul : sa présence laborieuse et priante fait partie du paysage. C'est ainsi et c'est bon (un peu difficile des fois !)

LETTRE 135

À Bernadette et sa famille.
N.-D. de l'Atlas (Tibhirine), 5 février [1994]
[Sur carte avec dessin du monastère].

Chers tous,

Comme vous le savez maintenant je suis bien arrivé et petit à petit, je me remets dans le bain et dans le climat. Après une semaine de grand beau-temps, avec une température agréable au soleil pendant le jour et seulement un peu de gelée blanche le matin, l'hiver est revenu avec vent, brouillard et un peu de neige ce matin. Aujourd'hui je dois descendre à Alger chercher une plonge inox occasion chez les sœurs blanches.

J'ai dû oublier ma petite montre dans la chambre (à moins que je ne l'aie mise dans la poche percée de mon pantalon). J'ai dû laisser aussi deux carnets (Brossette je crois), peut-être dans une poche de la veste que vous m'aviez prêtée. Mettez-les de côté, peut-être qu'il y aura encore une occasion un jour. Je vous prie de m'excuser d'avoir tout laissé en désordre et vous remercie encore pour tout. La lettre sans timbre de Lina est bien arrivée avec un timbre taxe de 4 dinars soit 1 franc, on est encore loin des 3,40 habituels. Ce 31, nous avons fêté les 80 ans de Frère Luc avec notre évêque et trois autres amis. Frère Luc nous a transmis ses dernières volontés en cas de mort lente (non-violente).

1) Lire la parabole de l'enfant prodigue (Frère Luc a lui aussi dépensé beaucoup d'argent avec les femmes qui viennent chaque jour).

2) Réciter la prière à Jésus (Seigneur Jésus, Fils du Dieu vivant prends pitié de moi pêcheur) et enfin,

3) Ouvrir une bouteille de champagne.

Voilà de bonnes idées pour la mémé. J'espère qu'elle n'a pas trop mal à sa jambe en ce moment et qu'elle ne fait pas trop de misères à son arrière-petit-fils.

À Valence le TGV avait une demi-heure de retard, une chance finalement car avec mes 42 kg de bagages j'aurais eu bien de la peine et ne serais pas arrivé à monter dans la bonne voiture avec un délai normal, ensuite, tout s'est bien passé. À la prochaine.

Je vous embrasse tous.

Paul

LETTRE 136

À Bernadette et sa famille.
N.-D. de l'Atlas (Tibhirine), 3 mars [1994]
[Sur carte avec dessin du monastère].

Chers tous,

Je profite du départ en France de Père Christian pour vous envoyer un petit mot. Il va rendre visite à frère Célestin qui a eu une nouvelle crise d'angine de poitrine et a dû être hospitalisé d'urgence à Nantes où on lui a fait six pontages. Importante opération donc, qui exigera sans doute un long repos pour que la convalescence se passe bien ; cela se fera dans une maison spécialisée en France. Il n'est pas certain que l'altitude où nous sommes puisse encore lui convenir. Frère Philippe est à Alger une semaine sur deux pour continuer dans de meilleures conditions ses études. Si bien que nous ne sommes pas nombreux par moments.

La situation ne s'arrange guère, les assassinats de policiers continuent à Médéa ce qui en retour provoque des répressions aveugles sur des gens non coupables. Ce n'est pas par ce moyen qu'on viendra à bout du terrorisme, la répression sur tous n'est finalement qu'un aveu d'impuissance et je pense toujours que les islamistes finiront par arriver au pouvoir. Nous avons peu de nouvelles de l'ensemble du pays ; les journaux censurés par le pouvoir sont interdits par les terroristes à Médéa. Toutefois d'après radio frère Luc, deux jeunes filles de 14 ans auraient été tuées (à Alger sans doute) parce qu'elles n'étaient pas voilées. Les algériens rêvent de démocratie, ce n'est pas encore pour demain. La conséquence de tout cela est une descente progressive vers la misère pour le plus grand nombre. Le plus grave est sans doute l'absence d'esprit civique, conséquence de la corruption des dirigeants des années passées et d'une défaillance de l'éducation. L'histoire de ce pays est semblable à celle de beaucoup d'autres, à celle de l'humanité avec ses hauts et ses bas.

Après un temps très printanier, le vent et le brouillard sont revenus depuis deux jours. Dans son ensemble, l'hiver n'a pas été vigoureux.

J'espère que vous êtes tous en bonne santé, que Philippe n'est pas revenu tout jaune à force de manger du riz blanc[1], que les pécheurs ne racontent pas de trop gros poissons et que la mémé s'entend toujours bien avec son « petit bisou ».

Paul

1. Son neveu Philippe était parti en voyage au Vietnam.

LETTRE 137

À sa mère. [N.-D. de l'Atlas (Tibhirine) ;
mot non daté, probablement glissé
avec la lettre de Pâques 1994 (n° 138)]
[Sur papier à lettres avec des images
et des citations bibliques].

Chère maman,

Dans les jours qui viennent, nous allons revivre les glorieux moments pendant lesquels notre seigneur, livré pour nous a mérité notre salut. C'est grâce à son amour infini pour chacun des hommes, qu'il a donné sa vie, qu'il a souffert, a été humilié et a été condamné à mourir comme un brigand. C'est ainsi qu'il a manifesté sa toute-puissance au monde. Toute puissance de l'amour qui est plus forte que la mort, c'est pourquoi il est ressuscité d'entre les morts. Que cette vie qu'il nous a promise te remplisse de paix et de joie.

Paul

LETTRE 138

À Bernadette et sa famille.
N.-D. de l'Atlas (Tibhirine), Pâques 1994.

Chers tous,

Dans notre monde d'aujourd'hui la mort semble triompher. Vous connaissez mieux que moi par les informations les diverses manifestations à travers toutes sortes de « ismes ». Si le communisme a perdu beaucoup de terrain il n'est pas complètement mort et tous ceux pour lesquels il a représenté un espoir restent sur leur faim, frustrés ils risquent de changer simplement de totalitarisme. En France aussi paradoxale que cela puisse paraître, nombreux sont ceux qui ont rejoint, au moins dans leur choix électoral, le nationalisme de Le Pen. Ce nationalisme a pris aussi pignon sur rue en Russie et un peu partout ailleurs. En Italie, le fascisme revient, le nazisme est présent dans beaucoup de pays d'Europe, quant à la Yougoslavie… Ici le « isme » s'installe en rampant et même en marchant allègrement dans une bonne partie du pays. À Médéa, contrôle de l'information : interdiction des journaux mal-pensants = mécréants depuis trois mois ; levée d'impôts = racket ; pouvoir judiciaire = têtes d'hommes égorgés exposés au marché, ou séduction et manipulation = quand on agit au nom de Dieu tout peut être justifié, tout peut être admis et considéré comme nécessaire à l'établissement du paradis terrestre. Ce mouvement qui ne correspond pas à l'islam traditionnel de l'Algérie n'est en fin de compte qu'une idolâtrie. On se met à la place de Dieu pour juger et condamner, on se met finalement à sa place, on est soi-même Dieu. C'est terrible parce qu'en agissant ainsi au nom de Dieu on est sûr d'être inattaquable et on ne risque même pas d'avoir des problèmes de conscience. Ce phénomène dépasse largement ce pays. En Égypte la situation n'est guère plus brillante, quant au Maroc et à la Tunisie le problème est encore dans l'œuf, mais il existe depuis longtemps. En Turquie également. Je pense que c'est ce qui a poussé les israéliens à changer d'attitude vis-à-vis des palestiniens, en confiant à Arafat le soin de régler le problème. Quant à ce qui va se passer dans les milieux immigrés des différents pays d'Europe, quelle sera l'importance de l'influence du mouvement qui est déjà à l'œuvre, quelle sera la réaction des communautés nationales ? Oui notre monde est malade. Ce qui lui manque le plus c'est du sens. On ne sait pas pourquoi on vit, ni où l'on va et on est disponible pour faire n'importe quoi. La crise n'est pas d'abord économique, mais c'est un mal de vivre ensemble ; l'avoir la recherche de posséder toujours plus, fausse les rapports entre les hommes qui se sentent considérés pour rien.

Cette mort nous savons qu'elle a été vaincue en Jésus-Christ et nous savons comment. C'est en donnant sa vie qu'il lui fait perdre son pouvoir. C'est dans l'amour que se manifeste sa toute-puissance, c'est dans cet amour que se trouve l'avenir de l'homme. Le gage qui nous est donné c'est sa résurrection. Oui Christ est ressuscité, alléluia !

Merci pour toutes les nouvelles de la lettre reçue ce matin. J'ai bien pensé à l'abbé Tavernier[1] lors de mon dernier séjour surtout en passant devant le séminaire, mais vraiment je n'ai pas pu, c'est vraiment difficile de choisir, transmettez-lui mes salutations. J'ai noté l'adjectif « espèce » accroché à ma montre, c'est vrai qu'elle est petite et que parfois, elle marche moins vite qu'une grande, mais qu'importe le temps face à l'éternité. Frère Christophe devrait se rendre à Tamié pour l'ordination de frère Philippe qui aura lieu le 21 mai, veille de la Pentecôte. C'est je pense le meilleur moment pour l'acheminer avec le carnet. Si j'ai d'autres besoins je vous le dirai d'ici là mais vu la situation je limite au strict minimum.

Notre Père Noël n'est pas revenu[2], il a beaucoup à faire, il est allé jouer la saynète que vous savez devant des petits français d'Alger. Massacre d'innocents devant des innocents. La liste devient longue en dehors des « forces de l'ordre ». Combien d'intellectuels, de journalistes etc., tout ce qui n'est pas manipulable. La lutte anti-terroriste est devenue une contre-terreur. Un voisin nous dit : nous sommes comme des oiseaux. Peut-être des pigeons d'argile. Le pouvoir ne se fait pas beaucoup d'amis de la sorte.

1. Ancien curé de Bonnevaux.

2. Probable allusion pleine d'humour à la visite au monastère de l'émir du GIA la nuit de Noël 1993.

Le mois de mars a été doux et même chaud, les premières feuilles de fayards sont sorties, les noix pas encore, elles sont en terre depuis plus de trois semaines, nous avons commencé à arroser, sans pluie l'été sera difficile. Aujourd'hui grand rafraîchissement la « bise » ou ce qu'il en reste sème du grésil. Mehdi commence sans doute à bredouiller quelques mots et ne manquera pas d'engager de longues conversations avec la mémé quand elle ne dort pas.

J'espère que vous allez bien et que vous êtes en voie de rétablissement.

Gardez présente en vos cœurs l'espérance qui vient du ressuscité.

Paul

LETTRE 139

À Bernadette et sa famille.

N.-D. de l'Atlas (Tibhirine), 12 mai [1994].

Chers tous,

J'ai attendu le départ de frère Christophe, pour vous écrire, c'est plus sûr comme moyen de vous atteindre. Il lui sera sans doute difficile de passer à Thonon, son programme est changé et quelques jours de calme à Tamié seront sans doute bienvenus pour lui, je lui ai bien fait comprendre qu'il ne devait pas se croire obligé d'y passer. Il arrivera à Tamié, probablement le mercredi 18 au soir et repartira le jour de la Pentecôte, dans l'après-midi pour rejoindre sa famille à Montélimar, qui fête les 80 ans de son père ce jour-là. Si vous pouvez le rencontrer, il faudrait envoyer mes précieux objets à son nom à Tamié.

Comme Christian vous l'a appris et comme cela aura été confirmé dans les informations, un reportage a même été diffusé par une chaîne de télévision, un frère mariste, frère Henri et la sœur Paul-Hélène[1] ont été assassinés à Alger. Lui était passé ici le dimanche précédent, la sœur était venue passer une retraite ici l'année dernière. Cet assassinat qui ne doit rien au hasard se situe dans la ligne des relations douloureuses vécues au cours des siècles entre chrétiens et musulmans. Chacun se croyant propriétaire de la vérité a cherché à l'imposer à l'autre avec violence, la différence raciale a été vécue avec des sentiments de méfiance ou de haine, la période de la colonisation a méprisé les droits élémentaires du pays, les conflits actuels ou récents entretiennent cela et ne sont pas faits pour rétablir la confiance. Il suffit de peu de choses pour réveiller les animosités endormies d'un côté comme de l'autre. Il est certain que dans le mouvement islamiste actuel qui dépasse le cadre de l'Algérie, il y a une volonté de « purification », de rejet de la civilisation occidentale et du christianisme (qui sont d'ailleurs confondus). Il existe aussi, malheureusement, des chrétiens en France qui mettent de l'huile sur le feu, par leurs propos ou leurs comportements. Notre foi est en un même Dieu, ce que nous en percevons est différent, nos cultures sont différentes mais aux yeux de Dieu nous avons la même valeur, c'est lui qui donne la vie à chacun de nous. La vie totalement donnée d'Henri dans son travail et sa relation aux autres était la manifestation que l'amour n'a pas de frontières ni territoriale, ni religieuse, ni raciale, ni culturelle et le succès de son œuvre devenait intolérable pour des gens s'enfermant dans leur perspective. Est-ce un élargissement dans le choix des cibles ? On ne peut pas affirmer que ce soit un choix du FIS ni même de tous les groupes armés mais un courant de rejet de tout ce qui vient de l'occident et du christianisme pour les raisons que je vous ai dites. Nous voilà donc un

1. Deux religieux assassinés le 8 mai 1994 à Alger.

peu plus algériens, c'est-à-dire que notre lot est le leur, lesquels sont pris entre deux terreurs, celle des forces de l'ordre n'étant pas moindre que celle des terroristes islamistes. On ne voit pas comment pourra se faire une réconciliation, ni quel crédit accorder à un pouvoir obtenu ou maintenu par de tels moyens.

En principe je retournerai à Fès pour la deuxième quinzaine de juillet, le Père Jean de la Croix étant en France en été, cela peut être une aide pour eux qui ne sont plus que trois ? Frère Célestin va beaucoup mieux et pense revenir fin juin, mais c'est son médecin qui en décidera. Il est à l'Abbaye de Bellefontaine depuis Pâques.

J'ai pensé plusieurs fois à l'abbé Tavernier en passant devant le petit séminaire, mais finalement je n'ai pas eu le temps de passer le voir, il y a tellement de choses à faire quand on sort de notre trou. Saluez-le de ma part quand vous le reverrez. Je vous souhaite de bien fêter avec Daniel et Carine ce samedi 21[1]. Souhaitons-leur d'être heureux et unis pour affronter les épreuves.

Le temps d'avril a été plus frais que celui de mars, la chaleur revient en ce mois de mai. Il a plu un peu pendant la nuit. Nous avons déjà mangé fèves et petits poids mange-tout, artichauts, radis, laissons faire le reste. Espérons qu'il y aura suffisamment d'eau pour arroser cet été malgré les deux années consécutives très déficitaires en pluviométrie.

À tous (à Lina aussi, je n'aurai pas le temps de lui écrire aujourd'hui), mon bonjour, mes souhaits de paix et de joie dans la confiance en celui qui nous fait grâce de son amour.

Paul

1. Il évoque le mariage de Daniel Folliet (son neveu).

LETTRE 140

À sa mère. [N.-D. de l'Atlas (Tibhirine),
sans doute dans le même envoi
que la lette précédente n° 139].

Chère maman,

En ce matin de l'Ascension, fête du jour où notre seigneur a quitté sa vie terrestre pour aller nous préparer une place auprès de son père, je pense à toi et te souhaite une bonne fête pour ce 15 mai. Mes vœux te parviendront peut-être avec un peu de retard parce que je profite du voyage de frère Christophe pour te les faire parvenir. J'espère que tu ne vas pas trop mal et que tu fais toujours bon ménage avec ton arrière-petit-fils. Avec un autre petit-fils Daniel, tu seras bientôt à Noce. Voilà la ronde des banquets qui recommence et tes descendants qui se multiplient. Telle est la vie que Dieu nous donne, grâce lui soit rendue.

Je t'embrasse.

Paul

LETTRE 141

À Monique et sa famille.
N.-D. de l'Atlas (Tibhirine), Ascension [1994].

Un petit mot pour vous dire que je suis toujours vivant en espérant que vous l'êtes-vous aussi et si possible en bonne santé. Je pense que le perchman d'Avoriaz[1] est maintenant revenu tout bronzé. Dès qu'il aura son permis, il serait bien qu'il vienne faire un tour par là ; j'ai de la peine à identifier certains arbres venus du Haut-Chablais et j'aurais besoin de ses lumières.

1. Référence à son neveu Vincent qui exerçait comme bûcheron l'été et perchman l'hiver.

Père Christian, avec père Jean-Pierre sont descendus à Alger aujourd'hui pour la sépulture de frère Henri et de sœur Paul-Hélène. Lui était passé ici le dimanche précédent son assassinat. Il nous faut dépasser toute haine pour que soit vivable un monde où il ne sera possible que d'être ensemble malgré nos différences.

À vous tous salut, paix et joie dans le Christ.

Paul

LETTRE 142

À sa mère. [N.-D. de l'Atlas (Tibhirine), non datée, vraisemblablement postée le 8 juillet 1994] [Sur papier à lettres avec des images et des citations bibliques].

Chère maman,

Je profite d'une occasion pour t'envoyer un petit mot. J'espère que tu es en bonne santé pour ton âge et que tu passeras bientôt sans encombre ton 80e anniversaire que tu as déjà fêté en grande pompe avec six mois d'avance[1]. Le psaume dit bien : « Le nombre de nos années 7,80 pour les plus vigoureux, leur plus grand nombre n'est que peine et misère ». Comme tu peux le dire ci-dessus, notre seigneur est assis à la droite du Père[2]. Mais il est aussi écrit qu'il est monté au ciel pour nous préparer une place, je pense que le pépé lui aura donné un petit coup de main. Cette vie qui

1. L'anniversaire de sa maman Denise est le 25 juillet. Elle est née en 1914. Elle a eu 80 ans le 25 juillet 1994. Ses 80 ans avaient été fêtés lorsque frère Paul était venu en janvier 1994.

2. Le papier à Lettre contient une photo du Sommet du Mont des Oliviers avec une citation « Le seigneur Jésus, après leur avoir parlé, fût enlevé au ciel et s'assit à la droite de Dieu » (Marc 16, 19).

nous attend et que déjà nous avons un peu commencée est pour nous une grande source de joie ; rencontrer et vivre auprès de celui et de ceux qui nous aiment.

Monique m'a dit que tu montais de temps en temps passer quelques jours de vacances à La Forclaz. Il paraît que Vincent est au chômage, quand tu le verras, tu lui diras qu'il y a assez de travail ici s'il veut venir. Nous avons mangé nos premières tomates, il y a des prunes en abondance, les pêches sont excellentes et très belles. Si tu as le temps viens voir. Nous allons ramasser le tilleul et bientôt ce sera le tour de la lavande. Je pars au Maroc vers le 20 juillet. Courage et repose-toi bien en mettant ta confiance dans le Seigneur.

Paul

LETTRE 143

À Bernadette et sa famille.
N.-D. de l'Atlas (Tibhirine), 25 août [1994]
[Sur une carte de Tamié].

Chers tous,

Bonne fête à toi, Louis en ce 25 août, tu transmettras mes souhaits à Louis Tagand[1]. Je pense que vous allez tous bien et que vous passez de bonnes vacances. Quant à Jean Pierre, s'il trouve la vie de soldat trop dure, il faut qu'il vienne goûter par ici. Un jeune du contingent a dû repartir précipitamment

1. Louis Tagand est un collègue de travail de Louis Chessel le beau-frère de Paul.

au début de sa première permission à cause de la menace adressée par les terroristes.

Bien difficile de savoir comment tout cela finira. La peur règne et empoisonne l'existence. Nous ne nous sentons pas menacés pour le moment mais tout est provisoire si ce n'est la vie éternelle. Frère Luc m'a préparé une ordonnance pour le Sinuspax, qui d'après lui est nécessaire. Merci pour tous les déplacements que vous voulez bien faire pour nous. Le soir il est fatigué, il dit qu'il en a marre et le lendemain il recommence de bonne heure, mais il s'évade à Médéa de plus en plus souvent dans la matinée. De moins en moins de monde à l'hôtellerie si vous voulez venir après la foire de Crête, il y aura de la place. Les dix noyers se portent bien et s'élèvent à toute allure vers le ciel. Aller au ciel ce n'est pas fuir la terre puisque la vie éternelle commence dès maintenant. Comme disait Jean-Pierre (encore lui) nous belle vie.

Je vous embrasse tous.

Fernand Chardon verra Père Christian à Chambarand avant de revenir. Salut à Lina et à Henri.

LETTRE 144

À Maurice et sa famille.

N.-D. de l'Atlas (Tibhirine), 22 septembre [1994]

[Maurice et ses compagnons]

[Sur une carte du monastère de Tibhirine].

Il est certain que ce mot vous parviendra un peu après la fête de Saint Maurice mais j'ai préféré attendre d'avoir une nouvelle occasion de courrier par frère Philippe qui va passer des examens à Strasbourg.

Bonne fête quand même et bonne fête à Vincent ce 27, fête de Saint Vincent de Paul, il faut absolument voir le film qui raconte la vie de ce saint (« M. Vincent »), qui n'avait certes pas le permis de conduire pour les voitures mais qui s'était embarqué sur les galères du Roi pour mener les galériens à bon port. Cela tient la route (!!). À Bonnevaux Thérèse est enfin libérée de son supplice[1]. Reste François qui risque de se trouver un peu plus coupé du monde. La maman en fait aussi des siennes en se levant toute la nuit. Comme le dit le psalmiste : « Le nombre de nos années ? soixante-dix, quatre-vingt pour les plus vigoureux ! Leur plus grand nombre n'est que peine et misère » [Ps 89,10]. Ce n'est pas rien pour Bernadette et pour vous tous aussi. Espérons quand même qu'elle ne devienne pas une charge trop lourde et qu'elle garde un minimum de lucidité pour qu'elle sache qu'elle est bien vivante.

L'été chaud est fini, quelques gouttes de pluie ce matin, les premières depuis le mois de mai. L'automne s'annonce lui aussi très chaud après les incendies de forêts allumés pour nettoyer le terrain, un lycée a brûlé à Médéa ; en plein jour : la terreur est un système d'exercice du pouvoir qui fonctionne très bien. Espérons que la paix reviendra et que s'arrêtera ce désastre.

Je vous embrasse.

Paul

1. Thérèse Cettour-Jeannet, tante par alliance, marié à François, oncle de Paul, décédée d'un cancer.

LETTRE 145

À sa mère. N.-D. de l'Atlas (Tibhirine),
23 septembre [1994].

Chère maman,

Voilà déjà huit jours que la fête des prunes est passée. Il paraît que vous l'avez avancée d'un mois cette année et que vous avez même invité l'évêque. Que Notre Dame veille sur toi, qu'elle te bénisse avec tous ceux qui t'entourent.

Il paraît aussi que maintenant tu commences à faire comme ton conscrit ici, frère Luc, qui se lève au milieu de la nuit pour nous préparer les repas. Il est vrai que le jour il n'a pas le temps car il doit voir beaucoup de malades. Toi de même tes journées sont très chargées et tu es très occupée avec ton petit bison. Pour ne pas perdre tout ton temps je te conseille de dire au moins une dizaine de chapelet chaque fois que tu te lèves la nuit. Le monde en a tant besoin. François ton frère, Thérèse qui nous ont quittés et moi aussi qui suis immigré. Courage.

Je t'embrasse.

Paul

LETTRE 146

À Bernadette et sa famille. N.-D. de l'Atlas (Tibhirine), 23 septembre [1994]
[Sur une carte du monastère de Tibhirine, sobre circulaire tenant lieu de chronique annuelle et de vœux de nouvelle année].

Chers tous,

Nous avons eu cette nuit un gros orage qui nous a apporté la première pluie depuis ce mois de mai. Elle est bienvenue et nécessaire pour pouvoir bientôt commencer à labourer et pour reconstituer les réserves de nappes d'eau. Le Père Fernand Chardon nous est arrivé dès mardi midi ; il n'a pu prendre le bateau que le dimanche 18. Il nous a livré une grande quantité de café, de vêtements, de fromages, de plants de fraises et de rhubarbe etc. Nous devrions encore survivre un petit bout de temps. Merci pour tout. Frère Célestin est revenu en même temps que frère Christian, il a l'air d'aller pas trop mal, malgré les atteintes inévitables provoquées par son grave accident cardiaque. Il a passé sur le chemin du retour une semaine à Berdine, là où se trouve la communauté avec laquelle nous sommes jumelés, communauté de drogués, d'alcooliques, qui y arrivent souvent comme des épaves, n'ayant plus la possibilité d'être reçus nulle part. Le problème n'est pas réservé aux pays riches, il atteint aussi le tiers-monde, il révèle certainement le sens ou le non-sens de l'existence dans un monde où l'homme n'a de valeur que par ce qu'il produit ou consomme. Là-bas, ne sont accueillis que les malades qui viennent d'eux-mêmes et qui ont épuisé tous les autres moyens de s'en sortir. Le sevrage est immédiat.

Prière obligatoire matin et soir. Travail, essentiellement nettoyage de forêts pour le compte de l'Office National, fromage de chèvres etc. Certains s'en sortent très bien, pour d'autres, c'est plus difficile et il y a aussi des rechutes, quelques-uns sont venus ici dont Denis en janvier 90, il avait fait un stage à Tamié. Il est actuellement en phase terminale de Sida. C'est une femme qui a mis en route cette communauté, qui en est encore responsable avec son mari médecin. La vie est très communautaire, encadrée par les plus anciens. Notre monde marginalise de plus en plus de personnes, surtout les plus faibles pendant que d'autres amassent des fortunes en exploitant la misère de ces malades. Il nous faut voir là aussi le Christ agonisant et abandonné et croire que la résurrection est pour tout homme créé par Dieu et pour lui. À tous et à chacun courage et espérance avec Celui qui nous aime.

Paul

LETTRE 147

À Bernadette et sa famille.

N.-D. de l'Atlas (Tibhirine), 30 novembre [1994].

Chers tous,

Vous avez probablement reçu la lettre circulaire expédiée de Fès par Père Christian[1]. J'espère que sa relation ne vous aura pas donné trop de soucis. Sa relation ne pouvait et ne peut-être que partielle et notre sécurité n'est pas immédiatement menacée ; donc rien de dramatique.

Oui, nos « frères terroristes de la montagne », j'ajoute le qualificatif « terroriste » parce qu'en français c'est par ce mot

1. Lettre circulaire du 13 novembre 1994, *Heureux ceux qui espèrent…*, p. 740-741.

qu'on désigne le genre d'action pratiquée ici, dans le pays quotidiennement, la terreur étant le moyen d'obtenir ou de conserver le pouvoir, par la force, la violence, le crime, les assassinats et autres attentats. Nous sommes donc en face de deux terrorismes, celui du pouvoir, essentiellement militaire et celui des groupes armés. Au milieu la population ne sait plus à quel saint se vouer.

On a donc besoin de notre téléphone, pourquoi le nôtre ? Peut-être par souci de discrétion, mais probablement et vraisemblablement pour tester notre soumission. J'ai exprimé mon désaccord aux intéressés d'abord, ce qui ne leur a pas plu, et aussi à la communauté. C'est vrai que la liberté de manœuvre n'est pas large quand on se trouve les mains nues en face de gens dont les arguments sont la mitraillette et le couteau. Mais je préfère rester libre dans ma conscience plutôt que de participer plus ou moins directement à la marche du GIA. Pour des raisons humanitaires je ne pense pas que cela représente un intérêt pour le groupe qui opère dans le coin de nous nuire. Ils disent que nous faisons du bien autour de nous. Je ne me laisse guère séduire par ce genre d'arguments. Frère Henri, sœur Paul-Hélène et les deux sœurs espagnoles assassinés[1] n'en faisaient pas moins que nous. Les groupes armés sont différents les uns des autres, et celui qui est près de chez nous n'aurait peut-être pas fait ces crimes, mais à ma connaissance, ni le FIS en Algérie, ni aucun groupe armé ne les a condamnés. Nous vivons un peu au jour le jour et notre situation peut changer rapidement. Nous vivons aussi dans la confiance en celui qui vient pour sauver le monde.

Depuis dimanche soir, plus de téléphone. Il a été coupé le long de la route au-dessus de chez nous. Difficile d'en

1. À frère Henri Vergès et à sœur Paul-Hélène Saint-Raymond assassinés le 8 mai, se sont ajoutés les assassinats des sœurs augustines missionnaires Esther Paniagua Alonso et Caridad Álvarez Martín.

reconnaître avec certitude les auteurs, il est peu probable que l'on se presse de remettre la ligne en état.

À part ça tout va bien, nous venons de récolter les dernières tomates pour faire de la confiture et notre première carotte il y a bientôt un mois ; son poids : 650 grammes. Une suffit pour mélanger à un plat de navet. Bientôt ce sera le tour des pommes de terre. Je bricole toujours par-ci, par-là, hier nous avons coulé la fosse septique pour la maison d'Ali. Depuis plus d'un mois, nous mangeons régulièrement des champignons, donc pas de soucis à se faire côté ordinaire.

Je vous souhaite d'être tous en bonne santé et aussi la paix et la joie. Comme je n'ai pas le temps d'écrire à tous, transmettez- leur mon affection. Je vous embrasse.

Paul

PS : Si vous êtes intéressés par un livre qui vous permettra de mieux comprendre l'Algérie, je vous recommande : « Mon Algérie tendre et violente » par René Lenoir[1].

J'enverrai un mot à maman bientôt.

LETTRE 148

À Bernadette et sa famille.

N.-D. de l'Atlas (Tibhirine), 12 janvier [1995].

Chers tous,

Bonne, sainte, heureuse année. Heureuse par la joie que le seigneur a mis dans nos cœurs en se révélant à nous, en nous offrant son amour gratuit, en devenant l'un de nous en Jésus. Les musulmans disent souvent, à chaque appel

1. René Lenoir, *Mon Algérie tendre et violente*, Plon, Paris 1994. Ce livre figure sur la liste des livres lus au réfectoire durant les repas en 1994.

à la prière : « Dieu est grand, Dieu plus grand ». Et c'est aussi ce que nous affirmons dans notre foi, il est au-delà de ce que nous pouvons penser de lui, toujours plus haut que ce que peuvent en dire les plus grands mystiques. Et en même temps, il est pour nous, comme l'annonce le titre d'un livre récent « le Très bas ». Dieu est humble, son humilité va jusqu'à l'abaisser dans la totale dépendance du petit enfant envers ses parents. Dieu créateur, tout puissant devient dépendant de sa créature. Sa toute-puissance est dans l'amour, dans la confiance qu'il met dans sa créature. Ce qui est mystère, qui dépasse la compréhension de notre intelligence actuelle, c'est bien d'abord cet abaissement de la divinité jusqu'à notre humanité, l'irruption de l'éternité, c'est-à-dire de ce qui est hors du temps, en notre temps. Ce mystère ne peut être perçu que dans la foi. La foi, il faut l'avoir enracinée pour croire en celui qui se présente comme le vainqueur du mal. Alors que ce mal semble nous submerger, ici et ailleurs.

Après l'attentat de Tizi-Ouzou[1], il n'y a plus d'illusion à se faire, pour les terroristes, les « croisés » doivent disparaître du pays. Chacun de nous est libre de rester ou de partir. Je crois cependant que l'Esprit travaille en profondeur, que toutes ces violences nous posent des questions et qu'un grand nombre aspire à autre chose.

Que chacun de nous œuvre là où il est à la réconciliation des cœurs, des hommes dans le respect des différences.

À vous tous, paix et joie.

Paul

1. Il évoque l'assassinat, en Kabylie, des quatre religieux, Pères blancs Jean Chevillard, Charles Deckers, Alain Dieulangard et Christian Chessel.

LETTRE 149

À Bernadette et sa famille.

N.-D. de l'Atlas (Tibhirine), 29 février [1995].

Chers tous,

Je vous envoie ce mot suite au coup de téléphone de Monique mardi soir. Je vous appellerai dimanche, cette lettre ne vous sera probablement pas encore parvenue. La maman a donc subi une nouvelle attaque qui la laissera encore plus diminuée[1]. Son heure de passer au Père approche sans doute. Souhaitons qu'elle récupère suffisamment pour ne pas trop souffrir et pour que le surcroît de travail ne vous épuise pas complètement. Je vous redis encore mes remerciements pour toute la peine que vous vous donnez à son service et surtout pour toute la tendresse que vous lui portez. Ces comportements sont de plus en plus rares aujourd'hui dans nos sociétés dites avancées où la maladie et la mort sont considérées comme des échecs, où l'on veut nous faire croire qu'elles seront bientôt abolies.

Dans la présence de Celui qui n'est pour nous que tendresse, je reste profondément uni à vous tous.

1. Un petit accident vasculaire cérébral.

LETTRE 150

À sa mère. [Sans doute de la même période que la lettre précédente n° 149, février 1995] [Sur une carte de l'abbaye d'En-Calcat].

Chère maman,

Il paraît que tu as voulu faire un pas de plus vers le Paradis. Mais il me semble, à regarder les photos que l'on m'envoie, que tu es déjà dans un petit paradis au milieu de tous tes « bisous »[1]. Il nous faut demander à celui qui nous aime parfaitement, d'alléger tes souffrances et de te garder dans la foi et l'espérance. Il faut aussi lui rendre grâce pour l'amour que tu reçois de tous tes proches.

Je t'embrasse.

Paul

LETTRE 151

À Monique et sa famille.
N.-D. de l'Atlas (Tibhirine), 12 mars [1995].

Chers tous,

Une fois n'est pas coutume ; je me décide enfin à vous envoyer un petit mot. J'espère que vous allez bien, cette nouvelle année vous rapproche un peu de la retraite ! Mais doucement, doucement. Il paraît que lorsque ce sera notre

1. Voir cahier photo, n° 14.

tour, nous devrons serrer la ceinture parce qu'il y aura plus assez de cotisants. La solution simple pour augmenter le nombre de cotisants en diminuant le nombre de retraités est de remettre l'âge de la retraite à 65 ans, voir 70 ans. Mais en même temps on va augmenter le nombre de chômeurs et les retraités devront payer plus d'impôts pour que tout le monde vive. Il y a décidément quelque chose qui ne tourne pas rond dans notre monde.

J'ai vu dans « L'Église aux portes du soleil[1] » une belle réalisation d'un village tourné vers l'avenir. La photo présente le nouveau bâtiment communal de La Forclaz. Il a l'air pas mal, si cela peut redonner un peu de vie au chef-lieu tant mieux.

Après la neige de janvier (moins qu'à AVORIAZ), nous avons eu un petit printemps en Février. Maintenant nous avons pas mal de pluie et souvent du brouillard. Le brouillard de la violence recouvre le pays et nous ne savons pas où l'on va. Dans un des derniers n° de la « Vie Catholique », j'ai lu une interview de la communauté de Sant Egidio. Les efforts de cette communauté pour rechercher la paix en Algérie sont certes louables, mais il me semble que la vision du responsable de la Communauté simplifie trop les choses en réduisant le problème entre le pouvoir et le FIS. Il n'y a aucune mention dans l'interview de la situation de terreur qui règne sur la population, terreur utilisée pour conserver ou pour obtenir le pouvoir. Hier, lundi 13, on a monté encore un cran dans l'horreur ; dans les lycées de jeunes filles ont été sorties de leur salle de classe et ensuite égorgées à l'extérieur, enfin on a réintroduit les corps dans leur salle de classe[2].

1. Bulletin de la Paroisse catholique de la Vallée d'Aulps.

2. Peut-être est-il fait allusion à l'assassinat de Fatima Ghodbane dont la presse française s'est fait l'écho le 15 mars 1995, une collégienne de quinze

Ce sont les innocents qui paient le plus lourd tribut ; ils sont les mains nues, on ne leur demande pas leur avis, d'autres décident pour eux du bien et du mal.

Je ne suis pas pressé pour vous envoyer l'adresse de notre annexe à Fès, parce que le frère Célestin sera probablement chargé et que les colis passent assez bien maintenant entre la France et l'Algérie. Par le Père Fernand Chardon (mon copain Fern.) Bernadette m'avait fait parvenir des boîtes de Sinuspax pour ma sinusite que je soigne bien afin de ne pas la voir mourir. Je suis en train de finir le stock. Vous pouvez les obtenir sans ordonnance si vous voulez m'en envoyer. Père Christian sera à Tamié fin avril, lui aussi sera sans doute chargé. Peut-être que d'ici là j'aurai de nouveaux besoins.

Je vous souhaite une bonne fin d'hiver et une bonne route vers Pâques, vers Celui qui est notre vie et notre résurrection.

Bonjour à tout le monde. Je vous embrasse.

Paul

LETTRE 152

À Bernadette et sa famille.
N.-D. de l'Atlas (Tibhirine), 6 avril [1995]
postée depuis le Maroc par frère Christian.

Chers tous,

Un mot avant Pâques, par Père Christian qui se rend à Tamié, via Fès et l'Espagne. Il sera à Tamié du 24 avril le soir au 29. Si quelqu'un désire le rencontrer, il ne pourra pas se rendre à Thonon, le programme de la réunion ne lui

---

ans, enlevée le 13 mars par un groupe armé à l'intérieur de son collège à Oued Djer, près de Blida à 40 km au sud d'Alger, avant d'être égorgée à dix mètres de l'établissement.

permettra pas, à moins qu'il ne prolonge son séjour, donc si quelqu'un veut le voir à Tamié il faudra prendre rendez-vous avec lui par téléphone (je pense que l'heure la plus favorable pour l'appeler sera la fin du repas, vers 13 h 15-13 h 30, voir avec le frère standardiste). [...]

Monique m'avait demandé ce qu'elle pourrait nous envoyer par colis, je lui avais parlé de Sinuspax ; elle voulait envoyer à Fès par le retour de frère Célestin, je lui avais dit qu'elle pouvait expédier directement ici. Je n'ai rien reçu à ce jour. Comme je lui avais dit que Père Christian serait à Tamié fin avril, elle a peut-être pensé que c'était plus sûr de les lui remettre. Il faudrait voir avec elle. Je serai preneur de quelques boîtes pour alimenter ma sinusite. Vous vous ferez rembourser par Père Christian. Si vous désirez ajouter autre chose, voyez avec lui, les valises sont toujours trop petites et toujours trop lourdes. Merci encore pour tout.

Après quelques gelées blanches la semaine dernière, le temps est plus doux, mars a été pluvieux au début. Les pommes de terre sont plantées, les choux sont mangés, les oignons et l'ail poussent allègrement, les châtaignes sortent leurs feuilles ; nous en avons transplanté cinq ainsi que trois noyers. Nous ne savons pas si nous viendrons assez vieux pour en récolter les fruits. La situation ne s'améliore pas, on ne compte plus les ponts qui ont sauté. Et encore moins les victimes civiles innocentes ; encore deux journalistes ces derniers jours. Il y aurait eu un accrochage important à Aïn-Defla (dans la région) il y a une quinzaine de jours. Mais aucune information par la radio ou la TV algérienne, alors ce sont les rumeurs qui prennent le relais. Ce qui s'est passé est sans doute peu glorieux pour le pouvoir qui préfère se taire. Vous en savez peut-être davantage que nous à ce sujet. Il paraît que dans un sondage concernant les immigrés en France, que ce sont les Algériens qui sont le moins estimés.

Pourtant ils ne méritent pas ce jugement, ils sont les premières victimes de cette situation de violence. Un voisin, celui dont vous aviez visité la ferme, ayant demandé un visa pour se rendre en France se l'est vu refuser sans aucune explication, il ne s'agissait pas d'une demande de résidence mais d'un court séjour. Combien d'humiliés de la sorte. Sans doute à cause des présidentielles. Il faut se montrer ferme pour ne pas voir Le Pen[1] récupérer les mécontents. Bien sûr qu'il faut être vigilant mais l'accueil laisse parfois à désirer et n'est pas aussi parfait qu'on voudrait le faire croire, en ce qui concerne les foyers mixtes par exemple (voir un des derniers n° de *La Vie Catholique*).

Au réfectoire nous lisons : « Les silences de Dieu ». Oui il nous paraît bien silencieux et incapable devant le mal qui est dans notre monde. Mais il n'est pas venu pour expliquer le pourquoi du mal et de la souffrance, il les a portés sur lui jusqu'à donner sa vie, c'est pourquoi il est ressuscité. Sa résurrection est le gage de la mort et de notre vie avec lui, dès maintenant.

Paul

LETTRE 153

À sa mère. N.-D. de l'Atlas (Tibhirine), [avril 1995, avant Pâques].

Chère maman,

Dans les jours qui viennent, nous allons revivre les glorieux moments pendant lesquels notre Seigneur, livré pour nous a mérité notre salut. C'est grâce à son amour infini

1. Jean-Marie Le Pen, fondateur en 1972 du parti d'extrême droite Front national (FN).

pour chacun des hommes, qu'il a donné sa vie, qu'il a souffert, a été humilié et a été condamné à mourir comme un brigand. C'est ainsi qu'il a manifesté sa toute-puissance de l'amour qui est plus forte que la mort, c'est pourquoi il est ressuscité d'entre les morts. Que cette vie qu'il nous a promise te remplisse de paix et de joie.

Paul

LETTRE 154

À sa mère. N.-D. de l'Atlas (Tibhirine), 8 juillet [1995] [Sur papier à lettres avec des images et des citations bibliques].

Chère maman,

Voilà un long moment que je pense à t'envoyer un mot, mais cela ne vient pas vite. J'espère que tu es en bonne santé, comme on peut l'être quand on est en train d'user la « huitantaine ». Je ne sais pas ce que deviennent tes genoux, s'il faudra une nouvelle opération ou pas. Quoi qu'il en soit, s'ils ne veulent plus se plier tu peux t'en passer pour prier : assis-toi. Pense aussi que nous sommes destinés à la résurrection, avec un corps neuf, nouveau, spirituel. En attendant soigne le bien, ne mange cependant pas trop de fraises à cause de l'urticaire. Ici elles arrivent régulièrement sur la table depuis plusieurs semaines et il y en a encore pour un moment. Les artichauds par contre sont tous mangés ; les premiers étaient très tendres, sans « foin », on pouvait presque tout manger. Dans quelques jours nous cueillerons les premières tomates ; avec nos associés, il y en aura pas mal à vendre au marché de Médéa. Comme tu vois nous ne risquons rien pour le moment, il y a encore de l'eau et un peu de vin à la cave pour les boissons, quant aux vêtements, pas besoin de beaucoup en cette saison : Belle vie !

D'après ce que j'ai entendu dire, tu as repris le chemin des banquets, si le pépé voyait çà, à ton âge. Tu en feras sans doute encore un ce 26 juillet, toi aussi belle vie. N'oublie pas de remercier celui qui nous l'a donnée.

Salue Elisabeth et Lina qui m'ont écrit il y a quelques temps et salue les voisins. Que le Seigneur te garde dans sa paix et sa joie.

Paul

LETTRE 155

À Bernadette et sa famille.
Annexe de N.-D. de l'Atlas (Fès), 19 juillet [1995].

Chers tous,

Me voici donc arrivé à Fès depuis vendredi à 4 h du matin. Depuis bientôt un an la frontière par la route et par le train est fermée entre l'Algérie et le Maroc et le train lui-même ne peut plus circuler entre Alger et Oran parce qu'on a fait sauter un pont de la voie ferrée. Nous sommes donc obligés de prendre l'avion Alger-Casablanca pour continuer ensuite par la route ou le train jusqu'ici. L'été est arrivé deux jours après moi et le thermomètre commence à avoir de la fièvre, aujourd'hui 44 °C à l'ombre. C'est un peu la fournaise. Ici les frères vont bien. Père Jean-Baptiste, 82 ans fabrique toujours des hosties, Bruno, responsable de la communauté[1] est au jardin avec Thami, l'ouvrier-gardien de la maison, frère Guy s'occupe du poulailler et fait les courses. Père Jean de

1. C'est lui qui rejoindra la communauté de Tibhirine en vue des élections du prieur et sera enlevé avec six autres frères dans la nuit du 26 au 27 mars 1996.

la Croix est en France comme chaque été pour des examens médicaux et pour s'éloigner un peu de la forte chaleur. Il y a aussi François, le jeune Belge qui a passé environ un an et demi à l'Atlas et qui pense y revenir lorsque la situation sera meilleure. Lui est venu en car par une ligne régulière directe Bruxelles-Fès. Je serai là jusque vers le 10 août.

Je partage votre inquiétude au sujet de la maman. Cet accident va probablement la diminuer encore un peu et rendre votre service plus lourd. Espérons pour elle et pour vous qu'il reste malgré tout un peu d'espace pour la joie. En regardant les photos que vous m'avez envoyées (merci) je pense en voyant la mémé et son arrière-petit-fils côte à côte dans le même lit que le bonheur de l'un fait le bonheur de l'autre.

Fernand Chardon se plaît à l'Atlas, il a dû probablement se rendre à Alger pour récupérer Robert. Il retournera en France à l'automne avec sa voiture. Si d'ici là j'ai besoin de quelque chose, je vous le ferai savoir.

La situation n'a pas l'air d'être engagée dans un changement. L'intransigeance des uns et des autres bloque tout. Le pays s'enfonce dans une misère pour un grand nombre.

Ici pour nous c'est très agréable par rapport à l'Algérie en ce moment, mais une grande sécheresse sévit et à côté de gens aisés, il y a un grand nombre de pauvres.

Je vous souhaite un bon été, de bonnes vacances pour ceux qui en ont, une bonne fin de carrière pour celui que cela concerne avec une bonne retraite bien méritée. Adieu lacs, étangs, rivières, torrents et petits poissons[1] ! Je vous embrasse.

Paul

1. Il évoque la retraite de Louis Chessel, son beau-frère, qui était garde-pêche.

LETTRE 156

À Bernadette et sa famille.

N.-D. de l'Atlas (Tibhirine), 11 septembre [1995].

Cher tous,

Réflexion faite et pour ne pas perdre les (bonnes habitudes) je vous confie une fois de plus quelques petites commandes. [...]

À l'allure ou les arbres tombent autour de nous il va falloir un effort considérable pour la relève.

Comme il me reste quelques minutes avant le départ de Christophe pour Alger (il emmène frère Michel qui part demain dans sa famille), je reprends une feuille de papier.

Je serai très uni à vous tous et encore bien davantage avec Christine et Geoffroy ce prochain samedi[1]. À tous beaucoup de joie et à eux deux beaucoup d'amour, de bonheur, de persévérance dans le pardon pour faire grandir leur bonheur.

Je pense à Louis qui maintenant a enfin le temps d'aller à la pêche, pourvu qu'il ne les prenne pas trop gros ni trop petites.

Jacob aimait Rachel plus que Léa mais c'est Léa que lui donna son beau-père au bout de sept ans. Je m'arrête la famille est trop grande.

Que chacun, là où il est, s'efforce de construire des ponts entre communautés et individus et qu'il fasse grandir en lui et autour de lui l'amour seul avenir de l'homme.

Je vous embrasse tous.

Paul

1. Il évoque le mariage de sa nièce Christine Chessel avec Geoffroy Bustos.

LETTRE 157

À Victor Bron, de l'entreprise Novarina.
N.-D. de l'Atlas (Tibhirine), 11 septembre [1995].

Cher ami,

Comme tu le vois, nous sommes encore en vie, jusqu'à quand ? C'est la question de tout le monde indépendamment de la situation du pays. Comme le dit notre ancien ouvrier : « nous sommes comme des oiseaux » (qu'un chasseur peut tirer sur des fils électriques). La situation ne s'améliore pas, les fils électriques sont souvent par terre avec les poteaux, les têtes, elles aussi continuent de rouler par terre. En France ce n'est pas brillant non plus et comme ici, ce sont les innocents qui paient.

Je te remercie pour les derniers filtres que j'ai pu mettre au jardin, ça a l'air de marcher. Il m'en faudrait encore. [...]

Je me suis relu de façon à ne pas me tromper de références.

Amitiés et encore merci.

Paul

LETTRE 158

À Bernadette et sa famille.
N.-D. de l'Atlas (Tibhirine), 26 octobre [1995].

Cher tous,

Voilà un bon moment que je ne vous ai pas fait parvenir de nos nouvelles. Parfois par manque de temps et souvent parce que je ne gère pas bien mon temps. Le temps change, l'été est bien fini malgré quelques jours de sirocco et à voir la chute de température qui a suivie, j'imagine que vous n'avez pas dû avoir chaud pendant cette semaine. Le jardin va bientôt prendre son aspect d'hiver, la terre va se reposer et nous allons labourer et herser ; mais avant nous devrons arracher les pommes de terre, nous continuerons à profiter de la salade et d'autres légumes. Ben Ali, un de nos associés au jardin a fait un petit coin de cacahouètes, affaire à suivre sans impatience. Les châtaigniers se portent bien, les fayards ont des feuilles malades, sans doute de toutes petites araignées, invisibles à l'œil nu, comme il y en a sur les tilleuls qui ont fait ressurgir de nouvelles feuilles en septembre pour satisfaire leurs besoins en oxygène. Quant à la vigne, cette année a été catastrophique. Nous n'avons pas pu la vendre sur pied si bien que sangliers, chèvres, moutons et autres créatures à deux pattes s'en sont donné à cœur joie pour la ravager. Cependant cela nous a permis d'y goûter mieux que les années précédentes.

À part cela tout va bien, je ne vous donne pas de nouvelles du pays puisque vous les avez à la télévision que nous n'avons pas.

Il nous faut prier sans nous lasser pour que les hommes laissent pénétrer en leur cœur l'Esprit d'amour qui seul leur donnera de vivre humainement. Que de mal à travers le monde, pourtant croyons que Jésus a vaincu le monde comme il nous le dit en Saint Jean.

À vous tous paix et joie.

Paul

LETTRE 159

À sa mère. N.-D. de l'Atlas (Tibhirine), 18 décembre [1995].

Chère maman,

Je ne suis pas sûr que tu reçoives cette lettre avant Noël, mais je te souhaite cependant de bonnes fêtes au chaud au milieu de tes enfants et petits-enfants. C'est un petit enfant qui nous réunit, mais c'est plus qu'un enfant puisque c'est le

Fils unique, le Fils aîné qui vient nous proposer de prendre part avec lui à l'héritage. Et pour rentrer dans son royaume il nous faut aussi devenir comme des petits enfants. C'est-à-dire complètement dépendant de lui. Il est venu au milieu de nous, sachons le reconnaître et vivre à chaque instant en sa présence. Il est là, il nous attend, toujours disponible ; le temps du troisième âge peut être une grâce, et un privilège pour répondre à cette disponibilité. Fais-lui une large place dans ton cœur en ce moment où l'Église par sa liturgie nous le rend plus proche.

J'ai bien reçu tes dernières lettres, celle du début novembre a mis du temps pour arriver, l'adresse était mal rédigée. J'espère que la santé de François s'améliore un peu. Il n'est plus très fort, il faudrait qu'il se ménage. C'est sûrement un souci pour Thérèse et ses petits-enfants. La vie passe très vite et notre tour approche petit à petit. Tu as de la chance d'être à Thonon, parce qu'ici, au lieu de n'en avoir plus que cinq devant toi, si tout marche par âge échelonné comme tu dis, il y en a peut-être plusieurs centaines. Mais il ne faut pas trop se fier à ces faits-là. Il vaut mieux garder sa lampe allumée avec un peu d'huile en réserve pour ne pas se trouver dépourvu comme les vierges folles au moment de la venue de l'époux.

Tu me demandes si je pourrais faire une échappée avant de mourir, c'est vrai que je commence à venir vieux et que je n'ai plus beaucoup de cheveux sur la tête, ce ne sera sûrement pas pour cette année, c'est trop tard et donc probablement pour plus tard je ne sais pas encore quand. Mais le cœur ne s'embarrasse pas de kilomètres. Tu peux penser que je ne t'apporte pas beaucoup de joie dans cette lettre mais ce n'est qu'une apparence puisque j'essaye de te convaincre de rester tournée vers Celui qui en est la source et dont il nous a dit que personne ne pourra nous la ravir.

Je t'embrasse.

Paul

LETTRE 160

À Bernadette et sa famille.
[N.-D. de l'Atlas (Tibhirine), début mars 1996].

Les nouvelles de France nous parviennent avec un important retard par le journal et avec un ordre complètement défait. Nous n'avons pas fini de recevoir les journaux de décembre 1995, mais nous commençons à recevoir ceux de février. Cela nous permet d'avoir du recul pour regarder par exemple les évènements de décembre autour de la SÉCU Le risque serait de se désintéresser des problèmes qui font la vie des gens. J'avoue ne pas avoir épluché le projet du gouvernement français pour réformer et assainir les finances des caisses d'assurances. Mais il me semble vraisemblable et aussi regrettable que nous allions, non pas à cause du projet gouvernemental mais à cause de l'évolution de nos sociétés, vers une situation de fait qui permettra à ceux qui en ont les moyens d'être correctement soignés et aux autres de se résigner souvent à supporter leur sort. Cela existe déjà aux Etats-Unis, considérés comme le modèle universel et la norme imposable. Dans une société démocratique, qui à juste titre veut réduire les inégalités, cela est perçu comme une atteinte au droit à la santé. Dans un article paru dans « La Vie », une personne s'insurgeait contre la limitation du nombre, de la fréquence d'examens préventifs dans le cadre de la lutte contre le cancer. Ces examens sont onéreux. Je crois que nous commençons à toucher une limite du possible. Les progrès technologiques avancent à une vitesse de plus en plus rapide et l'on peut se réjouir des capacités de l'intelligence humaine, mais les revenus qui permettent de dégager les moyens de payer ces services sophistiqués grandissent moins rapidement ; la part prise sur les revenus pour assurer les soins devenus nécessaires va grandissant et deviendra impossible à supporter. Nous ne pouvons pas tous mourir comme Franco ou Boumédiène avec vingt-cinq médecins aux pieds de notre lit. Quant au régime d'assurance vieillesse... on fait semblant de nous faire croire qu'on découvre maintenant la précarité de la situation alors qu'elle était tout simplement inscrite dans la pyramide des âges depuis longtemps. Nos sociétés vieillissent indiscutablement. Le chômage qui réduit le nombre de cotisants en augmentant par les retraites anticipées, le nombre des bénéficiaires ne fait qu'aggraver la situation.

Quant au chômage ! Je pense qu'en Europe, ici aussi bien sûr et surtout dans la situation actuelle, je pense que le problème ira encore en croissant. Il y a peu de temps on m'a apporté pour l'affûter une hache neuve. Je l'ai tournée et retournée pour trouver ce que je cherchai ; finalement j'y suis parvenu, il s'agissait bien de ce que je pensais. Elle avait été fabriquée en Chine. On trouve de plus en plus de matériel chinois, ici et au Maroc aussi, probablement dans tout le tiers-monde. Les prix sont inférieurs, la qualité aussi mais elle s'améliorera. Les chinois qui se disent encore « communistes » sont en réalité en train de se convertir au capitalisme le plus sauvage. Leurs capacités sont énormes comme le sont celles des pays de l'Asie tous ensemble. Dans notre monde actuel la référence universelle c'est l'argent, le veau d'or devant lequel tout doit plier. Les problèmes sont très complexes, je n'ai aucune solution, ils dépassent le cadre d'un pays, d'une idéologie de droite ou de gauche, la solution ne peut se trouver qu'à l'échelon du village-monde qui est le nôtre maintenant. Les défis sont énormes, cependant ils arrivent à un moment où les moyens techniques, les capacités de réflexions, la conscience de l'humanité peuvent les relever si les hommes le veulent. Parmi ces défis, celui de la qualité de « l'environnement » n'est pas l'un des moindres, les solutions apportées aux problèmes concrets sont très onéreuses, comment les pays du tiers-monde qui s'enfoncent dans la misère sous le poids démographique pourront-ils les relever ? Ici se développe un désastre écologique, la situation du pays contribue à l'empirer. Comment ne pas penser aux problèmes de la violence, entre les pays, à l'intérieur de ces pays, entre les différents groupes qui les composent, entre les générations, l'arsenal nucléaire français ne peut garantir à lui seul la paix, c'est un mensonge de le dire, que peut-il faire face aux problèmes qui existent dans nos banlieues ? Seul un peu plus d'amour peut ouvrir un chemin vers l'espérance.

Paul

PS : Ci-joint la lettre du Conseil Pontifical pour le dialogue interreligieux. Intéressant.

Frère Paul effectue une dernière visite de à sa famille en mars 1996. Il reviendra au monastère le soir même de l'enlèvement qui devait avoir lieu dans la nuit du 26 au 27 mars, refusant la proposition de rester coucher à Alger…

LETTRES NON DATÉES

LETTRE 161

À sa mère. [N.-D. de l'Atlas, Tibhirine]
[Sur une carte de Notre-Dame d'Afrique à Alger].

Chère maman,

Un grand bonjour, je ne te demande pas de nouvelles de ta santé qui d'après la photo a l'air sans problème. Je pense quand même souvent à toi et j'espère que tu pries pour nous quand tu n'as rien d'autre à faire. Je ne sais pas si tu as fait un tour dans ton château cet été et si tu as ramassé les fraises. Le Tornet est toujours là-haut et nous avec le Seigneur.

Paul

LETTRE 162

À sa mère.

Chère maman,

Que le Seigneur ouvre tout grand ton cœur à sa tendresse pour ce jour anniversaire du don qu'il t'a fait de sa vie.

Depuis lors il n'a cessé de te faire voir ses merveilles et même dans le temps de l'épreuve il était toujours là avec toi.

Bien sûr qu'il t'attend et ne te manquera pas. Mais s'il nous porte tant d'attention c'est parce qu'il nous aime. « Tu aimes la terre ? Tu seras terre. Tu aimes Dieu ? Que dirai-je ? Seras-tu Dieu ? Je n'oserai le dire de moi-même. Écoutons les Écritures : J'ai dit, vous êtes des dieux. Vous êtes tous les fils du Très-Haut » (Saint Augustin). Je t'embrasse.

Paul

DOCUMENTS ANNEXES

I. Repères chronologiques

Voici l'itinéraire biographique et spirituel de Paul Favre-Miville développé dans l'ouvrage « Heureux ceux qui espèrent. Autobiographies spirituelles[1] ».

	Naissance et jeunesse (1939-1954)
17.04.1939	Naissance à Vinzier (Haute Savoie)
1951-1952	Études secondaires au Collège Jean-Jacques Rousseau à Thonon-les-bains
1952-1954	Études secondaires/Obtention du BEPC
	Études et formation (1954-1984)
1954-1959	Artisan auprès de son père
1er mai 1959-août 1961	Service militaire (vingt-sept mois) à Pau puis à Cherchell (Algérie) Stage de parachutiste (Pau – Mont de Marsan – Biscarosse)
1.01.1963 -fin 1983	Pompier volontaire à Bonnevaux
1965-1984	Artisan plombier à son compte Conseiller municipal et adjoint au maire (mars 1965 à juin 1984) Bénévolat (Cité du Secours Catholique à Lourdes) Pèlerinages
	À Tamié (1984-1989)
20.08.1984	Entrée à Tamié
24.12.1984	Prise d'habit
21.12.1986	Profession temporaire
21. 12.1989	Renouvellement des vœux
	Au monastère de l'Atlas (1989-1996)
29.12.1989	Arrivée à Tibhirine. Présentation en communauté
23.12.1990	Changement de stabilité et renouvellement des vœux
20.08.1991	Profession solennelle
26.03.1996	Retour à Tibhirine après une dernière visite en famille Enlèvement avec six autres de ses frères dans la nuit du 26 au 27 mars

1. Volume 1 de la série « Les Écrits de Tibhirine », aux éditions du Cerf, Bayard, Abbaye de Bellefontaine, Paris 2018, p. 49-82.

II. Témoignages

Geneviève Rôth est une cousine et filleule de Paul. Les extraits présentés proviennent de son témoignage du 29 mai 2011, « Mes souvenirs de Paul », écrit dans le cadre du processus de béatification et à fins de mémoire familiale. Extraits qui seront repris plus largement dans un ouvrage en cours d'écriture sur le village de Bonnevaux.

Paul était un homme bien dans sa peau, bien dans sa vie, qui savait plaisanter avec charme et malice.

Homme d'action, il a peu raconté ou écrit.

Sa vie a été marquée par le service du prochain : auprès de ses parents, de sa famille (prise au sens large), dans ses nombreux engagements professionnels, communaux ou de bénévolat. Il agissait toujours dans un grand respect des autres et souhaitait rester discret.

Il avait à mon avis la carrure d'un homme libre selon la définition de Léon Blum : « L'homme libre est celui qui n'a pas peur d'aller jusqu'au bout de sa pensée ». Oui, il fut un homme libre éclairé par sa foi en Dieu.

*

… C'est là, aux côtés de son père « le forgeron », appelé aussi le « maréchal-ferrant », que travaillait désormais mon cousin depuis son retour d'Algérie.

Paul sait œuvrer de ses mains, affirmait maman, pourtant il aurait vraiment eu la tête pour faire de bonnes études. Il secondait maintenant son père vieillissant derrière les soufflets et la forte chaleur du foyer où rougeoyait le fer destiné à être forgé, tout en mettant sur pied son propre atelier de plomberie. Suivant la tradition, étant l'unique fils de la maison, qui comptait aussi trois filles, il devait continuer l'affaire de son père.

La respectueuse aisance avec laquelle il faisait face aux exigences autoritaires de mon oncle, homme de grand caractère, m'épatait. Quelle que soit la situation, mon parrain lui répondait toujours calmement, avec une sorte de sagesse teintée d'un humour si désarmant que même mon oncle ne trouvait plus rien à redire.

Il réussissait à susciter le sourire ou le rire de la tante Denise pourtant très affairée par le travail de la maison, du jardin et du café. « Mais Denise qu'est-ce que tu as fait ce matin… ? Et les clients qui attendent !… » Et Denise, souriant en secrète connivence avec son fils, continuait son travail, vaquait à ses occupations.

Entré en coup de vent dans la grande pièce de la cuisine, Paul trouvait pour chacun un bon mot : pour Vuarand installé avec le chat près du feu, pour les trois clients assis vers la fenêtre puis s'adressait tout à coup à moi, lavant les verres dans le grand évier au fond de la cuisine. Je devais avoir 7 ans. « Ah, tiens v'là "la Bol" ! » D'un geste rapide, il m'ébouriffait les cheveux au passage… Tout était dit dans cette prise de contact. Il est vrai que je ressemblais plutôt à un petit page, la frange hésitante au milieu du front et Paul s'en amusait à chaque fois qu'il me voyait.

Il était très demandé… On le réclamait de-ci de-là pour les urgences en plomberie. Devinant bien les besoins des personnes nommées, il évaluait sur-le-champ la priorité des tâches et les mesures à prendre. Tout le monde savait qu'on pouvait toujours compter sur lui car à la solide connaissance de son métier s'ajoutait un sens profond des responsabilités, voilà la raison pour laquelle il avait aussi de plus en plus d'activités communales.

La chorale était un autre endroit où il m'était donné l'occasion de rencontrer mon parrain. Le vendredi soir, nous avions « la répétition » sous la direction d'Émile accompagné par sa femme Eugénie à l'harmonium. Paul troquait alors sa salopette bleue de la semaine contre une allure bien sage : pantalon gris et polo beige ou parfois anthracite. C'était la tenue typique de la région pour sa génération. La messe du dimanche matin avait lieu à 9 h et la chorale animait régulièrement la messe hebdomadaire.

Le temps passait… Paul, lui, ne semblait pas s'intéresser au confort et s'amusait en hiver de ce que son édredon givrât à l'endroit marqué par l'humidité de son haleine. Lorsqu'il se lavait devant l'évier de la cuisine, il utilisait une cuvette de plastique bleue blanchie par le calcaire et l'empreinte des années. Il la remplissait d'eau froide et c'est tout juste, en hiver, s'il y ajoutait peut-être « un pochon » d'eau chaude.

Dans les années 70, une station de ski vit le jour, elle était née des efforts conjugués des deux villages situés au pied du Col du Corbier : Le Biot et Bonnevaux. Chacun des villages nommait un responsable issu du Conseil municipal et ceux-ci travaillaient alors ensemble au sein d'un syndicat intercommunal pour gérer ce projet. Paul succéda à mon père au conseil municipal de Bonnevaux comme responsable de la station de ski de Drouzin. Devenu délégué, il eut assez vite l'idée de se mettre au ski, ce qu'il fit avec nous, la bande de ses jeunes cousins. Jean-Paul (mon frère aîné) qui se destinait à devenir moniteur, lui en apprit les bases rudimentaires et bientôt Paul arriva à se débrouiller sur les planches : nous étions fiers de nous exercer avec lui sur la piste de la Frasse. Ce fut cependant une expérience de courte durée, le temps lui manquant pour s'adonner au sport.

C'est l'époque, où Paul descendait à Thonon pour aller écouter les conférences du père Varillon…

... Lors de mon mariage, en 1980 Paul et André C. avaient interprété avec brio la chanson des célibataires...

... À l'automne 81, une lettre nous annonça la visite de maman qui nous précisait qu'elle avait demandé à Paul de l'accompagner au Maroc. C'est ainsi qu'ils arrivèrent, pour notre plus grande joie à l'aéroport de Tanger et qu'ils partagèrent notre vie quotidienne pendant une bonne semaine ! On leur fit découvrir le coin et la région jusqu'à Rabat. C'est là que Paul évoqua pour la première fois son intention de se rendre prochainement en Algérie afin de reprendre contact avec le pays où il avait fait son service militaire. Par ailleurs, Paul et Peter avaient de longues conversations sur la Bible, l'Église et les religions comparées – ce qui était le dada de mon mari qui avait étudié la théologie. Ils continuèrent à beaucoup échanger de la sorte, lorsque plus tard, nous nous retrouvions à Bonnevaux pendant les grandes vacances.

Un jour, il nous apprit que lui aussi prenait maintenant des vacances ! Je le regardais avec un petit étonnement amusé, n'y croyant pas tout à fait... C'est alors qu'il compléta son information : « Disons que je prends un temps de vacances pour aller à Lourdes. J'y suis bénévole à la cité St-Pierre : homme à tout faire, pour ainsi dire ! »

Un jour, maman nous informa par courrier sur la décision prise par Paul d'entrer prochainement au monastère. Il est resté dès le début très discret sur ce sujet. Vu que l'oncle Louis « baissait de plus en plus », on pensait ainsi lui éviter quelques fortes émotions. Donc en dehors de la famille et des proches déjà mis au courant, les gens du village, eux, restèrent dans l'expectative. Bien évidemment tous devinaient que quelque chose se tramait, puisque Paul, sans donner d'explications précises, prenait de nombreuses dispositions au niveau professionnel, communal et privé. En est témoin la conversation à laquelle mon mari et moi avons assisté alors que nous prenions l'apéro chez ma tante un jour avant midi. Un des derniers marchands ambulants à passer dans la vallée, de village en village, de maison en maison selon l'ancienne tradition, avait fait halte à la table d'hôtes de ma tante Denise. Il était intrigué… Il voulait savoir ce qu'il en était de ces rumeurs qu'on colportait et qu'il avait entendues.

« – Paul ? Quitter Bonnevaux ? C'est quoi, ces histoires ? Dis, c'est pas vrai que tu vas partir ? demanda-t-il.

– Si.

– Mais où donc ?

– Je reste en montagne.

– Ah ! Ah ! Tu vas enfin être raisonnable et te marier ?

– Pas tout à fait. En revanche, fais attention, je risque de te faire concurrence ! »

Il pensait alors à la délicieuse tomme fabriquée par les moines de Tamié.

« Tu veux quitter la plomberie pour le fromage ! »

Le fromager en faisait des gros yeux tout ronds d'étonnement.

« En quelque sorte, on pourrait dire que oui… »

Et Paul, ce jour-là, n'avait pas lâché le morceau, bien que la conversation ait continué et perduré sur ce ton badin.

Au moment du grand départ pour Tamié, j'étais bien triste. Le définitif de cette décision me paraissait avoir une immense portée. Je savais que Bonnevaux perdait quelqu'un de très important pour son devenir. Rien ne serait plus comme avant. Il me répondit alors :

« Je continuerai à être près de vous tous mais plus spécialement dans la prière ».

Il avait remarqué mon haussement d'épaules…

« – Oui, m'a-t-il dit, la force de la prière est immense, irremplaçable. Le monde a besoin que certains dédient leur vie à la prière. C'est ma conviction.

– Paul, dis-moi : quand et où as-tu ressenti l'Appel ? Ta Vocation ? »

Il y eut un silence et finalement il m'a répondu.

« C'était pendant un de mes séjours à la Cité Saint-Pierre à Lourdes. J'étais sur un toit en train de travailler quand tout à coup cette idée m'a effleuré l'esprit : Et si je devenais moine ? Je m'étais à peine redressé de ma tâche que c'était déjà devenu une certitude. »

Depuis, j'ai revu Paul uniquement à quelques occasions. L'une d'entre elles était en 1986, lors d'un petit séjour passé à Tamié. Nous y avions participé avec intérêt à tous les offices quotidiens, y compris les matines. La simplicité, le bonheur et la paix des lieux comme de ses habitants accompagnaient dès lors mes pensées. J'étais rassurée pour Paul. Je comprenais mieux son choix.

Nous avons encore eu une ultime conversation téléphonique en mars 1996. C'était durant son dernier séjour dans le Chablais. Deux ou trois jours avant son vol de retour à Tibhirine. Face aux risques liés au terrorisme en terre d'Algérie, je l'encourageais vivement pour l'option émise d'un déménagement en direction de Midelt au Maroc. Paul parlait à voix très basse :

« C'est vrai, les extrémistes n'acceptent aucun dialogue. En plus, la seule langue acceptable à leurs yeux, c'est la langue d'Allah. L'arabe, donc. Sur la route jusqu'à Alger, j'ai vu des cadavres et des têtes coupées jetés dans les fossés… [Silence].

Depuis l'assassinat des sœurs puis celui des ouvriers mais aussi le passage menaçant des terroristes au monastère : le danger n'est pas à nier. On en a discuté, on a délibéré et pris une décision commune : celle de rester. Nous restons à Tibhirine. C'est là qu'est notre vie ».

Ce fut notre tout dernier échange…

*

Frère Nathanaël est moine de l'abbaye de Tamié. Entré quelques mois avant frère Paul à l'abbaye, ils ont vécu ensemble toute leur formation monastique.

Je suis arrivé à Tamié en janvier 1984. Paul est venu faire un essai dans l'été de cette année-là puis il est arrivé comme postulant en décembre de cette même année : un homme d'âge mûr de 45 ans de quinze ans mon aîné, qui avait longuement réfléchi sa vocation monastique.

Plombier dans un petit village du Chablais Bonnevaux en Haute-Savoie, il s'était beaucoup engagé dans des mouvements sociaux et religieux de son village : pompier, sacristain, visite aux personnes malades ou âgées, brancardier au pèlerinage de Lourdes… Un homme déjà accompli, mais habité par une soif plus grande… Tous les villageois n'ont pas dû comprendre cette décision de sa part et beaucoup d'entre eux ont dû regretter son départ.

Paul quittait aussi une grande famille, sa maman déjà âgée, ses trois sœurs et leurs maris, et ses quinze neveux et nièces encore pour la plupart enfants…

Le visage de Paul bien rond, un petit sourire retenu sur les lèvres et surtout des yeux doux qui exprimaient l'essentiel de ses émotions. Affable tout en étant réservé, il inspirait tout de suite la confiance.

Chaque année, au noviciat, une sortie était organisée afin de nous découvrir sous un autre jour. En 1985, nous devions passer une semaine dans un chalet Suisse que des sœurs mettaient à notre disposition. Partis en minibus, il était prévu de nous arrêter au bord du Lac Leman et surtout de rendre visite à sa maman qui tenait encore un petit café-restaurant à Bonnevaux. Sa maman et ses trois sœurs nous ont accueillis pour le déjeuner. Quel moment de grâce, de simplicité, de joie pour tous. Sa famille entrait dans la famille de Tamié.

Paul a très vite exercé ses talents d'artisan dans le monastère… Nous avons commencé par faire un ou deux voyages à Bonnevaux pour ramener à Tamié tout son matériel de plomberie tuyaux, robinets, joins, cintreuse, fer à souder, raccords en tout genre… et surtout sa caisse à outils, que l'on appelle « marmotte », qu'il avait fabriquée à son école de plomberie et à laquelle il tenait beaucoup. Tout ce matériel a trouvé place dans le même ordre dans l'ancien poulailler du monastère qui porte encore le beau nom de « Popaul ». Ce n'est pas, encore aujourd'hui, sans un pincement de cœur que l'on désigne par ce nom la plomberie du monastère.

Très vite, aussi, je suis devenu son compagnon de travail. Une amitié silencieuse s'est tissée entre nous, gravée de sérieux, d'art du travail bien fait – exigence pour lui et pour les autres –, d'apprentissage et d'humour.

Paul, dans sa réserve, avait le plus souvent de l'humour au deuxième voire au troisième degré. Deux exemples parmi tant d'autres… Nous étions à la forge. Paul venait de découper à la meuleuse un petit morceau de métal qui tomba par terre, je m'apprêtais à le ramasser « Attention c'est lourd ! », dit-il au moment où je me brulais les doigts… « Je te l'avais dit ! »

Autre exemple… J'étais allé chercher un outil dans un lieu reculé du monastère et quand je reviens il me dit : « Tu as vu la Caisse d'Épargne ? » Il voulait parler d'un nid d'écureuil que l'on ne pouvait pas manquer dans un recoin de ce lieu.

Je ne peux énumérer tous les travaux et réparations que Paul a réalisés à l'Abbaye. « Trente pour casser, deux pour réparer », disait-il souvent avec humour. L'installation la plus impressionnante est celle de la mise en place de plusieurs centaines de mètres de gros tuyaux de 6 cm de diamètre pour réaliser le Réseau Incendie Armé qui couvre le bâtiment.

Paul a été un vrai maître pour moi, c'était était un homme réfléchi et habité par l'authenticité. Cette soif l'a conduit à répondre à l'appel de Christian de Chergé qui était passé à Tamié pour nous parler de Tibhirine. En effet, Paul trouvait de plus en plus qu'à Tamié nous vivions dans un trop grand « confort ». De plus, comme beaucoup des frères de Tibhirine, une partie de son histoire avait traversé l'Algérie, puisqu'il avait été parachutiste durant la fameuse guerre et avait été marqué par la population locale. Il m'en parlait quelque fois.

Quand il est revenu en décembre 1995 pour voir une dernière fois sa maman très affaiblie, nous avons parlé de la situation qui devenait grave en Algérie, de leur décision de rester à Tibhirine tant les liens avec la population était forte. Le film *Des Hommes et des dieux* a vraiment très bien rendu ce choix de chacun[1]. Si le danger menaçait leurs vies tout était prévu pour partir rapidement au Maroc. Dieu en a décidé autrement !

Je n'ai pratiquement pas eu de rapports épistolaires avec Paul en Algérie. Ni lui ni moi ne sommes de grands prosélytes. L'essentiel de notre amitié s'est vécu par les regards

1. Je faisais partie de ceux qui n'étaient pas trop d'accord pour faire un film sur les moines de Tibhirine mais l'expérience vécue à Tamié avec les acteurs et le résultat m'ont sidéré.

et les sourires chargés d'intensité et de connivence. Ceux-ci restent vraiment vivants en moi !

Après la mort des frères, il a été organisé une cérémonie mémorielle à Bonnevaux... Les neveux et nièces avaient grandi et une soif grandissante chez eux de comprendre un peu mieux qui était leur oncle... Une grande amitié s'est installée entre nous, ainsi qu'avec ses sœurs et leurs maris. Ils viennent de temps à autres à Tamié. La présence de Paul est comme en filigrane dans chacun de nos propos.

*

Frère Didier est moine de l'abbaye de Tamié. Il a été son maître des novices dès son arrivée au monastère en août 1984. Plus qu'un témoignage, ce sont les mots du cœur qui sont montés et qu'il nous offre.

Notre Dame de Tamié, Toussaint 2023,

Mon cher frère Paul,
ce n'est pas souvent que je t'écris,
mais en cette fête de communion,
cette fête de famille, l'immense famille des sanctifiés,
c'est du bonheur de te souhaiter « Bonne Fête ! »

Ma dernière lettre doit remonter à ta profession solennelle
le 20 août 1992 à Notre-Dame de l'Atlas.
Frère Martin de Tamié et notre ami handicapé Jean-Bernard
ont dû t'apporter mon message
en souvenir de ton noviciat pendant lequel j'ai eu la joie de t'accompagner...

(Pas difficile de t'accompagner quand on est décidé comme toi,
sachant que le moment était venu de répondre à l'appel du Seigneur,
simplement toi, réaliste, bienveillant et confiant…)
Et j'ai reçu une lettre inoubliable en réponse à la mienne.

Arrivant au monastère, tu n'allais pas oublier ta famille
– au contraire tu allais veiller encore plus sur elle.
Mais tu savais que tu prenais une distance physique :
tu te souviens que tu avais différé ton arrivée à Tamié
parce que tu devais absolument terminer d'abord
le carrelage promis à ta maman.
Non seulement tu n'allais pas oublier ta famille mais tu nous la donnais,
je veux dire que ta famille devenait aussi une famille de plus pour nous les moines,
s'intégrant à la grande communauté de nos familles et de nos amis,
tes sœurs devenaient mes sœurs.

Mais c'est vrai, ta famille de proximité, de vie quotidienne,
maintenant c'étaient tes frères de Notre Dame de Tamié,
puis ce seront tes frères de Notre Dame de l'Atlas…
Et là, au cœur de la tragédie algérienne,
en devenant de plus en plus vraiment moine,
tu as dû te sentir devenir de plus en plus le frère de tous :
oui, ta famille, comme pour Jésus, c'était toute la famille humaine.

Avais-tu découvert en vivant jusqu'au bout cette fraternité universelle,
que notre famille la plus intime, une famille que nous portons en nous,
c'est la Communion Trinitaire du Père, du Fils et du Saint-Esprit ?
Puisque tu recopies pour ta maman l'hymne de la lettre de saint Paul aux Éphésiens :
« Qu'il soit béni ***le Père*** *de Notre Seigneur* ***Jésus*** *le Christ,*
qui nous a bénis d'innombrables bénédictions ***spirituelles****... »,*
et puisque tu me remercies dans ta lettre inoubliable, de t'avoir appris à prier chaque Personne de la Communion Trinitaire,
– le Père, et le Fils, et le Saint-Esprit –,
je vois que tu étais en route vers la découverte éblouissante qui te comble maintenant :
de toujours à toujours notre vraie famille, c'est la Communion Trinitaire.

Je compte sur toi, comme sur Christophe, et tous tes frères de Tibhirine,
pour m'accompagner sur cette route vers cet éblouissement
et ce bonheur d'aimer et d'être aimé infiniment !

ton petit frère Didier

*

Annick Chessel, nièce de frère Paul, partage ses souvenirs de la célébration de la profession solennelle de frère Paul et sa découverte de la communauté de Tibhirine en août 1991.

Août 1991, pour la première fois, mes parents prennent l'avion. À leurs côtés, Elisabeth, Thérèse, les deux tantes de mon oncle Paul et mon cousin Michel Folliet. Beaucoup d'émotions et d'inquiétude à la fois.

Je retrouve mes proches à l'aéroport d'Alger, je suis déjà sur le sol algérien en séjour chez mes amis de Boudouaou. Mon compagnon est avec moi. Il est né à Constantine et est arrivé en France à l'âge de sept ans. Il est fier et stressé d'accueillir mes parents dans son pays d'origine, qu'il connaît si peu. Il comprend, mais ne parle pas l'arabe. Pour les gens d'ici, c'est un « immigri ».

Dans le hall d'arrivée de l'aéroport, des gens attendent, s'impatientent, fustigent du regard les douaniers. Un brouhaha, qui est rendu encore plus pesant du fait de la chaleur de ce mois d'août 1991. Nous retrouvons notre famille, puis nous sortons rapidement, il nous faut trouver des taxis qui nous emmèneront jusqu'au monastère.

Paul nous avait souvent dit avec l'humour que nous lui connaissions : « Je ne serai pas dépaysé là-bas, nous traversons des gorges, à l'image des gorges de la vallée d'Abondance, le monastère de Tibhirine est situé à 900 mètres d'altitude, tout comme notre village de Bonnevaux. Tout pareil ! »

Mes parents vont rapidement être au fait de l'ambiance du pays, ils vont découvrir la légendaire hospitalité algérienne, cette joie démonstrative d'accueillir des Français, de parler français. Je n'oublierai jamais le regard inquiet de mon père, dans le taxi jaune qui nous conduit de l'aéroport au monastère. Le chauffeur est en claquettes, il sourit, regarde peu la route, occupé à renseigner mon père installé devant comme tout homme qui se respecte. Il lui parle de son pays, des routes qui ne sont pas entretenues, des pièces de voiture introuvables sur le marché. En Algérie, il n'y a pas de problème, toujours des solutions. Le marché noir en est une.

Lorsque nous tombons en panne dans les Gorges de la Chiffa, le chauffeur garde son sourire et son calme. Mon père lui, transpire. Pas de chaud, mais de stress. C'est le chauffeur du second taxi qui aura la solution. Pas de problème, jamais de problème.

Arrivés devant le monastère, nous patientons devant ce grand portail bleu, couleur bleu délavé. La hauteur des murs et du portique ne nous laissent rien apercevoir, rien présager.

Je remarque sur le contrebas du monastère un bassin et des enfants s'agitent autour. Certains remplissent des bidons, d'autres s'éclaboussent. Ils sont jeunes, filles, garçons, les cheveux emmêlés, des vêtements dépareillés, des claquettes aux pieds. À notre arrivée, tous les regards se portent sur cet étrange cortège de taxis, des regards vifs, sombres et plein de curiosité. D'un bout à l'autre du séjour, mon père est venu chaque matin leur apporter des bonbons. Le nombre d'enfants a augmenté chaque jour ! Mon père sensible, oui sensible à la lourde tâche réservée à ces enfants. Lui aussi il a connu cela, mais c'était il y a cinquante ans.

Nous sortons des taxis, les chauffeurs prennent en charge nos bagages, ils attendent comme nous l'ouverture du portail.

Les battements de mon cœur s'accélèrent, appréhension, émotions, interrogation. Qu'allions-nous découvrir derrière ces murs, qui viendrait nous accueillir, quel allait être le protocole… ? J'avoue que j'étais presque méfiante, je craignais de me retrouver dans un entre soi, entre des murs, loin de la réalité des villageois.

À l'ouverture des deux battants, clarté et fraîcheur m'ont happée. Un zoom rapide sur les bâtiments, l'hôtellerie, la chapelle avec sa cloche, les quelques marches sur la gauche, la statue de la Vierge Marie en terre musulmane. Des arbres, beaucoup d'arbres, une allée centrale qui conduit à d'autres bâtiments. Les couleurs sont belles.

Puis très vite nous apercevons des visages, frère Jean-Pierre qui nous ouvre, puis Christian, avec un grand sourire en guise de bienvenue. Un sourire qui ne le quittera pas. À ses côtés Amédée et Célestin, dans leur tunique blanche et scapulaire noir, arrivent à leur tour, s'en suivent des accolades, des mots chaleureux. Des personnes qui s'affairent, des villageois présents. Une impression d'harmonie, un ressenti d'apaisement : « Des Français qui aiment les Algériens… » Une sorte de laboratoire du vivre ensemble.

Paul arrive un peu plus tard, vêtu de sa salopette bleue, un sourire timide, les yeux rieurs, il nous dit quelques mots. On s'embrasse furtivement, l'émotion est palpable. Mon oncle Paul va briser ces retrouvailles pudiques par une petite pirouette humoristique sur le fait que les Savoyards aient fait ce long voyage, ce périple, pour se rendre de l'autre côté de la Méditerranée pour lui et ses frères. Les Favre-Miville ne sont pas de grands bavards, les sentiments, on les met de côté, on ne s'épanche pas trop. Les gens de la montagne sont pétris de retenue.

Mes parents lui racontent en riant la réaction des douaniers lorsqu'en ouvrant une des valises, ils découvrent le célèbre fromage monastique en provenance de l'abbaye de Tamié. Durant quelques secondes, ils sont restés sans réaction à la vue de cette meule arborant la Croix de Malte de couleur bleue sur l'emballage. Ils ont refermé aussi sec la valise, comme si l'espace d'un instant, ils avaient joué avec l'interdit. S'ils avaient été moins déstabilisés, ils auraient également aperçu, entre deux chemises, bien emballés, les saucissons de l'oncle Maurice. Les Savoyards vont retrouver un des leurs, autant le fêter dignement. Peut-être que les saveurs natales lui manquent ?

Ma famille n'a pas trop compris cette nécessité vitale de vivre sa foi en terre musulmane, en Algérie qui plus est. Les conjoints des sœurs de Paul ont eux aussi été dans l'obligation de réaliser leur service militaire en Algérie, si jeunes pour être confrontés à cette terrible guerre. En famille, on n'en parlera jamais. Entre eux trois peut-être le faisaient-ils ?

Tout au long du séjour, on croisera mon oncle Paul dans les différents lieux du monastère, son pas est toujours rapide, décidé, il est affairé, on le retrouve comme à Bonnevaux. À l'hôtellerie, au jardin, autour des bassins, dans l'atelier, il nous adresse toujours un sourire discret. Je le vois souvent en grande communication avec des gens du village, les futurs « associés ». Les villageois ne remercieront jamais assez mon oncle Paul de leur avoir amené l'eau dans chaque maison en plus des jardins. Paul, l'homme pratique de toutes les situations, plombier de métier. Comme à l'algérienne, il n'y a pas de problèmes, que des solutions !

Il y a beaucoup à faire, nous prenons part à ces préparatifs, comme lors d'une grande fête de famille. Je retrouve ici les valeurs familiales, convivialité et rendre service aux autres.

Nous faisons connaissance de voisins, nous partageons avec eux, assis sur les marches et sous le regard protecteur de Marie, leurs interrogations sur le devenir de leur pays. Les avis sont divisés entre les deux frères, entre celui qui préconise les bienfaits de l'arrivée du FIS au pouvoir et celui qui est déjà dans la crainte des changements à venir. J'ai surpris plusieurs fois mon oncle nous faire un sourire de complicité dans cette facilité et ce plaisir du lien que nous mettons en œuvre, mon compagnon, mon cousin Michel et moi-même.

Pas de dialogue sans amitié, les moines vivent cette doctrine au quotidien. Ils sont dans le faire, le faire avec. Chacun avec son histoire, sa personnalité, ses compétences spécifiques a pu trouver sa place dans le monastère et auprès des gens du village. Une belle équipe pluridisciplinaire pourrait-on dire !

Dans mon métier d'éducatrice je suis pétrie de cette devise, créer l'affiliation, entrer dans la carte du monde des personnes, voyager sur leurs épaules pour les soutenir dans les solutions à trouver. Nous recherchons l'altérité, l'alliance, nous ne sommes pas des sachants, nous sommes des passeurs, des architectes de ponts à construire entre les hommes. Des facilitateurs. Le grain de blé avait germé et bien germé !

Sensibilisées par les messages d'une foi ouverte sur l'autre, curieuses de la richesse de la rencontre, des coutumes, des cultures, ma sœur Françoise et moi-même étions déjà dans la démarche d'aller à la rencontre des personnes venues d'autres pays depuis longtemps, notamment celles d'Algérie. Chaque samedi, durant sept années en ce qui me concerne, nous avons accueilli des jeunes enfants issus de l'immigration dans le cadre d'un groupe d'animation « Le Relais ». Nous avons beaucoup appris d'eux, de leur traversée, de leur exil.

Je n'étais donc pas en terre inconnue et je n'en étais pas à mon premier voyage ici !

Nous avons retrouvé une partie d'une famille, habitants de ce petit village de Tibhirine. Le père de famille, nous a reçu dans sa maison avec toute l'hospitalité algérienne que nous connaissons. Nous étions en lien avec son frère vivant en France à Annemasse. Paul allait le voir à chacun de ses voyages. Échanges de bons procédés ! Il leur amenait des colis d'Algérie et à son départ, Paul repartait avec des paquets pour leur famille.

Durant notre séjour au monastère, Paul prendra du temps pour chacun d'entre nous, nous témoignant affection, attention particulière avec des échanges ciblés, ajustés.

Je me rappelle avec précision que le 25 août, jour de la Saint Louis, prénom de mon père, les moines avaient confectionné un gâteau pour l'occasion. C'est Christian qui l'apportera fièrement à l'hôtellerie avec son grand sourire habituel. Un gâteau recouvert d'un coulis de framboises issues du jardin du monastère.

Mon compagnon a été bouleversé par cette rencontre avec Paul et avec chacun des frères. Chacun tour à tour lui a témoigné intérêt, reconnaissance et affection. « Ils m'ont donné l'envie de parler arabe », confiera-t-il plus tard. « Ils m'ont appris mon pays, ils m'ont autorisé à l'aimer. »

Le grand jour est arrivé dans la petite chapelle du monastère, des religieux des différentes communautés présentes en Algérie sont là. Ils sont venus accompagner Paul dans cette belle célébration. Ce 20 août 1991, il prononce ses vœux de stabilité en la Chapelle de Tibhirine. Je revois mon oncle Paul vêtu de sa coule, en prière, affirmer ses vœux dans cette belle assemblée, j'ai ressenti alors beaucoup d'amour et de force dans cette petite chapelle.

Le fromage de Tamié, les saucissons, les différentes préparations culinaires des moines, des villageois, des invités, se sont retrouvés à une même table, celle du partage.

Ces quelques jours passés ensemble m'ont permis de voir combien Paul avait trouvé sa voie, sa place au cœur du monastère, auprès de ses frères et dans le cœur des villageois. J'ai perçu combien les liens étaient forts et fraternels. Une présence discrète, humble, ancrée dans le quotidien et dans la force de sa foi. J'étais rassurée, je me suis sentie en accord sur cette vision de la foi. Être présent auprès des personnes qui bataillent.

Ce lien de proximité avec les Algériens, je le garde comme un présent. Paul et ses frères ont fait fructifier ce qui était déjà semé en moi.

Pierre Claverie le disait très bien : « Aller au-devant de l'autre, à la rencontre, c'est reconnaitre que l'autre existe et que j'ai besoin de lui ».

Bien des années plus tard, en mai 1996, maman sera informée par le Ministère des affaires étrangères du décès violent de son frère Paul, deux mois environ après son enlèvement.

Lorsqu'elle a appris la nouvelle, elle n'était pas seule. Ce jour-là, elle se trouvait en réunion dans sa maison avec des fidèles et le prêtre de sa paroisse. Ils ont pu se recueillir dans la prière.

Ma belle-sœur, était également présente et a appris la triste nouvelle. Elle tenait alors compagnie à ma grand-mère. Maman raconte souvent avec beaucoup d'émotions qu'elles se sont retrouvées toutes les deux dans la cuisine : « Nous nous sommes embrassées, elle m'a témoigné sa profonde tristesse. Elle m'a expliqué que dans sa religion aussi il est interdit de tuer : « Qui tue un être humain, a tué toute l'humanité ». Nous avons prié ensemble. Nous nous sommes données la paix, notre lien d'amitié a été plus fort que tout. J'ai vécu cela comme un privilège, une grâce. Comme un cadeau de Paul, il m'a fait un signe. Il m'a offert un moment de partage symbolique et universel ».

*

Michel Pinaud est un cousin de Paul. Amené à voyager en Algérie pour raisons professionnelles, il est souvent passé par Tibhirine pour saluer son cousin et lui amener parfois du matériel introuvable en Algérie.

Paul a toujours fait partie de mon environnement. Enfant, préadolescent et plus tard jeune adulte, j'ai souvent eu l'occasion de séjourner à Bonnevaux, chez mes cousins Ainoux, où je retrouvais pendant les vacances une fratrie animée (quatre garçons et une fille) qui manquait au fils unique que je suis.

Des liens solides se sont ainsi créés, plus, toutefois, avec les enfants Ainoux qu'avec les cousins germains de la famille Favre-Miville, pour des raisons générationnelles. Un écart d'une dizaine d'années nous faisait apparaître Paul, l'avant-dernier dont ma mère était la marraine, comme un « grand », rapidement accaparé par le monde du travail. Paul, la jovialité personnifiée, disponible pour les autres, chaleureux et, cependant, toujours très occupé, comme mû par l'idée que rien d'une journée ne devait se perdre. C'est un peu le sentiment qu'il m'a laissé de cette époque où on le voyait jouer du poste à souder dans la forge paternelle ou cavaler derrière la motofaucheuse lancée à fond de train dans les dévers des prés familiaux. L'image sympathique de Paul maîtrisant l'engin d'une main, chassant les taons qui l'assaillaient de l'autre pendant que, de la troisième, il jonglait avec les manettes, m'est toujours restée en mémoire. La narration de l'exploit a fait rire pendant les repas tout autant qu'elle a contribué à la réputation du bonhomme qui savait retrousser ses manches.

Je voyais Paul passer par la boulangerie familiale quand ses affaires l'appelaient à Thonon. Toujours pressé. Il ne donnait que rarement l'occasion de « mettre une assiette » selon la tradition chez les Pinaud, qui voulait qu'on ne laissât point fuir les visiteurs qu'on appréciait sans qu'ils partagent notre table. Coucou, bisous, sourires, solides poignées de mains au passage, rarement le temps d'aller en « casser un[1] », vite fait, avec les boulangers et la 2 CV avait déjà tourné le coin de la rue. Il était passé comme un courant d'air, laissant ma mère avec, entre ses bras ballants, le cornet de viennoiseries qu'elle était en train de lui préparer. « On n'a guère le temps de se lasser de ses visites… » disait mon père en

1. Sous-entendu « un canon », c'est à-à-dire boire un verre sur le pouce dans son bistrot habituel.

souriant. Heureusement que mes parents faisaient souvent la « montée[1] », entretenant les liens avec les Bouniavos[2], dont Paul qui s'arrêtait parfois de courir.

Une trentaine d'années plus tard, fin des années 80, de retour d'une de mes nombreuses missions à l'étranger, je suis passé voir ma mère dans son appartement à Thonon. Contrariée, presque agacée, l'air grave, elle m'a annoncé à cette occasion que son filleul allait concrétiser son engagement à Tamié. Elle l'aurait préféré marié et moi plombier… Je savais que Paul, pratiquant sérieux, allait de temps à autre effectuer des retraites quelque part, « chez les moines » mais sans vraiment chercher à approfondir le sujet. Quête spirituelle ne signifiant pas systématiquement entrée en religion. Comment imaginer Paul, ce jovial boute-en-train, ce plombier émérite, chez les trappistes ?

Je peux en témoigner, un moine, finalement, c'est une personnalité qui, ayant décidé d'un immense choix de vie, en tire une joie puissante et communicative toujours en prise directe avec le temps présent. Paul avait achevé le tour de force de se retirer du monde sans fermer les écoutilles. Il n'a jamais cessé de s'intéresser aux autres sans s'autoriser la moindre critique ou jouer de son nouvel habit pour chapitrer. En bref, ce jour-là, lui ayant trouvé bonne mine et après m'être assuré qu'il était vraiment bien dans ses sandales, j'ai admis que mon cousin n'allait pas revenir la vie civile.

Peu de temps après, j'ai appris qu'il avait sollicité et obtenu une affectation dans un mini monastère trappiste oublié à Tibhirine, dans le nord algérien.

---

1. Les gens de Thonon disaient qu'ils faisaient « la montée » quand ils allaient voir de la famille dans les vallées. Ceux des vallées disaient qu'ils faisaient la « descente ».

2. Habitants du village de Bonnevaux.

C'est à peu près à ce moment-là que j'ai commencé à travailler pour un équipementier pétrolier dont un des principaux clients était la Sonatrach, la société nationale Algérienne des hydrocarbures. Mon travail m'amenait à visiter les bases opérationnelles de ce client important, bases qui s'étiraient le long d'une route de 2 500 km conduisant d'Alger à In Amenas en passant par La Mecque du pétrole algérien, Hassi Messaoud.

C'est en descendant vers ou en rentrant de ce gisement gazier que je me ménageais la possibilité de passer par le monastère, étape bienvenue avant d'arriver à Alger.

Je garde un souvenir ému de la première fois où je me suis retrouvé devant le portail de Tibhirine, après avoir tâtonné, sans avoir prévenu, faute de pouvoir téléphoner facilement depuis la base d'Hassi R'Mel que j'avais quittée à l'aube. Je voulais aussi éviter de donner trop d'indications en ce qui concernait mes trajets, la prudence était déjà de règle fin 1992.

Ma vaillante 504 couleur sable s'immobilise devant le portail en ferraille du monastère. Quelqu'un a manœuvré un judas pour jeter un coup d'œil. Les battants s'ouvrent en grinçant. L'homme qui les a ouverts m'accueille avec un grand sourire. On se serre la main. « Je passais voir frère Paul » « Ah, c'est toi son cousin Michel ? Il m'a prévenu de ta visite… »

J'ai bien dit que le temps ne filait pas à la même vitesse. Là-bas on pouvait attendre une visite des mois sans s'impatienter.

Quelques temps plus tard j'ai eu le plaisir d'être présent à Tibhirine à l'occasion de sa profession définitive. Paul, radieux dans son habit flambant neuf, est devenu frère Paul pour de bon en présence des nombreux membres de sa famille qui avaient fait le déplacement. C'était une belle fête. A nouveau je puis en témoigner, les trappistes ne sont pas gens tristes.

Au gré de mes passages j'ai appris, écouté, parlé avec ces hommes d'envergure.

Les souvenirs reviennent en vrac, tous baignés d'une profonde émotion et de tendresse. Quelques échanges, hélas trop brefs, car la vie des moines ne laisse guère de temps pour bavarder autour d'une tasse de café ; l'office, le tour du propriétaire, la statue de la vierge, mais aussi la convivialité, la tranquille volonté, le partage de la nourriture en écoutant une lecture souvent originale et toujours pleine d'intérêt, la piquette sympa que Luc aimait faire goûter, le partage des tâches ménagères auxquelles nous participions tous dans la bonne humeur… Me restent également le souvenir de propos sobres, tenus par Christian qui, pour avoir été énoncés avec une grande sérénité, ne dissimulaient rien des terribles incertitudes à venir. Incertitudes n'étant pas le mot exact. Rappelons qu'à la mi 1995, une quinzaine de religieuses et religieux avaient déjà été lâchement assassinés en Algérie. Lourd bilan qu'il n'était pas possible de percevoir autrement que comme un glas. Paul et moi parlions peu de ce sujet lancinant inscrit en filigrane.

Puis il y eu ce message, vers la fin de l'année 1995, qu'il me fit passer par ma cousine Bernadette. « Dis à Michel qu'il ne faut plus qu'il passe par Tibhirine ». Message bien reçu d'autant plus que, quelques semaines plus tôt, lors de mon dernier passage par Ghardaïa le patron de la pompe à essence où j'avais l'habitude de faire le plein de ma 505 m'a dit la même chose en secouant avec tristesse sa chevelure grisonnante. « Tu sais, Otis[1], les choses ne sont plus comme avant. Il ne faut plus que tu viennes ici ». Après les gorges de la Chiffa, c'était au tour de Ghardaïa, la porte du désert, de se fermer, coupant l'accès à Hassi R'Mel depuis Hassi

1. Équipementier pétrolier pour lequel je travaillais à l'époque.

Messaoud pour les voyageurs non accompagnés par les gendarmes. Paul m'avait raconté que, l'année précédente, deux prêtres n'avaient dû leur salut qu'à une fuite rocambolesque par les toits.

À Hassi Messaoud le meurtre des sept moines a été accueilli par un silence assourdissant...

Mon travail avait changé. Finie la liberté de voyager. Je m'occupais d'ingénierie depuis un bureau à Hassi Messaoud, abrité derrière les hauts murs et les barbelés d'un camp où ma société avait regroupé ses activités.

En 1997, ma femme Claude, qui avait repris ses études, a conclu son année de maîtrise de science politique par un mémoire sur Tibhirine, sujet encore chargé d'émotion.

J'ai connu une dernière affectation pour Total en Algérie un quart de siècle après le drame. Un clap de fin de carrière là où elle avait connu ses débuts en somme. Quelques missions entre Alger et Hassi Messaoud dans une Algérie où l'insécurité avait eu le temps de s'enkyster.

Un clin d'œil s'est manifesté pendant l'un de ces séjours à Alger, où Claude m'avait rejoint, sous la forme d'une visite surprise à Tibhirine organisée par Total.

Le jour de notre visite les lieux connaissaient une certaine fréquentation. Des gens étaient venus des environs pour une visite en famille et acheter des confitures ou des gâteaux. Des enfants jouaient dans les jardins en mangeant des friandises, des groupes de femmes devisaient paisiblement. Nous nous sommes mêlés aux touristes du cru en toute tranquillité. Mes sens emplis d'émotion m'ont-ils joué un tour ? Cette impression que les visiteurs se comportaient d'une manière plus respectueuse que de simples badauds était-elle bien réelle ? Peut-être est-ce ce que j'ai voulu voir. Toujours est-il que, mettant à profit la connaissance pratique des lieux qui me restait, j'ai contourné le bâtiment principal en empruntant le chemin pentu que flanquent les hauts soutènements maçonnés de la terrasse. On plonge assez vite sous le couvert de grands arbres avec la sensation de se retirer du monde dans un silence qui va s'épaississant. À un coude du chemin, où je savais que de l'eau suintait d'une anfractuosité des rochers, j'ai dérangé trois jeunes femmes qui papotaient en remplissant leurs bouteilles à la maigre source. Surprises au milieu de leur petit conciliabule, gênées, elles se sont interrompues, indécises. J'ai fait un petit geste de la main en pressant le pas pour les laisser à leur occupation. Accordaient-elles quelques vertus spéciales à cette eau perlant du rocher ou cherchaient-elles seulement de quoi étancher leur soif loin des lieux trop courus ? Encore un petit mystère que je n'éluciderai pas.

Avant de repartir en grand équipage pour Alger, il y a eu une dernière facétie de la part de Paul. Nous sommes allés nous recueillir, ma femme et moi dans le petit cimetière où sont inhumés les moines depuis que le monastère existe. Les sobres stèles des sept tranchaient avec leur alignement qui sentait encore la pierre fraîchement coupée. Un rayon de soleil s'étant frayé un chemin dans le feuillage jouait plus particulièrement sur celle de mon cousin, la tirant de la pénombre de manière éclatante. Une photo où le nom de Paul est bien visible immortalise cet instant troublant.

Depuis, je ne suis plus jamais retourné en Algérie.

*

Françoise Boëgeat-Chessel, nièce de frère Paul, était aussi sa filleule. Elle nous livre l'invitation à reçue par les frères à vivre le « dialogue du cœur ».

Mon oncle Paul fut aussi « mon parrain ». Je le rencontrais lors de rencontres ou fêtes familiales qui rythmaient l'année. L'été, entre 8 et 15 ans, j'allais souvent passer quelques semaines « chez les grands-parents », là je partageais des instants de son quotidien. Paul me semblait toujours être « de passage », entre deux activités. Il était celui qui faisait du lien avec l'extérieur car lui seul conduisait un véhicule. Il était très affairé par son travail de plombier-chauffagiste qui l'occupait soit à la forge – située à proximité de la maison familiale – soit chez les gens qui demandaient ses services. Il m'arrivait de descendre à la forge voir ce que lui et le grand-père y faisaient. C'était un grand atelier aux murs noircis par la fumée. Il fallait faire attention partout aux objets coupants, au feu qui servait à chauffer le fer qui était martelé ensuite dans un grand boucan. Cette période m'a fait découvrir et aimer la tranquillité de la vie en montagne et par moments l'ennui qui en découlait. Dans ces instants de vide ou d'attente, je ressentais cependant une vraie liberté : l'opportunité de lire les séries dessinées de « Pat'Apouf » empilées au grenier, l'autorisation de faire du vélo seule sur des routes inconnues et découvrir la nature.

J'avais 17 ans lorsque Paul est parti pour l'Abbaye de Tamié. À son départ, une rencontre familiale s'est organisée chez ma grand-mère. Au moment des au revoir, Paul a placé dans mes mains, de façon soudaine, son appareil photo Reflex Canon en me disant : « Il est à toi maintenant ! ». C'était l'occasion d'un dernier cadeau. Il savait ma passion naissante pour la photographie. Je n'étais pas peu fière de recevoir cet objet de valeur. Lorsqu'il est mort, j'ai pensé que cet appareil, machine à souvenirs, m'invitait alors à devenir un témoin.

C'est la disparition de ces hommes qui m'a amenée chercher à connaître qui était chacun d'eux pour mieux comprendre « le tout » de cette communauté. Ce fût et c'est encore une quête qui s'enrichit.

J'ai assez rapidement perçu le courage et la valeur humaine exceptionnelle de leur témoignage. Au fil du temps, nous avons mieux connu leur vie, leurs actions à Tibhirine et leurs écrits.

La parole des frères est l'homélie d'un discours simple, saisissable du plus grand nombre. Elle est un ensemble de paraboles qui donnent des directions. Chacun peut ainsi prendre ce qui le touche, selon ce qu'il vit.

Tibhirine, c'est la force de la simplicité, de la sincérité et la fraternité. C'est l'humanisme universel avec les ailes de la prière.

Les frères inspirent l'écoute et le dialogue qui manquent à nos sociétés. C'est pourquoi ils ont touché un large public au-delà du fait religieux. Ils ont été des artisans de paix dans le concret des situations qui venaient à eux.

Si les moines de Tibhirine ont fait don de leur vie, ce n'est pas pour une quelconque prétention mais par l'ardent désir de vivre dans les mêmes conditions que le peuple Algérien qu'ils aimaient.

Si le dépôt d'une plainte au Palais de Justice de Paris[1] – portée par quelques proches dont je fais partie – a pu susciter des questionnements, je reste convaincue que la démarche est salutaire et n'altère en rien la portée du message d'amour des frères. Elle sert leur mémoire, l'histoire, sans oublier toutes les victimes du terrorisme en Algérie. Dans une lettre, mon oncle Paul s'étonnait d'un pouvoir judiciaire se réduisant à des « têtes d'hommes égorgés exposées au marché[2] ». Hier comme aujourd'hui, n'est-ce pas

1. Plainte déposée en 2004. L'instruction est toujours en cours.
2. Lettre de Pâques 1994, n° 138, p. 254.

l'absence de vérité et de justice entre les gens ou les nations qui contribue aux divisions durables ?

Dans bien des moments de la vie, nos frères continuent de nous guider. Lorsque je manque d'espoir, je pense à eux. Lorsque je manque de courage, je pense à eux. Quand je sens ma liberté contrainte, je me répète la fameuse injonction que Christian de Chergé lança au chef terroriste du GIA venu au monastère la nuit de Noël 1993 pour obliger le frère Luc, médecin, à les suivre dans le maquis : « Si, j'ai le choix ». Une phrase si courte, si claire et si engageante dans de telles conditions.

Je dialogue régulièrement avec des personnes de confession musulmane ici en France, par le biais de mon emploi dans le social ou en Afrique. Depuis une vingtaine d'années, je suis passionnée par ma rencontre avec les « gens du désert » de la région d'Agadez, au nord du Niger. L'expérience associative bénévole dans cette région (association de solidarité internationale) m'a permis de passer de nombreux moments dans la proximité des familles. En tout, ces gens me ramènent à l'essentiel et à l'humilité. J'aime me laisser aller avec eux au « dialogue du cœur », sans dogme, avec comme seule intention le partage d'un instant commun. C'est cela qui nous unit le plus et qui me rapproche de l'Esprit de Tibhirine.

Notre oncle Paul aura réussi – tout comme ses frères – à nous prouver que son chemin de vie valait bien de grands discours !

*

Jean-Marie Frin, acteur ayant incarné frère Paul dans le film Des hommes et des dieux *de Xavier Beauvois (2010), a tenu durant le tournage du film un journal exceptionnel dont voici quelques extraits*[1]. *Une brève post-face suit et nous livre une intime relecture du fruit de cette interprétation.*

Mercredi 17 juin

J'ai rendez-vous ce matin-là avec Xavier Beauvois. Il souhaite me rencontrer. [...] Nous avons un contact à la fois direct, amical et décontracté. Il me parle de son projet de film : Les Moines de Tibhirine. Bien entendu je connais ce drame qui a fait la une des journaux il y a maintenant quinze ans. D'emblée il me propose le rôle de frère Paul : « C'est un type qui était plombier et conseiller municipal dans son village de Haute-Savoie et qui a tout largué à quarante-cinq ans pour devenir moine. » Il pose devant moi le scénario sur lequel il inscrit son numéro de portable et me demande si je suis bricoleur. Je réponds évasivement. Nous sommes assis en terrasse en compagnie de Brigitte Moidon, directrice de casting sur ce film. Les choses se passent vite et le plus simplement du monde. « C'est une histoire de mecs » me dit Xavier Beauvois [...]

Je ressors léger et heureux de cette rencontre. Dans l'heure qui suit, avant l'autre rendez-vous que j'ai l'après-midi même avec Romain Goupil, pour son prochain film *Les mains en l'air* je dévore le scénario d'Étienne Comar et suis bouleversé par l'histoire de ces frères trappistes et la limpidité de son écriture.

Jeudi 10 septembre

Grenoble. Maison de la Culture, Centre Dramatique National. Je m'ennuie un peu. Mes répétitions au théâtre

1. Ce journal a été publié dans son intégralité sous le titre : *Journal d'un tournage. Des hommes et des dieux*, éd. Vistemboir, 2012. Nous reproduisons de très larges extraits de ce journal avec l'autorisation de l'auteur.

s'étirent sans me procurer l'excitation qui d'habitude m'envahit. Je profite de mon temps libre pour dévaliser le rayon Religions de la Fnac ainsi que la librairie catholique située dans la vieille ville.

Lundi 21 septembre

Une lecture en amène une autre et j'opère une véritable plongée en apnée dans cet univers de spiritualité religieuse que j'ai fui depuis longtemps. […] J'essaie cependant de faire honnêtement la part des choses et recueille, sans a priori, les informations qui m'intéressent et me touchent : Je lis tout. […]

Au fil de ces lectures, je suis rattrapé par mon passé, avec émotion je dois bien l'avouer. Des images ressurgissent. Des souvenirs d'émois mystiques enfouis remontent à la surface. […] J'ai lu néanmoins et avec beaucoup d'intérêt :

Passion pour l'Algérie, de John Kiser

Prier quinze jours avec Christophe Lebreton, de Henry Quinson

Jusqu'où suivre ? de Bernardo Olivera

Christian de Chergé, prieur de Tibhirine, de Marie-Christine Rey

Sept vies pour Dieu et l'Algérie, de Bruno Chenu

Si nous nous taisons… de René Guitton

Le souffle du don, de Christophe Lebreton

Christian de Chergé, de Christian Salenson

Frère Christophe Lebreton, moine de Tibhirine, de M.-D. Minassian

24 heures de la vie d'un moine, de Dom Jean-Pierre Longeat

Adorateurs dans le souffle, de frère Christophe Lebreton

L'invincible espérance, de Christian de Chergé

La règle de Saint Benoît, de… saint Benoît !

Xavier Beauvois et la Production nous ont également fait parvenir une revue de presse détaillée sur ces évènements de Tibhirine ainsi que le très beau film d'Emmanuel Audrain *Le Testament de Tibhirine*, qui est un témoignage magnifique. […] Dans le même temps, la Production nous propose d'effectuer, avant le tournage, une retraite à l'Abbaye de Tamié, en Haute-Savoie. Cette perspective m'excite beaucoup.

Cet ouvrage de John Kiser, journaliste américain, est de loin le plus intéressant sur la question. Je le lis deux fois de suite. Une première fois comme un véritable polar puis une seconde en cochant les passages qui m'intéressent. C'est une mine de renseignements qui resitue très bien ces évènements dans le contexte politique de l'Algérie de l'époque. Il est extrêmement détaillé et montre bien la nature de l'engagement de ces frères en cet endroit perdu, mais si chaud, du monde, ceci d'une manière objective en même temps qu'émouvante, sans jamais flirter avec le moindre prosélytisme. Il respecte en cela, d'ailleurs, le positionnement de cette petite communauté cistercienne.

Je relève dans les remerciements à la fin de l'ouvrage le nom de Françoise Boëgeat, nièce et filleule du frère Paul, que je vais devoir interpréter. J'appelle Xavier Beauvois et avec son accord, « Ben oui, vas-y, c'est super, si tous mes acteurs en faisaient autant je serais le plus heureux des cinéastes ! », je la contacte. J'ai tout bêtement trouvé ses coordonnées dans l'annuaire de Haute-Savoie dont je sais le frère Paul originaire. Je tombe sur une personne à la voix douce, accueillante et sensible. J'ai le trac, je suis ému. Je n'ai jamais accompli auparavant, dans le cadre de mon travail d'acteur, ce genre de démarche. En général, je ne suis pas du genre « enquête sur le terrain ». Et puis, j'ai peur de rallumer chez ces personnes que je ne connais pas des douleurs mal éteintes. Je dis « ces personnes » car je comprends vite que Françoise Boëgeat n'est pas seule. C'est toute une famille qui est derrière elle. J'avais d'ailleurs déjà été touché par le témoignage de sa sœur Annick dans le film d'Emmanuel Audrain, sans vraiment faire le rapprochement sur le moment. Du coup, réalisant la parenté, je contacte également Annick Chessel. Notre relation téléphonique est de même nature que celle que j'ai eue avec sa sœur et j'ai très envie de les rencontrer. Nous nous mettons d'accord. J'irai les voir le 30 octobre. [...] J'attends ce jour avec impatience. En même temps j'ai peur que cette rencontre ne soit étrange. Que va-t-on pouvoir se dire ? Moi, l'acteur, qui travaille sur de la fiction et cette famille qui a vécu de si près ce drame horrible et bien réel. Ma démarche ne risque-t-elle pas de paraître indécente, intrusive, voyeuriste ?

Vendredi 30 octobre

C'est un peu comme un grand jour : J'ai aujourd'hui rendez-vous avec la famille du frère Paul. J'ai pris le train ce matin pour Thonon-Les-Bains. Je suis très impatient durant tout ce voyage. J'ai beaucoup de peine à penser à autre chose qu'à cette rencontre et en même temps j'ai un trac fou. Pendant le trajet, mon iPhone me passe en boucle les chants de l'Abbaye de Tamié qu'il me faut continuer de travailler. J'ai peur de choquer cette famille que je ne connais pas, d'être incongru à leurs yeux. [...] J'arrive en gare de Thonon après un voyage qui m'a semblé interminable et je reconnais immédiatement Annick Chessel qui m'attend sur le quai. Je ne peux me tromper. C'est elle que je suis venue voir.

Quelque chose d'immédiat se transmet dans nos regards dès ma descente du train. Et puis je l'avais vue témoigner dans le film d'Emmanuel Audrain. C'est elle. Elle semble un peu inquiète. Nous échangeons quelques mots, intimidés que nous sommes tous les deux. [...] « Où m'emmenez-vous ? » Chez sa sœur Françoise.

Nous arrivons devant une très jolie maison de bois aux teintes vert pastel. Françoise m'accueille aimablement. Son mari, Éric, est également présent. [...] Je crois qu'ils sont tous aussi émus que je le suis. On m'offre un café. Puis deux des sœurs de Paul arrivent, Bernadette et Colette. Cette dernière me salue furtivement sans vraiment me regarder dans les yeux, dans un premier temps. Je comprends tellement bien sa gêne. Très vite, cependant, je vais me sentir bien au milieu d'eux. Nous partageons une tarte. Cette famille-là, comme des milliers d'autres, ressemble à la mienne. Ce sont des gens simples et sincères, je le sens. Je vais passer en leur compagnie un après-midi, une soirée et une matinée inoubliables.

Cette rencontre me sera-t-elle « utile » pour le film ? Je n'en sais rien et à vrai dire je m'en moque un peu à présent que je suis là. Je vis un contact humain avant tout. J'avais vaguement pensé un moment prendre des notes mais j'en abandonne vite l'idée. Ce serait incongru, voire déplacé. Je ne suis pas en train de mener je ne sais quelle enquête, ni de réaliser une interview ou un reportage. Je rencontre simplement des personnes riches et profondes que ces évènements de Tibhirine ont visiblement remises en question. Nous allons voir des photos en quantité. Au long des albums soigneusement annotés, assis à la table de la salle à manger entre Colette et Bernadette, je vois défiler la vie de Paul depuis son enfance jusqu'à ce mardi de mars 1996 qui précède son retour fatal à Tibhirine, en passant par sa première communion, son service militaire en Algérie (déjà l'Algérie), les pompiers volontaires de Bonnevaux, les anniversaires, les fêtes, les excursions en montagne, l'abbaye de

Tamié, Tibhirine bien sûr. Une famille comme les autres, quoi.

Une photo me plait beaucoup. On y voit Paul en randonnée dans les Alpes, sac au dos, fixant l'objectif, souriant et sportif[1]. À travers toutes ces photos et ce que m'en disent ses proches, je crois deviner un homme discret, effacé, timide, habité d'un secret peut-être. On me montre aussi des films, des films de famille, d'amateur, comme nous en avons tous dans nos tiroirs, des films à l'image tremblotante et de qualité souvent approximative, ce qui les rend encore plus émouvants. [...] Tout ce qu'ils me montrent et me racontent est plus qu'émouvant et comme je suis plutôt à fleur de peau en cette période, je suis souvent au bord des larmes.

Notamment en regardant ce film en noir et blanc où Paul prononce ses vœux de stabilité à Tibhirine en 1991. Ambiances apaisées, souriantes, visages empreints de joie sereine. En même temps comment ne pas rapprocher ces images des journées fatidiques de mars 1996 où tout a basculé ? Est-ce là que son engagement, apparemment limpide, devait inéluctablement mener cet homme que semble habiter une si calme douceur ? En le voyant ainsi allongé au sol dans cette position rituelle de soumission acceptée, j'ai la chair de poule.

Je vois aussi dans ce film tous les autres frères de la communauté de Tibhirine. Étrange impression de me dire que nous allons interpréter ces hommes que nous voyons là bouger, parler, chanter, et qui sont morts décapités. On me fait remarquer, en me montrant un autre film tourné lors d'une fête de famille en Haute-Savoie et peu de temps après ce fameux Noël 1993 où le GIA était intervenu, menaçant, à l'intérieur du monastère, combien Paul y a l'air détaché,

1. Voir cahier photo, n° 3.

ailleurs, comme sur une autre planète. Il est là, tranquille, assis aux cotés de sa mère qui fête ses quatre-vingts ans, il sourit vaguement mais ne parle pas, il semble légèrement absent. Qu'a-t-il en tête à ce moment-là ? À aucun moment, me disent ses proches, il ne les avait véritablement informés du danger qui pesait alors sur lui et sa communauté. Ils n'étaient en tout cas pas au courant des évènements survenus le Noël précédent. On me raconte beaucoup d'anecdotes sur Paul et les autres frères que cette famille a eu l'occasion de rencontrer lors de plusieurs séjours à Tibhirine.

Frère Célestin, par exemple, était assez extraverti et adorait danser, paraît-il.

Les sœurs et les nièces de Paul me disent aussi leur trouble d'avoir été mises en contact, à l'occasion de ce drame, avec les autres familles, les Lebreton ou les Chergé, par exemple, frères et sœurs de Christian, le prieur de Tibhirine. Il s'agit d'une grande famille de l'aristocratie parisienne qu'ils auraient eu peu d'opportunité de rencontrer si ces évènements douloureux ne s'étaient produits. Le décalage social n'a pas empêché cependant le partage d'une même souffrance et d'un même questionnement. Une vraie relation s'est alors établie entre eux ainsi qu'avec les autres familles. Colette et Bernadette, les sœurs de Paul, me font penser à des tantes que j'aurais pu avoir. Quant à Françoise et Annick, elles me donnent le sentiment de vivre les choses d'une manière extrêmement positive. Elles regardent avant tout vers aujourd'hui et demain. Elles sont dans le monde et y semblent très impliquées. J'ai vraiment envie de rester en contact avec elles et leur famille et je le leur dis. Je crois comprendre que c'est réciproque.

Le soir, nous partageons le repas. Rachid, le mari d'Annick qui est absent, me dit quelques mots sensibles au téléphone. En l'écoutant me parler, je le sens admiratif envers l'acteur que je suis. [...]. Rachid me raconte combien Paul avait été choqué par certains de ses propos sur les Algériens et l'Algérie, au début des années 90. Paul, me confie Rachid, prenait même la défense des Algériens tandis que lui critiquait sévèrement la situation dans laquelle se trouvait alors ce pays abimé. D'origine algérienne et arrivé en France à l'âge de six ans, Rachid m'avoue : « Ce sont les frères de Tibhirine qui m'ont fait connaître et aimer ce pays d'où je viens. »

[...] Le lendemain matin, en compagnie de Françoise, j'effectue une visite apaisante à Bonnevaux, le village de montagne où Paul a passé les trois quarts de sa vie avant de partir pour l'Abbaye de Tamié. Ce village est situé à environ vingt-cinq kilomètres au sud-est de Thonon-les-Bains. La nature est magnifique en cet automne. Les camaïeux d'ocres font flamboyer la montagne. Comme d'habitude je rate mes photos. Je n'ai vraiment pas le coup ! Je me dis que la contemplation de cette nature doit sans doute porter « naturellement » à la méditation et mener vers ce quelque chose que je nomme la transcendance.

La maison de Paul n'existe plus. L'endroit est symboliquement vide. Seul un banc de bois reposant sur deux pierres au milieu d'une vague pelouse emplit l'espace. Devant le chalet d'en face, nous rencontrons une voisine de Paul. Françoise, qui, enfant, passait ses vacances à Bonnevaux, se fait reconnaître et la vieille dame nous invite à boire le café chez elle. Elle habite un mignon petit chalet de bois. Elle est toute excitée de savoir qu'un film va se tourner sur les frères de Tibhirine : « Ça passera à la télé ? ». Dans la cuisine, près de la gazinière, un volumineux dossier est à portée de main et visiblement prêt à être ouvert à tout instant.

Elle s'empresse de le poser devant moi. À l'intérieur, des photos et des coupures de presse en quantité sur Paul et Tibhirine. Elle en extrait un article relatant la dernière commémoration des évènements. Elle est abonnée à *La Croix*.

Nous faisons ensuite une visite au petit cimetière du village. Le nom de Paul est gravé sur le caveau familial bien qu'il n'y repose pas. À deux pas, une stèle modeste a également été dressée à sa mémoire. « Les gens d'ici sont quand même un peu étriqués, me dit Françoise. Nous aurions aimé, quant à nous, que figurent aussi sur cette stèle les noms des sept frères et pas seulement celui de mon oncle, mais bon, c'est comme ça. »

Puis nous entrons dans l'église, un bâtiment modeste d'un style « moderne années soixante » que je connais bien pour en avoir fréquenté de semblables dans la Normandie reconstruite de mon enfance d'après-guerre. Dans le chœur est accroché un petit tableau peint par un habitant du village. C'est un triptyque représentant les trois principales étapes de la vie de frère Paul : Bonnevaux, Tamié, Tibhirine[1]. C'est naïf et touchant. Je le photographie. La veille j'ai vu, dans l'un des films qu'ils m'ont projetés, Monseigneur Teissier, l'évêque d'Alger à l'époque des évènements, présider une cérémonie de commémoration dans cette même église et y prononcer notamment le Notre Père en arabe devant une assistance de villageois savoyards sans doute un peu interloqués à l'écoute de ces sonorités étranges en cet endroit. Du moins c'est moi qui l'imagine car même à l'écran c'était troublant à voir et à entendre.

Christian de Chergé avait instauré, je crois, l'énonciation régulière de cette prière en arabe à Tibhirine. Je me dis que ça devrait être évoqué dans le film. J'en parlerai à Xavier.

De retour à la gare, nous prenons un verre dans un café librairie consacré à la bande dessinée. Françoise me dit qu'elle m'en enverra une, destinée aux enfants, qui a été réalisée sur les frères de Tibhirine. Nous discutons encore un peu devant cette petite gare de Thonon avant mon départ. Françoise me dit combien son propre père a regretté, plus

1. Voir cahier photo, n° 16.

tard, de ne pas avoir bavardé ainsi plus longtemps avec Paul, au même endroit, le jour de son dernier retour à Tibhirine en mars 1996. Il était venu voir sa mère malade et repartait avec du matériel et des pelles, « Oh, on ne sait jamais… pour creuser nos tombes ! » avait-il juste précisé avec cet humour noir dont il était, paraît-il, coutumier. S'il avait raté ce train, il n'aurait pas été enlevé le lendemain même. Je me dis : n'aurait-il pas vécu dans une pénible culpabilité le fait d'avoir ainsi échappé au sort qui attendait ses frères ? Nous nous quittons émus. Dans le train, je ne peux, étant seul, m'empêcher de pleurer longuement.

Vendredi 6 novembre

[…] J'ai ensuite été convoqué pour un essayage de costumes. J'avais envoyé à Marielle Robaut, la costumière, les quelques photos que m'avait gentiment confiées Françoise Boëgeat. On y voit Paul, salopette et chemise à carreaux, au travail, à Bonnevaux j'imagine, puis à Tibhirine. J'ai essayé des éléments de costumes qui me font ressembler un peu au Paul de ces images. J'ai été étonné cependant qu'on ne me fasse pas essayer l'habit cistercien hormis la coule, l'habit des offices, qui à mon avis est trop longue. Nous avons pris quelques photos lors de cet essayage. Je les ai envoyées à Françoise et à Annick pour continuer d'entretenir le lien entre nous. Elles m'ont répondu en me faisant part de leur trouble en voyant ces images. Ce que j'imagine bien. « … Et surtout n'oublie pas de remonter les manches de la chemise et de mettre les mains dans les poches de la salopette ! »

Vendredi 13 novembre

Répétition de chant encore. […] Par association d'idées, je fais écouter à Xavier, sur mon iPhone, la chanson *Il n'y a qu'un seul Dieu* de Lili Boniche, chanteur oranais des années cinquante [...]. Il a l'air séduit par ces inflexions arabo-andalouses. Je lui propose ensuite, au cours du repas, de lui montrer le film tourné par la famille de Paul lors de ses vœux de stabilité à Tibhirine. Je l'ai sur moi. Mais à peine l'ai-je sorti de ma poche qu'il me le subtilise carrément. Je suis un peu estomaqué. J'espère qu'il me le rendra. [...] Lambert Wilson, à qui je montre quelques photos de Paul et de ses proches, me demande pourquoi j'ai voulu les rencontrer. Bonne question. À vrai dire, je ne sais trop quoi lui répondre.

Jeudi 19 novembre

J'avais rendez-vous avec le coiffeur chez Why Not. Vu ma coupe de cheveux actuelle, il n'a pas eu grand-chose à faire. Il a quand même tenu, cependant, à me raccourcir les pattes pour, m'a-t-il dit, « donner un caractère plus doux, plus paisible, au personnage. » J'admire la conscience professionnelle !

Lundi 23 novembre

Ce matin, en compagnie de Loïc Pichon et d'Olivier Rabourdin, j'ai pris le train, gare de Lyon, pour Albertville. Un taxi nous attendait pour nous conduire ensuite à l'Abbaye de Tamié. [...] Après installation dans nos chambres respectives, nous sommes allés assister aux Vêpres. [...] Ils semblent être une petite trentaine, si j'ai bien compté. L'éventail des âges est assez large, de trente à quatre-vingts ans environ. Nous avons ensuite pris le repas en silence et sur fond de musique classique en compagnie des retraitants, une douzaine d'hommes seuls, parmi lesquels sans doute quelques prêtres, et un couple d'une soixantaine d'années.

[...] Puis nous avons assisté aux Complies. J'ai pu ainsi entendre quelques-uns des chants que nous apprenons pour le film. Cette écoute m'a un peu rassuré. Je m'aperçois que nous ne nous en sortons pas trop mal comparativement. [...] Nous sommes un peu désappointés de n'avoir finalement que peu de contacts avec les moines qui sont de l'autre côté de la clôture [...]. J'aimerais aussi rencontrer frère Nathanaël qui, m'a-t-on dit, a bien connu Paul. J'ai parcouru le nouveau scénario que Loïc m'a passé dans le train ce matin. Il me plait encore mieux que la première version. J'y constate que Xavier, en accord avec Étienne Comar sans doute, a tenu compte de certaines remarques qui lui ont été faites par les uns et les autres. [...] D'autre part, je suis moins inquiet, après lecture, par mes scènes avec le tracteur, elles seront suffisamment elliptiques, je pense, pour que je puisse faire illusion, moi le grand bricoleur.

Mardi 24 novembre, un peu plus tard

Après l'office de Nones, j'ai rencontré frère Didier, le responsable de la boutique où les frères vendent livres, disques, confiseries, bondieuseries en tous genre... et fromage de Tamié, évidemment. Il a bien connu Paul qui a fait son noviciat sous sa responsabilité, étant lui-même maître des novices à ce moment-là. Ce qu'il m'a dit de lui m'a confirmé que ce devait être un homme profondément bon et gentil. Il se souvient aussi très bien du jour où celui-ci lui a annoncé qu'il désirait partir pour Tibhirine. « Tiens, c'était là, dehors, sous cet arbre. » Il m'a raconté en outre que la mère de Paul, qui est décédée peu après le drame, n'a jamais su que ce dernier avait été assassiné. Lors de son agonie, elle disait voir un moine présent à ses côtés : « C'est surement Paul qui lui apparaissait. » m'a confié Didier de son air le plus sérieux. Ces bons moines sont incorrigibles !

Jeudi 26 novembre

[...] La fromagerie, m'a-t-on dit, traite jusqu'à six mille litres de lait par jour. Puis j'ai croisé Nathanaël, le responsable de cette fromagerie. C'était un grand ami de Paul d'après ce que je crois savoir. Notre échange a été trop bref, malheureusement, car le taxi qui devait nous emmener à la gare est arrivé au même moment, écourtant ainsi notre conversation.

« C'était un manuel, comme moi, alors on s'entendait bien. » m'a-t-il dit, laconique, en évoquant pudiquement sa relation avec Paul. En deux mots il m'a quand même fait comprendre à quel point ce drame de Tibhirine avait été pour lui un ébranlement douloureux. Je lui ai montré les quelques photos de Paul qui étaient en ma possession. Certaines lui étaient inconnues et il semblait content de les découvrir. J'aimerais revoir cet homme au contact direct.

Lundi 7 décembre

C'est mon premier jour de tournage[1]. Au maquillage, avec l'accord de Xavier, Zhor, la maquilleuse, me rase le crâne comme je l'ai suggéré. Ça me donne un visage plus rond mais je n'en ressemble guère plus à frère Paul pour autant.

Qu'importe, là n'est pas vraiment le but. Je trouve simplement que ce n'est pas mal visuellement qu'il y ait aussi un chauve dans le groupe des frères. Nous tournons sur les hauteurs d'Azrou, à Tioumliline, dans un ancien monastère

---

1. Le tournage a été réalisé au Maroc, sur les lieux d'une ancienne abbaye bénédictine restaurée pour les besoins du tournage, Tioumliline. Pour des images du tournage, voir Xavier BEAUVOIS et Marie-Julie MAILLE, *Des hommes et des dieux : les images du film, les écrits des moines de Tibhirine*, Montrouge, Bayard, 2010.

qui a été occupé jusqu'en 1968 par des moines trappistes. Ils étaient d'ailleurs en relation avec la communauté de Tibhirine dont certains frères ont séjourné ici, paraît-il, à un moment où un autre. L'endroit est magnifique et les paysages alentour somptueux.

Jeudi 10 décembre

J'ai pensé suggérer quelques modifications qui tiendraient compte de ce que m'ont raconté Françoise et Annick à propos de la visite de Paul à Thonon après le fameux Noël 1993. Henry trouve cela pertinent et m'y encourage. J'en fais part également à Lambert qui sera mon partenaire dans cette scène. Il me conseille judicieusement de tourner d'abord la séquence telle qu'elle a été écrite dans le scénario puis de faire ensuite ma proposition à Xavier. Il a raison. C'est ce que je ferai.

Vendredi 11 décembre

Très belle journée. Dans la matinée, un peu fraîche mais ensoleillée, j'assiste au tournage d'une scène entre Christian et Christophe. Nous sommes dehors face aux montagnes. [...] Nous passons ensuite à cette séquence entre Paul et Christian dans le bureau de ce dernier. Xavier qui a été informé de ma suggestion d'improvisation par Henry, me propose aussitôt de m'y lancer d'emblée. Je suis touché de sa confiance. J'avais peur qu'il ne soit plus réticent. Je lui dis que je préfère jouer d'abord la scène telle qu'elle est écrite, suivant en cela le conseil de Lambert. Je pense également que je dois me chauffer un peu. Nous faisons une première prise, d'un seul jet. Elle est trop rapide à son goût : « Oh là là, t'es beaucoup trop speed ! ». Il me demande d'installer des silences, des respirations. Ce que j'accepte sans hésiter. [...] La deuxième prise se déroule aussi simplement que la première et d'une seule traite. Je prends cependant beaucoup plus de temps pour dérouler mes phrases et je me surprends moi-même à ne pas bafouiller une seule fois. Xavier a l'air d'avoir obtenu ce qu'il voulait. La troisième prise est pour moi. « Vas-y, fais ton truc ! » me dit Xavier sans avoir l'air de s'inquiéter plus que ça de ce que je compte dire ou faire. Sa confiance est étonnante. Il jette son rituel « Bismillah ! ». Je me lance donc et vais au bout de mon improvisation. Je dois quand même dire que je l'avais préparée un peu, très tôt ce matin, mentalement à défaut de l'avoir écrite. Je m'y engouffre d'un trait, sans interruption. Lambert, qui ne savait pas ce que j'allais dire, n'a pas l'air de vraiment comprendre dans quelle navigation à vue je m'embarque. Néanmoins, il m'accompagne et me relance avec beaucoup d'attention, de sensibilité et d'émotion. À nouveau, les larmes me montent aux yeux malgré moi. Je raconte, en fait, l'anniversaire de la maman de Paul tel que je l'ai vu dans ce film qu'ils m'ont montré à Thonon : je parle de la présence/absence de Paul dans ce film, de son léger sourire distrait. J'évoque cette famille, mais j'évoque aussi la mienne d'une certaine manière. Je ne sais trop où je vais, ni dans quoi je m'aventure, mais les phrases s'enchaînent avec fluidité. À la fin de la prise Xavier vient me prendre très fort dans ses bras. Il semble très ému : « T'as explosé le scénario ! » Je fonds en larmes. Zineb me tend gentiment des kleenex. Je m'aperçois que plusieurs membres de l'équipe ont les yeux un peu rouges. Je suis gêné vis à vis d'eux et bafouille quelque chose comme des excuses : « Non, mais ce n'est pas moi, je n'y suis pour rien, c'est ce qu'ils m'ont raconté, c'est tout. » Je ressors de là tremblant de tous mes membres. Je n'imaginais pas que ça m'atteindrait dans le corps également, et cela d'une manière aussi forte. Je vais rester dans cet état d'émotion physique jusqu'à la coupure du déjeuner.

Nous tournons ensuite la scène pour le contrechamp sur Lambert. Je ne retrouve pas, bien évidemment, cette intensité émotionnelle qui m'a submergé tout à l'heure. Je suis plus calme, plus en distance. Je redis, mais à présent comme un texte que j'aurais appris, ce que j'ai improvisé quelques instants plus tôt. Je sais que c'est le regard et l'écoute de Lambert qui comptent à présent. Il est toujours aussi impeccable. Il a une manière de laisser, mine de rien, ses yeux s'embuer légèrement, en écoutant simplement, qui est très belle et très impressionnante. Je termine un peu fatigué. [...] J'éprouve le besoin d'envoyer un courriel aux sœurs Chessel pour leur parler de cette première semaine de tournage mais je n'entre pas trop dans les détails.

Jeudi 17 décembre

Xavier me dit que Marie-Julie, sa compagne, qui est aussi la monteuse du film, a visionné à Paris la séquence improvisée que j'ai proposée l'autre jour et qu'elle a été bouleversée. « On se croirait dans une séquence documentaire, lui a-t-elle dit, on n'est plus vraiment dans de la fiction. » C'est un beau compliment qui me va droit au cœur. Il faut que je sois à la hauteur pour la suite.

Vendredi 18 décembre

Annick m'envoie un gentil message pour me remercier de lui avoir fait parvenir ce petit enregistrement, réalisé par François Polgar, où nous chantons « Oh Père des Lumières » en nous serrant les coudes. Elle ajoute même que son oncle Paul, en l'entendant, aurait sûrement fait un commentaire du genre : « Vous chantez drôlement mieux que nous ! » J'avais donc tort de m'inquiéter du bien fondé de cet envoi. Je pense cependant que je dois éviter de leur adresser trop souvent des images du tournage. Je ne dois pas les priver de la découverte du film.

Dimanche 20 décembre

Je relis ensuite, dans le livre de John Kiser, *Passion pour l'Algérie*, les passages concernant frère Paul. J'y relève des informations sur lui qui me touchent et que j'avais un peu oubliées.

À propos de Paul, mon frère inconnu : plus le temps passe sur ce tournage, moins je me sens intéressé par cette notion de « personnage » qui préoccupe tant la plupart des acteurs [...]. Frère Paul n'est pas un « personnage ». Il est bien autre chose. Avec lui et ses frères nous sommes au-delà de la notion de « personnage ». Frère Paul est un être humain, pas un « personnage ». C'est quelqu'un qui garde pour moi tout son mystère et dont pourtant j'aimerais pouvoir me sentir proche. Je n'interprète pas un « personnage ». J'essaie simplement de témoigner d'une personne, dans le cadre rigoureux qui m'est imparti, y compris au sens cinématographique du terme (le « cadre »). On ne « joue » pas Paul, on essaie juste de l'entendre, ou plutôt de le faire entendre, de faire entendre son effacement, son silence. Pas de travail d'identification donc. De toute façon, je pense que cette notion d'« identification » ne veut rien dire et elle ne m'a jamais vraiment intéressé. [...] Mais lui, qu'avait-il en tête ce soir de mars 96 lorsqu'il est revenu à Tibhirine après cette ultime visite à sa mère qui, tout comme la mienne, d'après ce que j'ai cru comprendre, n'allait plus très bien, elle non plus ? Comment tout cela a-t-il pu interférer dans sa courageuse décision de rester ?

Mercredi 30 décembre

Je vis de très beaux moments de tournage. La séquence où les frères votent au chapitre, pour décider s'ils doivent partir ou rester, est aujourd'hui dans la boite. J'ai appris hier soir que j'hérite d'une phrase attribuée initialement à frère Jean-Pierre, ce qui crée un léger malaise avec Loïc qui en est prévenu tardivement, par moi-même d'abord, puis par Henry qui était chargé de le faire et l'a un peu oublié vu qu'il doit être sur tous les fronts. Je suis très gêné vis à vis de Loïc. [...] Il est vrai que ces mots de questionnement et de doute pouvaient difficilement être attribués au frère Jean-Pierre dont la détermination à rester est établie depuis longtemps. Je m'arrange néanmoins avec Loïc pour qu'il « récupère » une partie de la réplique en question, ce qui lui permet d'exprimer de façon plus directe son désir de rester. Quant à moi, je réécris tout le reste à ma façon pour me l'approprier et j'y ajoute même une phrase de Paul extraite d'une lettre adressée par lui au Père Abbé de Tamié et que j'ai relue il y a peu. Quand nous tournons cette séquence, Xavier semble un peu interloqué par ce que j'ai pris l'initiative de dire là. Entre deux prises, il vient lire les quelques mots que j'ai griffonné sur un bout de papier avant la scène puis me laisse faire à nouveau. Une fois de plus, sa capacité à intégrer l'imprévu est étonnante. D'autant plus que la phrase de Paul, à première écoute, peut paraître déconcertante : « Jusqu'où aller trop loin pour sauver sa peau sans risquer de perdre la vie ? »

Cette formulation alambiquée me plaît beaucoup car elle exprime bien les mouvements contradictoires d'une pensée humaine qui cherche et qui hésite. Xavier semble néanmoins perplexe mais a l'air très content par ailleurs des prises effectuées.

Mardi 5 janvier

La scène que je devais tourner aujourd'hui a été remplacée de façon complètement improvisée par deux gros plans sur moi : frère Paul, seul dans sa cellule, en proie au doute et au questionnement. Dans l'un des plans je me suis lancé, c'est venu spontanément, dans la récitation d'un « Je vous salue Marie » que je voulais éperdu, suppliant. Je me suis étonné moi-même en constatant que je connaissais toujours par cœur cette prière. « Ça, c'est pas mal, m'a dit Xavier, le « Je Vous Salue Marie », on ne l'avait pas encore. » Dans l'autre, pragmatique et toujours plein d'idées originales et pertinentes, il m'a proposé de manipuler pensivement, assis au bord de mon lit, cette pièce de tracteur que Paul attendait depuis des semaines et qu'il vient de recevoir de France. Ainsi se suivent les journées qui nous emmènent vers l'imprévisible.

[...] J'ai adressé à Françoise Boëgeat et Annick Chessel une photo du groupe des huit frères[1]. Il s'agit d'une copie assez conforme de la photo des frères de Tibhirine pris dans les jardins du monastère et que l'on a vue un peu partout dans la presse et les différents livres parus sur le sujet. Françoise me répond par un commentaire très précis quant à nos poses respectives sur ce cliché. J'ai noté, à ce propos, une chose amusante : il existe beaucoup de photos des frères de Tibhirine pris ensemble, mais il en manque toujours un. C'est comme dans toutes les familles : celui qui est absent de la photo... c'est celui qui prend la photo !

Jeudi 7 janvier

Nous avons terminé très tard. J'ai cependant eu un peu de mal à m'endormir une fois de retour dans ma chambre d'hôtel car la séquence de l'irruption des terroristes dans la cellule de Paul m'a mis dans un léger état de tension. Il m'a fallu prendre le temps de la laisser retomber. Décidément, le cinéma provoque des états que l'on rencontre moins souvent au théâtre.

1. Voir cahier photo, n° 15.

Dimanche 10 janvier

J'apprends ce soir par Henry que Xavier m'a rajouté une scène : Paul se confesse à Christophe. J'en suis surpris mais content. Il peut s'y jouer de belles choses.

Jeudi 14 janvier

Nous tournons, dans une petite pièce annexe de la chapelle, la séquence de la confession de Paul à Christophe. Paul y parle, à demi-mot et avec pudeur, de cette expérience douloureuse que fut pour lui la guerre d'Algérie. Tout ici, dans ce que nous disons, est bien sûr inventé car nous ignorons si une telle scène a pu réellement se produire et nous ne possédons aucun élément nous permettant d'évaluer les sentiments réels de Paul par rapport à cet épisode vraisemblablement très pénible de sa vie. Il n'en parlait jamais, m'ont dit ses sœurs. [...] Nous effectuons deux prises, pas une de plus. Que dois-je en conclure ? Je reste inquiet comme d'habitude. Cette séquence étant murmurée, Xavier trouve que l'on entend trop ma respiration, me dit-il. Pas facile de jouer sans respirer une scène dont le moteur essentiel réside dans la difficulté à dire ! Au final, je sors de là essoufflé à force de m'être retenu. J'ai l'impression que Xavier est satisfait mais suis aussitôt assailli d'un doute car il s'absente un quart d'heure sans réapparaître. Je ne sais trop qu'en penser.

Samedi 16 janvier

J'ai vu hier soir quelques rushes des séquences tournées dans la neige, « le Calvaire des Moines », et c'est splendide. La fin du film risque d'être somptueuse à pleurer. Quant à moi, je m'en veux d'être si rapide dans ce que je fais à l'image. C'est paradoxalement un signe de pudeur dont je devrais absolument me débarrasser. Je dois apprendre à travailler avec la caméra et non l'éviter comme je le fais inconsciemment. Savoir s'abandonner à se montrer sans ne jamais rien démontrer. Pas facile.

Mardi 19 janvier

Je vais donc reprendre l'avion dans quelques heures pour rentrer en France. L'aventure est terminée. J'ai effectué hier ma dernière journée de tournage. C'était un peu étrange. J'ai ressenti, en ce qui me concernait, comme un léger climat de dilettantisme. [...] Il a fait très beau. Même le temps nous incitait à un léger farniente. La neige, si épaisse trois jours plus tôt, avait en effet complètement disparu pendant le week-end. La météo elle-même était raccord, car ce que nous avions à tourner devait s'inclure dans les premiers moments du film. Un miracle d'Allah ? J'étais en civil pour la troisième fois seulement depuis le début du tournage, salopette et chemise à carreaux, et non plus en sempiternelle bure de moine. Je me suis battu sournoisement avec Alice pour ne pas porter cet affreux gros gilet marronnasse qu'elle adore, dont elle veut toujours m'affubler et que moi je déteste. J'ai moi aussi mes petites coquetteries. Et puis nom d'un chien, sur les photos, j'ai toujours vu Paul en chemise manches relevées quand il était au travail[1], et cela apparemment même en hiver.

J'ai été un peu cueilli lorsque Xavier a subitement annoncé mon « Dernier Plan » à l'issue d'une prise car d'autres étaient initialement prévus qu'il a, fidèle à son habitude d'improvisation permanente, supprimés à la dernière minute. J'ai été tout à coup un peu frustré et cette habituelle émotion de fin de tournage que je redoutais un peu ne m'a finalement pas atteint. Peut-être en est-il mieux ainsi. Je regrette

1. Voir cahier photo, n° 12 et n° 13.

néanmoins qu'au bout du compte on voie si peu Paul au travail manuel. Je n'ai en effet tourné qu'une seule et courte scène dans l'atelier, dont la reconstitution est magnifique d'ailleurs, et une scène en extérieur où je bricole vaguement avec Omar/Abdallah sur un tracteur que l'on devinera à peine à l'image. Yann, de la déco, m'aura au moins donné mon premier cours de soudure à l'arc, c'est toujours ça de pris. C'est quand même paradoxal car Paul était vraiment le travailleur, le manuel de la communauté. On peut même dire qu'il en était l'artisan multifonctions. Henry m'avait d'ailleurs raconté à quel point le psautier de Paul, dont il a hérité quand ce dernier est parti pour Tibhirine, était maculé de marques de doigts et de traces de cambouis. J'attends cependant de voir le film pour juger définitivement. Il est possible que l'atmosphère de cette collectivité au travail soit rendue de manière suffisante pour qu'il ne soit pas nécessaire de s'appesantir sur les activités et prérogatives de chacun des frères. Mon sentiment de frustration n'est qu'individuel et circonstanciel et ne prend bien évidemment pas en compte ce que racontera globalement le film.

Jeudi 15 avril

Nous l'apprenons aujourd'hui : *Des hommes et des dieux*, le film de Xavier Beauvois, est dans la sélection officielle du Festival de Cannes. C'est géant ! C'est magnifique…

*

Paul, ce frère que j'ai rencontré sans l'avoir jamais connu et dont je sais finalement peu de choses, je dois bien le dire, me sera apparu, dès les tous premiers instants où j'ai tenté de saisir quelques traits de sa personnalité, c'est à dire il y a bientôt quinze ans maintenant, comme dans un souci permanent d'effacement de lui-même, d'humilité légèrement teintée d'humour et donc de distance qui, au bout du compte, sera peut-être la grande leçon qu'il m'aura transmise sans jamais le savoir.

Oui, l'humilité, l'effacement. Voilà un bien étrange paradoxe, me direz-vous, pour l'acteur que je suis et dont à priori la fonction, le souci, le désir même, sembleraient être de se mettre en avant, de se montrer, de briller aux yeux des autres, de vouloir apparaître comme le plus beau voire le meilleur. Et pourtant, plus j'avance maintenant dans la pratique de ce que certains appellent un art et que je me contente, moi, de considérer comme un artisanat (et Paul était un artisan lui-aussi, ne l'oublions pas, un vrai lui), plus je réalise que cette humilité-là, que Paul, dans une improbable transmission, m'aura fait toucher du doigt à travers ce film, m'est à présent indispensable pour avancer, dans ma vie parmi mes frères humains, mes semblables, comme au théâtre ou devant la caméra. Savoir s'effacer pour être pleinement au service de l'histoire que l'on souhaite raconter, que l'on désire faire entendre à ceux qui sont venus vous faire l'honneur de vous voir et vous écouter.

Voilà à présent la règle que je m'impose. Alors bien sûr, soyons honnête, la chose n'est pas toujours si facile ni même faisable et il m'arrive encore bien trop souvent de me surprendre à nouveau moi-même en flagrant délit de vanité et d'orgueil, et les illusoires feux de la rampe, les rires et les applaudissements sont toujours bien là, tels des démons tentateurs, pour nous y entrainer et nous y faire succomber à tout instant. Mais dans un coin de ma tête j'ai désormais, ce souci permanent de conserver bien vivant cet état d'effacement et d'humilité en me disant que là sans doute réside l'essentiel. Oui, voilà peut-être ce qui me reste de plus fort de cette fréquentation si troublante pour moi de Paul et de ses frères : savoir s'effacer pour mieux témoigner. S'absenter pour mieux dire le monde. Merci, cher Paul.

Notre-Dame de l'Atlas et Tibhirine, de 1996 à aujourd'hui

À partir de 1997, plusieurs moines venant d'Espagne, de Pologne, du Chili et de France se sont portés volontaires pour tenter de reconstituer une communauté.

Le retour en Algérie à Notre-Dame d'Afrique s'est réalisé en mars 1998, avec Père Amédée et les frères Ventura Puigdomènech et Jean-Pierre Flachaire. Puis, tous les nouveaux venus ont été invités à découvrir ce qui se vivait à Fès et à N.-D. d'Afrique. Seul Jean-Pierre Flachaire – après une année de probation – a changé sa stabilité pour N.-D. de l'Atlas, le 8 décembre 1998.

En janvier 1999, alors que le Père Jean-Pierre Schumacher avait donné sa démission de prieur pour raison d'âge (75 ans le 15 février 1999), tous les frères d'Algérie et ceux du Maroc se sont retrouvés à Fès autour de Dom Bernardo Olivera, l'Abbé général, et de Dom André Barbeau, abbé d'Aiguebelle et Père immédiat, pour parler de l'avenir. La décision a été prise que la communauté de Notre-Dame de l'Atlas resterait au Maroc, que celle des frères de Notre-Dame d'Afrique prendrait le nom de Notre-Dame de Tibhirine, et qu'elle serait, dans un premier temps, une annexe de Notre-Dame d'Aiguebelle. Il fallait aussi remplacer le Père Jean Pierre Schumacher comme Prieur de Notre-Dame de l'Atlas, et ce fut Jean Pierre Flachaire qui a été élu, le 30 janvier 1999. Rapidement un transfert fut décidé de Fès à Midelt (au pied du Haut Atlas), suite à la proposition des Sœurs Franciscaines de céder la propriété de leur couvent de Midelt, favorisant de meilleures conditions d'habitation pour la vie monastique et une plus grande proximité avec la population locale.

Dans le même temps, en Algérie, la violence et les massacres toujours présents dans la région, rendaient impossible une habitation permanente à Tibhirine. Les moines, résidant à Alger, faisaient donc des allers-retours. Ce n'est qu'au début des années 2000, qu'une accalmie parut se dessiner, à tel point qu'en mars 2000, frère Francisco Javier, devant Mgr Teissier et Dom André Barbeau, prononça ses vœux définitifs dans la chapelle de Tibhirine, sous l'œil fraternel des voisins musulmans conviés ensuite à un couscous géant. La célébration de la veillée de Pâques 2000, dont la première partie hors de la chapelle se déroule en présence des voisins, fut un nouveau signe d'espoir. Les frères plantèrent alors plusieurs centaines de pommiers pour assurer leur subsistance dans une optique de réinstallation. Mais devant la pression imposée par le contexte, ces espoirs s'étiolèrent rapidement et les trappistes quittèrent finalement l'Algérie en mai 2001, remettant le monastère à la gestion du diocèse.

Mgr Henri Teissier, l'archevêque d'Alger, confia au Père Jean-Marie Lassausse, prêtre de la Mission de France et agronome, la tâche de maintenir le lieu vivant en attente de l'arrivée d'une nouvelle communauté. Il poursuivit, avec des collaborateurs du village, la culture des terres, l'entretien indispensable des bâtiments, il restaura les liens avec les voisins et accueillit les visiteurs ou pèlerins, de plus en plus nombreux au fil des années. L'hôtellerie et quelques autres pièces du monastère furent restaurées et réaménagées pour permettre des séjours dans des conditions restées austères mais convenables. À partir de 2004, le Père Lassausse, pouvant résider sur place, put bénéficier de l'aide de volontaires logés au monastère, et faire face à la venue croissante de visiteurs et pèlerins. Ces visites, journalières mais plus nombreuses le week-end (vendredi-samedi), sont le fait d'Algériens qui viennent par curiosité ou pour visiter le lieu, mais pour beaucoup, aussi en mémoire de « Frélou » (frère Luc) qui soigna tant de personnes dans son dispensaire durant cinquante ans. Soutenu par l'association *Les Amis de Tibhirine*, le père Lassausse a également pu aider, durant cette période, des villageois dans près de deux cents projets (construction ou amélioration d'habitat, projets agricoles, aide aux études, etc. …).

Après la tentative d'installation d'une petite communauté de sœurs de Bethléem en 2007, c'est finalement à la communauté œcuménique du Chemin Neuf que le Père Jean-Marie Lassausse « remit les clés » du monastère de Tibhirine, le 31 août 2016, peu après avoir accueilli le pèlerinage des familles pour le vingtième anniversaire. Deux ans plus tard, le 9 décembre 2018, au lendemain de la célébration à Oran de la Béatification des 19 Bienheureux martyrs d'Algérie, l'envoyé spécial du Pape et plus d'une centaine de personnes, membres des familles et amis, s'y retrouvèrent pour un temps de recueillement et de rencontres émouvantes avec les villageois gardant le souvenir des frères. Grâce à la communauté du Chemin Neuf, se poursuit donc, en ce lieu de prière et de mémoire, le travail de l'exploitation agricole en lien avec les voisins du village, ainsi que l'accueil de retraitants et de visiteurs pour la plupart Algériens, en fidélité à l'héritage spirituel des moines. « L'accueil des très nombreux visiteurs, majoritairement Algériens, qui frappent à la porte du monastère du lundi au samedi : les accueillir, quelles que soient leurs confessions, est une mission première pour chacun des membres de la communauté. C'est toujours l'occasion de riches échanges qui s'inscrivent modestement dans cette démarche du vivre ensemble que les moines, entraînés par frère Christian de Chergé, ont mise en œuvre. » (Frère

Yves, Communauté du Chemin Neuf, Lettre circulaire, septembre 2018)

Quant à la Communauté de Notre-Dame de l'Atlas à Midelt, elle compte aujourd'hui six frères et un familier. Devenue un lieu de ressourcement pour l'église du Maroc, elle mène sa vie monastique *ora et labora* (prière et travail), dans un contexte paisible de relations très fraternelles avec leurs voisins Marocains, dans l'esprit de ce qui voulait se vivre à Tibhirine.

Pour aller plus loin

À propos de frère Paul

Les moines de Tibhirine, *Heureux ceux qui espèrent. Autobiographies spirituelles*, Les écrits de Tibhirine 1, Cerf, Bayard, Abbaye de Bellefontaine 2018, p. 49-82, consacrées à frère Paul.

Dans la même série *Lettres*

- *Tu verras éclater le printemps. Lettres frère Luc de Tibhirine à son ami Georges Guillemin (1961-1996)*, Lettres de Tibhirine 1, Cerf-Bayard-Abbaye de Bellefontaine, Paris 2021.

Ce premier volume inaugure l'édition de la correspondance des frères de Tibhirine. Cette correspondance est tout à fait unique. Frère écrivait à quelques correspondants, mais beaucoup ont été détruites, ou seuls quelques fragments ont été conservés. La famille de Georges Guillemin disposait de cet ensemble d'une centaine de lettres. La teneur de ces lettres, amicales et profondes, dévoilent un visage intime de frère Luc. Le cœur sensible de l'homme un peu bourru y apparaît, ainsi que l'essentiel de sa philosophie de vie : un homme brûlé par l'amour de Dieu et du prochain.

Dans la même collection *Les écrits de Tibhirine*

Une bibliographie abondante témoigne, depuis 1996, de l'intérêt suscité par les frères de Tibhirine. Un travail d'édition avait débuté assez rapidement après leur disparition, et se poursuit par la présente série destinée à rassembler et à éditer leurs œuvres complètes.

- *Heureux ceux qui espèrent : autobiographies spirituelles*, Les écrits de Tibhirine t. 1, Cerf-Bayard-Abbaye de Bellefontaine, Paris 2018.

Il s'agit de l'ouvrage portail de la collection. Il rassemble les écrits personnels des sept frères et retrace les itinéraires spirituels de chacun. Il donne aussi à voir la communauté en formation au fur et à mesure de l'arrivée des frères à Tibhirine. Sont aussi rassemblées dans cet ouvrage les lettres circulaires de la communauté (1987-1995). Un ouvrage essentiel et de fond pour lire et comprendre les textes présentés dans les sept ouvrages thématiques suivants de la collection.

- *Heureux ceux qui se donnent : la vie donnée plus forte que la mort*, Les écrits de Tibhirine t. 2, Cerf-Bayard-Abbaye de Bellefontaine, Paris 2020.

Ce deuxième volume montre comment ces frères se sont préparés, personnellement et communautairement, ainsi que le soulignait le Pape François (*Gaudete et Exsultate* 141), à vivre ensemble le don de leur vie jusqu'au bout. L'ouvrage propose une sélection thématique de textes des frères déjà publiés et inédits, sur le don, la mort et le martyre. Ils ont été rassemblés afin d'entrer, de l'intérieur, dans leur compréhension progressive de ce qu'a signifié ce don, d'abord par la profession monastique, puis, comment au fil des jours et des événements, l'éventualité d'une mort violente a pu être apprivoisée dans une recherche constante de cette fidélité aux liens tissés pendant plus de 50 ans de présence. Récit de l'amour plus grand, plus fort que la mort…

- *Heureux ceux qui osent la rencontre : des moines en pays d'Islam*, Les écrits de Tibhirine t. 3, Cerf-Bayard-Abbaye de Bellefontaine, Paris 2021.

Ce troisième volume dévoile l'histoire d'une rencontre sous le signe de la Visitation. La présence monastique des trappistes en Algérie date du XIXe siècle, mais elle a connu, au fil de l'histoire et de ses trois implantations, une réelle « conversion » née de la rencontre avec le pays et ses habitants, et de la foi musulmane. Sous l'impulsion notamment de frère Christian, la communauté va peu à peu suivre des intuitions fortes inspirées par l'amour et vécues au jour le jour dans la confiance et l'espérance d'une fécondité pour tous.

- *Heureux ceux qui accueillent : vivre l'hospitalité*, Les écrits de Tibhirine t. 4, Cerf-Bayard-Abbaye de Bellefontaine, Paris 2023.

L'hospitalité était le climat et la respiration profonde de cette communauté que recherchaient tous ceux qui venaient s'y ressourcer. « Espace de miséricorde et de compassion », « convivialité essentielle », l'hospitalité s'est déclinée au fil des années et des nécessités : la création du Ribât es Salâm (groupe de partage islamo-chrétien), l'accueil des Petites Sœurs de Jésus, le jumelage avec la communauté de Berdine, le prêt d'une salle de prière en attendant la construction de la mosquée du village... Autant d'illustrations de ces hospitalités mutuelles inventées par l'Esprit et qui, durant les heures noires, ont été des espaces d'espérance et de résistance fraternelle qui continuent de nous faire signe aujourd'hui.

- *Heureux ceux qui prient : maison de prière pour tous*, Les écrits de Tibhirine t. 5, Cerf-Bayard-Abbaye de Bellefontaine, Paris 2024.

L'audace de la rencontre et de l'hospitalité trouvent leur source dans la prière. Avec ce nouveau volume, nous sommes introduits dans l'expérience de la prière de cette communauté. C'est dans le cœur de chacun, dans le mystère d'une rencontre personnelle que nous entrons, au détour d'un témoignage, d'une homélie, d'un chapitre, d'intercessions composées pour l'office, d'un billet ou d'une lettre. Cette expérience et ces écrits nous révèlent ce que nous sommes : « maison de prière ». C'est ainsi que frère Christian avait commencé son partage à des prêtres de Constantine qui lui avaient demandé un témoignage sur la prière en 1978. Mais cette « maison de prière », interpellée par la prière de l'autre différent, est appelée à être ouverte à tous et à donner lieu au pardon et à la réconciliation. Une invitation à revenir à la source.

*

Les principaux textes des frères édités à ce jour

• *Sept vies pour Dieu et pour l'Algérie*, textes des frères rassemblés et présentés par Bruno Chenu, Paris, Bayard Éditions/Centurion, 1996.

• *Aime jusqu'au bout du feu*, textes de frère Christophe choisis et présentés par frère Didier, Éditions Monte Cristo, 1997.

Christian de Chergé, *L'invincible espérance*, textes recueillis et présentés par Bruno Chenu, Bayard, Paris 1997.

• *Dieu pour tout jour. Chapitres du Père Christian de Chergé à la communauté de Tibhirine (1985-1996)*, Cahiers de Tibhirine, n° 1 bis, Abbaye Notre-Dame d'Aiguebelle 2006 (nouvelle édition revue et enrichie de nouvelles séries de chapitres).

• *L'autre que nous attendons, Homélies de Père Christian de Chergé 1970-1996*, Cahiers de Tibhirine, n° 2, Abbaye Notre-Dame d'Aiguebelle 2006.

• *Adorateurs dans le souffle : homélies de frère Christophe Lebreton pour les fêtes et solennités (1989-1996)*, Éditions de Bellefontaine, Godewaersvelde 2009.

• *La table et le pain pour les pauvres : homélies de frère Christophe Lebreton pour le temps ordinaire (1989-1996)*, Éditions de Bellefontaine, Godewaersvelde 2010.

• *Lorsque mon ami me parle : homélies de frère Christophe Lebreton pour Avent, Noël, Carême, Temps pascal (1989-1996)*, Éditions de Bellefontaine, Godewaersvelde 2010.

• Christophe Lebreton, *Le souffle du don. Journal -Tibhirine 1993-1996*, Bayard Éditions, 2012[2] (nouvelle édition revue et augmentée).

• Christian Salenson, *Retraite sur le Cantique des cantiques par Christian de Chergé*, Nouvelle Cité 2013.

• Christian de Chergé, *Lettres à un ami fraternel*, introduction et édition du Père Maurice Borrmans, Bayard 2015.

• Christian Salenson, *L'échelle mystique du dialogue de Christian de Chergé*, Bayard 2016.

- François Buet, *Prier 15 jours avec le frère Luc* (audio livre contenant des extraits de lettres inédites écrites par frère Luc entre 1977 et 1996 lues par Michaël Lonsdale), Saint-Léger Productions 2016.

Documentaires et films

- *Le Testament de Tibhirine*, d'Emmanuel Audrain. DVD coproduit par Mille et Une/France 3 Ouest 2006 (52' et 40' de supplément).
- *La Croix de Tibhirine* : interview de frère Jean-Pierre Schumacher, un des rescapés du monastère, réalisé par le SDAV avec l'association Chemins de Dialogue, en avril 2004 à Midelt.
- *Frère Luc de Tibhirine*, de Silvère Lang. DVD produit par A.M.E. (Chemin Neuf, 2004). Existe en 52' (avec des suppléments Henri Teissier, Denis Gonzalès, etc.) et depuis mai 2006 en 26' (présenté à l'émission *Jour du Seigneur* du 21 mai 2006 et disponible sur leur site internet).
- *Frère Célestin, moine de Tibhirine*, de Pierre Mailhotte et Houcine Saïdi. Vidéocassette. 2002. 75' [Un devoir de mémoire d'un Nantais envers un autre Nantais]. Réédité en DVD en 2018 par Cinergie Production.
- *Christian de Chergé et Mohamed*, avec Christian Salenson, DVD produit par la communauté du Chemin Neuf, octobre 2009.
- *Le jardin de pierres de Tibhirine*, de Gilles Cayatte et Jean Chichizola, Le Jour du Seigneur Édition, Paris 2010.
- *Des hommes et des dieux*, de Xavier Beauvois, Paris 2010.
- *Sept frères pour l'éternité. Les moines de Tibhirine*, de Juan Diego Ortube Padilla et Gabriel Roussineau, Neuf Média. 37', 2019.
- *Christophe Lebreton, moine de Tibhirine – Voyage jusqu'au bout du feu*, de Grzegorz Tomczak, 52' (2021).

Sur le web :

Voir le site internet très documenté sur les moines de Tibhirine, actualisé et animé par les familles des moines : www.moines-tibhirine.org

Une nouvelle collection : « Les études sur Tibhirine et les martyrs de la fraternité »

Afin de documenter la recherche menée autour de ces écrits, le Comité scientifique « les écrits de Tibhirine » s'est doté d'un nouvel outil éditorial. Il entend promouvoir le message déployé à partir des écrits des bienheureux au fil de leur réception théologique.

- *Le don de Tibhirine : la fécondité d'un martyre*, Minassian Marie-Dominique, Collaud Thierry, Sherwin Michael (Dir.), Les études sur Tibhirine Vol. 1, Academic Press, Fribourg 2022.

Le premier volume de la collection est l'ouvrage collectif tiré du colloque tenu à l'Université de Fribourg (Suisse) les 13 et 14 décembre 2019, organisé avec l'Association pour les écrits des 7 de l'Atlas à l'occasion du premier anniversaire de leur béatification. L'objectif était de rassembler les chercheurs travaillant sur ce patrimoine spirituel, et d'en écouter ensemble, de manière interdisciplinaire et interculturelle, les résonances. Quels échos cette spiritualité trouve-t-elle ? Quelle réception actuelle de ces écrits ? Quelles interrogations et quelles stimulations offre-t-elle pour la théologie et la vie de l'Église ? Quelles conséquences pastorales ? Quels bénéfices pour la rencontre du christianisme et de l'islam ? Des intervenants venus d'Argentine, du Liban, de Turquie, d'Italie, de France, d'Autriche offrent leurs regards.

- *Tibhirine, des frères pour notre temps*, Minassian Marie-Dominique, Georgeon Thomas (Dir.), Les études sur Tibhirine Vol. 2, Academic Press, Fribourg 2022.

Ce deuxième volume est l'ouvrage collectif issu du colloque organisé par le Comité scientifique *Les Écrits de Tibhirine* les 3 et 4 décembre 2021 à l'occasion du 25e anniversaire du martyre des moines. Organisée en collaboration avec l'Anselmianum (Rome), cette rencontre voulait rendre compte symboliquement de l'actualité et de la force de la théologie monastique issue de l'expérience de cette communauté de Tibhirine. Placée sous le haut patronage du Conseil Pontifical pour le dialogue interreligieux, la rencontre s'est tenue selon un format hybride (en présentiel et en ligne), et comportait un double volet : universitaire et grand-public. Ce volume rassemble les textes de toutes les interventions : témoignages, analyses, relectures ont permis de faire le point sur la réception théologique et les ouvertures interdisciplinaires stimulées par cette expérience.

- *Tibhirine : Fratelli per il nostro tempo*, Minassian Marie-Dominique, Georgeon Thomas (Dir.), Les études sur Tibhirine Vol. 3, Academic Press, Fribourg 2023.

Tibhirine. Fratelli per il nostro tempo riecheggia la vita e la voce di dialogo, incontro e ospitalità dei sette monaci di Tibhirine, preghiera tra le preghiere, poveri tra i poveri, rapiti e uccisi nel maggio 1996 in Algeria, beatificati con altri dodici martiri l'8 dicembre 2018 a Orano (Algeria). Il volume raccoglie i contributi dell'incontro internazionale tenutosi a Sant'Anselmo (Roma) nel dicembre 2021 in occasione del 25° anniversario del loro martirio. Testimonianze, analisi e riletture rivelano nuovi aspetti della loro vita. Nel corso degli anni e attraverso la rilettura teologica della loro esperienza e dei loro scritti, scopriamo il profetismo e il cuore pulsante di queste vite donate a noi, che ci fanno sentire ciò che misteriosamente ci lega come esseri umani : la fraternità nella fragilità. L'universalità e la forza del loro messaggio sono un kairos per i nostri tempi incerti e vulnerabili. L'obiettivo di questi incontri itineranti, che saranno inaugurati a Friburgo (Svizzera) nel 2019, è quello di far conoscere meglio e diffondere questo patrimonio spirituale. Questa pubblicazione simultanea in francese, italiano, inglese e spagnolo documenta le riflessioni, prepara gli incontri successivi ed estende l'influenza di questi testimoni a una fraternità più forte della violenza.

- *Tibhirine. Chemins de fraternité*, Minassian Marie-Dominique, Collaud Thierry (Dir.), Les études sur Tibhirine Vol. 4, Academic Press, Fribourg 2024.

Ce livre rassemble les contributions issues d'un séminaire avancé bisannuel qui a eu lieu à l'Université de Fribourg durant le semestre de printemps 2023. Le vécu et les écrits des bienheureux moines de Tibhirine ont été scrutés au prisme de cinq thématiques : fraternité, hospitalité, espérance, discernement et communauté. Pour chacune, un expert et un témoin ont été mobilisés afin d'entrer dans la richesse de cet héritage spirituel laissé par ces bienheureux dont nous découvrons toujours davantage, au fil des années et des publications, l'interpellation et l'actualité pour nous aujourd'hui. La réception théologique de ce vécu, de ces apports et des échos qui en naissent nous sont proposés à travers les brèves contributions de cinq des participants à ce séminaire. Ce volume constitue un point d'étape dans cette écoute profonde du message de Tibhirine et des enseignements que nous pouvons en recueillir.

Remerciements

À la famille de frère Paul, et en particulier ses trois sœurs, Colette, Monique et Bernadette, qui ont accepté de partager ce qui était jusque-là resté dans l'intimité familiale, et ont permis ainsi de découvrir un peu plus de la bonté de leur frère Paul : lettres, photos, souvenirs et traductions du patois savoyard !

À Frédérique et Odile, ses nièces, qui ont permis de rassembler famille et amis pour la rencontre du 1er octobre 2022 à Bonnevaux qui a ouvert le chantier de la transcription, puis de l'édition des lettres de Paul adressées à sa famille.

À Odile, qui a saisi les lettres de son oncle pour les transcrire fidèlement et rechercher dans les mémoires familiales les éléments manquants en vue de leur bonne compréhension.

À Françoise et Annick qui ont repris leur tandem formé en 2016 à l'occasion du premier colloque consacré aux moines de Tibhirine à l'Université de Fribourg les 24-25 octobre 2016 pour reprendre leur témoignage et évocation biographique de leur oncle avec le recul de ces quelques années.

À Geneviève, sa cousine, qui a rouvert ses albums et sa mémoire afin de nous partager en texte et images ses impressions de son parrain.

À Michel Pinaud qui nous a partagé ses souvenirs émus de ses visites régulières à Tibhirine à la faveur de ses déplacements professionnels.

À Elysabeth, une de ses nièces, et à Mme Buttay, artistes-peintres, qui ont accepté de partager leurs œuvres pour cette publication.

À la communauté de l'abbaye de Tamié qui a ouvert son cœur et ses archives, notamment les frères Bruno, Nathanaël et Didier.

À Jean-Marie Frin, comédien ayant incarné frère Paul dans le film *Des hommes et des dieux* de Xavier Beauvois primé au Festival de Cannes 2010.

Au groupe patoisan de Thonon « Lou Reclan deu Shablè » (Les Échos du Chablais) qui a aimablement vérifié les traductions des expressions en patois savoyard utilisées par frère Paul.

Ce travail a en outre bénéficié du service de divers relecteurs qui ont œuvré dans un grand esprit de gratuité, afin de permettre à ce deuxième volume des correspondances des moines de Tibhirine, dédié à frère Paul, d'être publié pour marquer le 40e anniversaire de son entrée à l'abbaye de Tamié le 20 août 1984.

L'Association pour la protection des écrits des sept moines de l'Atlas

L'*Association de protection de la propriété des écrits personnels des sept moines de la Communauté Notre Dame de l'Atlas décédés en mai 1996* est une association régie par la loi du 1er juillet 1901, créée en 1997.

Le cheminement de vie des moines de la Communauté Notre Dame de l'Atlas, l'enlèvement de sept d'entre eux et leur assassinat sont un témoignage et un message dont il faudra beaucoup de temps pour explorer et comprendre complètement la profondeur, la diversité et l'intensité spirituelle. Avec les douze autres martyrs de l'Église d'Algérie, ils sont, par leur vie, les témoins d'une fraternité sans frontière et d'un amour qui ne fait pas de différence. Leur martyre est indissociable de ceux et celles au milieu desquels ils ont donné leur vie.

Sous des formes diverses, la Communauté et chacun des sept moines ont laissé des écrits qui forment un tout indissociable : ils sont les multiples reflets de la même lumière mûrie et vécue en commun au sein de Tibhirine et en relation avec l'Algérie et son Église.

Il est donc apparu indispensable que cet ensemble soit conservé, préservé et mis à disposition du plus grand nombre. Pour éviter les risques de dispersion de toute nature, l'Ordre cistercien et les familles, légalement détenteurs des droits sur les écrits des moines, décidèrent donc de créer cette association, en y apportant leurs propriétés canoniques, morales et légales sur les écrits des moines.

Propriétaire de cet ensemble, l'association doit veiller au « bon usage », c'est-à-dire, pour l'essentiel :

* Procéder ou faire procéder à l'inventaire des documents et veiller à leur conservation,

* Faciliter l'accès de ce fonds à toute personne dont les objectifs de recherche peuvent concourir à la connaissance et à l'approfondissement du message des Frères,

* Réagir en cas d'utilisation ou interprétation publique d'une partie de ces textes non conforme à l'esprit de la Communauté Notre Dame de l'Atlas, ceci pouvant aller jusqu'à envisager des procédures judiciaires,

* Se réserver le droit de réagir de même, en cas d'utilisation, sur tous médias, de la vie et du martyre des sept frères déformant l'esprit de la communauté Notre-Dame de l'Atlas ou abusant de leur notoriété pour un usage purement commercial,

* Favoriser l'édition et la diffusion de ces textes, avec discernement et selon les modalités appropriées,

* Négocier et signer des contrats pour toute utilisation afin que les droits correspondants soient, par l'intermédiaire de l'association, versés à la communauté Notre-Dame de l'Atlas aujourd'hui à Midelt au Maroc.

* Enfin, l'association favorise lien et information entre les familles cisterciennes et civiles dans le souvenir des sept moines et autour de la prolongation de leur message dans le Maghreb et dans le monde.

Le siège de l'Association est fixé à l'abbaye Notre-Dame d'Aiguebelle, 26230 Montjoyer.

Son site internet est : https://www.moines-tibhirine.org/

Pour tout contact : ecrits7moinesatlas@gmail.com

Table des matières

Achevé d'imprimer en juillet 2024
sur les presses de la Nouvelle Imprimerie Laballery
58500 Clamecy
Dépôt légal : juillet 2024
Numéro d'impression : 407374

Imprimé en France

La Nouvelle Imprimerie Laballery est titulaire de la marque Imprim'Vert®